Hans Eppendorfer
Der Ledermann spricht mit Hubert Fichte

Nachwort
von Herbert Jäger

Suhrkamp Verlag

3. Tausend 1977

Druck: Poeschel & Schulz-Schomburgk, Eschwege
Printed in Germany

Dieser Text besteht aus drei authentischen Interviews, die 1970, 1973 und 1976 geführt worden sind. Sie wurden nicht gekürzt und nicht stilistisch oder grammatikalisch redigiert. Eine gekürzte Fassung dieser Interviews gibt es unter dem selben Titel als Theatertext.

August 1970

FICHTE Hans, wie alt bist du?

EPPENDORFER 28.

FICHTE Und warst im Gefängnis wie lange?

EPPENDORFER 10 Jahre, 120 Monate.

FICHTE Und hast einen Teil dieser Zeit in Einzelhaft gesessen oder die ganze Zeit?

EPPENDORFER Ja, fast ausschließlich.

FICHTE Fast ausschließlich zehn Jahre in Einzelhaft?

EPPENDORFER Ja.

FICHTE Wie lange bist du jetzt aus dem Gefängnis heraus?

EPPENDORFER Etwa ein Vierteljahr.

FICHTE Und wie war das, als du rauskamst?

EPPENDORFER Die Straßen waren breiter, der Verkehr war ... Selbstbedienungsläden, das gabs ja damals alles noch nicht.

FICHTE Als du reinkamst?

EPPENDORFER Es gab einfach viele Dinge, dies damals noch nicht gab. Die Menschen waren anders gekleidet, viel freier. Überall schlug sich das doch nieder, es war natürlich verwirrend, man schwamm gern und wollte am liebsten die Hände auseinander ... die Arme auseinanderbreiten und einfach dieses Gefühl der Freiheit mit den Fingerspitzen tasten.

FICHTE Ja, wie ist es denn konkret? Man stellt sich das ja immer so vor, man war da nun eingeschlossen ...

EPPENDORFER Das ist eine Situation: Man wird zehn Jahre gelebt und dieser Augenblick, wo du selber leben kannst ... Alles ist ... Du kannst schräg über die Straße gehen, du kannst vor Schaufenstern stehenbleiben, ohne daß irgendeiner von den Polypen da sagt: Weitergehen! oder: Abstand halten! oder irgendsowas Verrücktes. Man kann einfach stehenbleiben und sich was anschaun. Oder man fühlt sogar das Kopfsteinpflaster unter den Füßen. Alles das bedeutet Freiheit. Man atmet den Frühling. Man sieht die Sonne ganz anders. Viel freier. Mehr Raum und ... ist wahnsinnig irre.

FICHTE Ja, wie war denn genau dieser Moment? Da kam ein

Mann und schloß die Tür vor dir auf und dann tratst du einen Schritt raus und warst nun, wie du sagtest, in der Freiheit, und und das, was dann kam, bedeutete die Freiheit. Was ist das, was ist das Erste, was dann auf einen zukommt?

EPPENDORFER Das ist ein bescheuerter Moment.

Natürlich ist die Freude da und auf der anderen Seite, man fürchtet sich ja auch, obwohl man es nicht zugeben mag, am liebsten würde man diesen Schritt wieder zurückmachen, also noch ein bißchen warten, vielleicht daß irgendjemand kommt und einen an der Hand nimmt und mit rausnimmt oder irgendetwas Blödes. Dann geht man eben tatsächlich ... geht man raus.

FICHTE Was empfandest du bei dem ersten Schritt, den du raustatst, als sich die Tür hinter dir wieder schloß und jetzt wußtest du, jetzt bin ich wieder draußen, kam dann schon dieser Moment: Ich möchte vielleicht erst mal wieder zurück.

EPPENDORFER Bei mir wars einfach ganz anders. Die ersten Tage bin ich fast nur gelaufen, also immer wahnsinnig schnell gegangen, daß mir jemand, der mich begleitete, nie folgen konnte, ich ging wahnsinnig schnell durch die Straßen, ich weiß nicht, ob das ein Komplex war oder irgendsoetwas. Ich bin einfach immer gegangen, gegangen, gegangen, ganz irre, einfach mal gehen können, ohne daß es zwölf Schritte längs sind und drei Schritte in der Breite, mal einfach gehen, auch das war ein Gefühl von Freiheit. Daß man die Arme ausstrecken mochte, ohne daß man irgendwie wieder an Wände stieß.

FICHTE Aber du erinnerst dich nicht an diesen ersten Moment, als du nun aus dem Gefängnis heraustratst?

EPPENDORFER Das ist schwierig zu sagen. Diese ganze Entlassung, der Trubel der Entlassung, der Empfang des Geldes, der Sachen, des Entlassungsscheins und der frommen Sprüche, die zum Schluß geklopft wurden und so, daß war alles ne ziemlich irre Hetze, und dann stand man vor der Tür – dieses große, metallene, graue Tor, – ja, und dann holte man erstmal tief Luft, ja, dann ging man einfach.

FICHTE Ja, also das wars: Luft. Auch der Geruch der Luft? Hauptsächlich der Geruch der Luft?

EPPENDORFER Ja, sicher. Das war einfach: Bäume riechen. Blätter riechen. Das war ganz eigenartig, irgendwie hatte die Freiheit gerochen.

FICHTE Also das war das Riechen und das Gehenkönnen, das Pflaster unter den Füßen.

EPPENDORFER Genau, ja.

FICHTE Dich erwartete niemand?

EPPENDORFER In den letzten beiden Jahren betreute mich eine Frau, eine ehrenamtliche Mitarbeiterin von der Vereinigung deutscher Jugendgerichte oder so ähnlich. Und die schrieb mir dann immer Briefe. Die letzte Zeit da kam sie mich auch hin und wieder besuchen und diese Frau holte mich dann ab. Ich hatte ja gar keine Ahnung, wie man Formulare ausfüllt, Abmeldung und Anmeldung und all son Zeug, das mußte ja alles gemacht werden, das hat sie dann eben arrangiert. Und nach zehn Jahren bin ich dann für einen Tag zu meiner Mutter zurück.

FICHTE Mit dieser Frau oder allein?

EPPENDORFER Ja, mit dieser Frau. Ich hatte sie gebeten, mit dabei zu sein. Ich fürchtete mich einfach, mit meiner Mutter allein zu sein und diese Frau blieb den ganzen Tag da und die ganze Nacht und am nächsten Morgen fuhren wir dann hier nach Hamburg.

FICHTE Störte dich das, daß in diesen ersten Augenblicken, wo du nun wieder du selbst sein konntest, daß da jemand bei dir war und dich bei der Hand nahm oder wars eine Erleichterung für dich?

EPPENDORFER Auf der einen Seite wars natürlich eine Erleichterung, weil ja eine ganze Menge technischer Sachen damit verbunden war und auf der anderen Seite wär ich natürlich lieber allein gewesen, wäre diese ersten Schritte lieber allein gegangen. Ich wär auch nicht zu meiner Mutter gegangen, sondern ich wäre vielleicht wirklich für Tage oder, sagen wir mal, für Stunden irgendwo ... die Stadt zu entdecken.

FICHTE Und das konntest du nicht, weil diese Frau dich doch ...

EPPENDORFER Nicht richtig, also diese Freiheit, die war praktisch um einen Tag hinausgeschoben, es war keine wirkliche Freiheit in dem Augenblick, weil ich eben diesen ganzen Tag, diese ganze Nacht noch aus irgendwelchen Gründen ... Die Frau meinte, ich müsse das einfach machen, diesen Tag bei meiner Mutter verbringen, die sich ja nun sehr freute, den Empfang vorbereitet hatte und so ... Das müsse ich tun, obwohl ich einen ziemlichen Widerwillen dagegen hatte und erst als wir aus Kiel dann endgültig wegfuhren, als der Abschied mit meiner Mutter stattgefunden hatte und die wegfuhr, ja, dann atmete ich erst richtig auf, dann begann im Grunde genommen erst die richtige Freiheit.

FICHTE Und warum hat deine Mutter dich nicht abgeholt.

EPPENDORFER Ja, das ist schwierig. Ich fand ganz gut, daß sie nicht kam. Ich wollte das im Grunde genommen auch gar nicht.

FICHTE Nun hattest du doch sehr lange Zeit ohne einen Menschen verbracht, der dir zugetan war, der sich um dich bemühte, für dich die ganze Zeit da war, diese Frau tat das doch einen Tag lang wenigstens. Überwog nun das Gefühl der Zuneigung: Hier ist jetzt ein Mensch, mit dem kann ich mich endlich unterhalten, mit dem kann ich gehen zusammen – oder überwog der Widerwille, die Abneigung, wärst du lieber jetzt in dieser neuen Freiheit allein gewesen?

EPPENDORFER Es mag vielleicht etwas hart klingen, es mag undankbar klingen, aber ich wäre lieber alleine gewesen. Diese Frau, ich weiß nicht, man kann sagen, sie hat natürlich eine ganze Menge getan, aber irgendwie war sie doch noch für mich irgendwo amtlich. Und das war mir etwas suspekt.

FICHTE Du fuhrst also von Kiel weg und dann nach Hamburg. Und wie ging das nun weiter, wie kam dir diese Welt vor, in die du mit einem Mal gestellt warst? Andre Geschäfte, andre Moden, eine andre Art sich zu bewegen, sich zu schminken, die Leute riechen anders?

EPPENDORFER Bei dieser Frau wohnte ich ja die ersten Wochen und da lernte ich zum ersten Mal so was kennen wie Familie. Sie hatte das Mädchen dort, ihren Mann, einfach dieses Zusammengehörigkeitsgefühl, eben das, was man Nestwärme nennt. Ich muß sagen, das tat mir irgendwie wohl, ich fand das schön. Es gefiel mir.

FICHTE Welches waren nun deine nächsten Begegnungen? Wer kümmerte sich um dich? Wer suchte deine Freundschaft?

EPPENDORFER Das war eigentlich verblüffend, ein ehemaliger Strafgefangener, ein Zuhälter hier aus Hamburg, den ich im

Knast kennengelernt hatte, rief bei den Leuten, wo ich wohnte, an, kam dann vorbei, er gab mir einfach Geld, damit ich mir Zeug kaufen konnte. Aus diesen zehn Jahren hatte ich nur 500 Mark mitgebracht und von diesen 500 Mark mußte ich mir völlig neues Zeug kaufen, weil mir nichts mehr paßte, und ich mußte auch noch einen Monat leben bis zum nächsten Gehalt. Ich hatte einen wahnsinnigen Hunger auf Kuchen und Süßigkeiten. Ich hab wirklich irrsinnig gefressen. Ich habe mir in diesen wenigen Wochen einen kleinen Bauch angefressen. Wenn ich irgendwo frischen Kuchen roch, da war ich richtig high. Ich war richtig glücklich: Großartig! Frischer Streuselkuchen! – Davon hat man geträumt. Genau wie man von Bratkartoffeln geträumt hat. Es war fantastisch. Es war einfach fantastisch. Oder von frischem Obst. Oder von einem gebratenen Stück Fleisch, in das man hineinbeißen konnte, ohne daß man gleich am Ende war. Dieses Gefühl, daß etwas mehr da war, das über den Hunger hinausging.

FICHTE Aber mehr Essen – weniger Trinken? Oder ...

EPPENDORFER Ich hab auch wahnsinnig viel getrunken. Sieben Liter pro Tag manchmal.

FICHTE Und was hast du getrunken?

EPPENDORFER Viel Milch, viel Säfte, kaum Alkohol, weniger Kaffee.

FICHTE Hast du auch in der Zeit viel ans Trinken gedacht, als du eingesperrt warst?

EPPENDORFER Sehr viel.

FICHTE Mehr an Trinken oder mehr an Essen?

EPPENDORFER Ich würde sagen, mehr an Trinken.

FICHTE Also du hattest das Gefühl, ich kann jetzt also den ganzen Mund vollnehmen und es kommt immer mehr und immer mehr?

EPPENDORFER Ich habe beispielsweise in diesen Jahren sehr gehungert. Ich habe manchmal die ganze Woche nichts gegessen. Ich habe dann eben nur was getrunken, und zu trinken war meist nie etwas da außer diesem Mukkefuk. Da trank man eben Wasser aus der Leitung. Man haßte dieses Wasser. Aber man hatte Durst. Man kübelte es immer wieder runter. Das Wasser hatte einen miesen Geschmack.

FICHTE War das eine Art Hungerstreik, in den du ...

EPPENDORFER Nein, nein. Es war beispielsweise so, daß man über Jahre hinaus sagen konnte, was es am Mittwoch zu essen geben würde, diese monotone Essenseinteilung. Immer wieder dasselbe, immer wieder diese Pulvertunke, immer wieder dieses selbe Gemüse, entweder Kohl oder Trockenerbsen oder Linsen oder den Dicken Hund, son Mischmasch aus Kartoffeln und Nudeln, Gemüse – es ist eine riesige Pampe. Man brauchte es nur zu riechen, da war man satt. Man hatte einen Haß auf dieses Essen, auf diese matschigen Kartoffeln, weil sie einfach zu naß waren, überhaupt widerlich schmeckten, und am Abend dieser wäßrige Kartoffelsalat, bißchen Gurke, paar rote Beete und dann so einen ungewaschenen von Salz verbrannten Hering dazu. Nach einigen Jahren konnte man das einfach nicht mehr essen, obwohl man Hunger hatte. Man bekam es einfach nicht mehr runter. Man brauchte nur noch das Essen zu riechen und man war satt, es war aus. Hin und wieder gab man das Essen rein und dann guckte man in die Aluminiumback und sah diesen Fraß da zusammengekleistert und alles zusammen, Gemüse und Kartoffeln, Soßen und dann spülte und schmiß man das Zeug ins Bello. Ja, und dann hungerte man eben wieder. Hin und wieder gab es mal ein Stück frisches Weißbrot, das aß man dann ganz ruhig und nahm den weichen Teig raus, knetete das zusammen und aß diesen kleinen zusammengedrückten Ballen und dachte sich, das könnte ein Streuselkuchen sein – die Augen geschlossen und genoß einfach die Frische dieses Brots. Ein ziemlich irres Gefühl.

FICHTE Und dein Mitgefangener, dieser Zuhälter, der kam dann also bei dieser Familie vorbei und erkundigte sich nach dir, gab dir Geld, daß du dich etwas einkleiden konntest ... und bist du dann viel mit ihm herumgezogen?

EPPENDORFER Ja, er hatte einen Wagen und wir fuhren dann ein bißchen durch Hamburg. Das erste Mal in meinem Leben lud der mich zu einem chinesischen Essen ein. Das war so großartig. Ich hatte gar keine Ahnung. Ich bestellte irgendetwas, was so ganz urig klang. Ich hatte keine Ahnung, was das war. Und das war nachher so scharf, daß ich eine Flasche Mineralwasser trinken mußte, weil es tatsächlich alles brannte, die Lippen brannten, der Schlund brannte, der Magen brannte. Das war ne ganz irre Geschichte. Aber einfach die Atmosphäre. Er wollte mir einfach was Gutes tun und anschließend nahm er mich in dieses Musical »Hair« mit, das war das erste Musical überhaupt in meinem Leben. Ich war glücklich. Ich habe das so genossen. Ich habe vor Aufregung richtig geschwitzt wie ein kleiner Junge. Ich war unheimlich aufgekratzt.

FICHTE Was für andre Bekanntschaften machtest du?

EPPENDORFER Ich lernte den – das heißt, brieflich kannte ich ihn schon, einen Hamburger Schriftsteller kennen, der in Wedel sein Haus hatte, der nahm mich in einer wirklich rührenden Weise auf. Ich durfte die Bibliothek benutzen, konnte dort essen und ... Der unterstützte mich auch so hinter meinem Rükken, daß er den Leuten, bei denen ich wohnte, hinter meinem Rücken Geld zusteckte, daß sie mir ne Hose kaufen sollten, ohne irgendwelche soziale Ader, einfach so aus dem Impuls heraus, und ich muß ehrlich sagen, ich mag diese Leute auch heute noch sehr gern.

FICHTE Du lerntest noch andre Schriftsteller kennen.

EPPENDORFER Ja, einen, mit dem schrieb ich mich etwa schon seit zwei, drei Jahren. Dem hatte ich auch heimlich meine ersten Texte rausgeschmuggelt. Der hatte sie dann kritisiert und mir dann die Kritik auf Umwegen immer wieder zugeleitet. Unter dessen Anleitung entwickelte sich einfach ... Den lernte ich dann persönlich kennen draußen. Ich spazierte durch Hamburg. Und der Zuhälter war dabei und dessen kleiner Hund, dann sah ich dann diese Straße, dieses ... das liegt da unten an der Elbe, spontan dachte ich: Also diese Nummer da! Das ist sie ja. Da muß er wohnen! – Dann gingen wir in den Hof rein, in dieses Hinterhaus, die Treppe hoch und drückten auf den Knopf. Ich wußte nicht ... Erwartete noch nicht mal, daß er da war. Ich hatte einfach die Hoffnung: Ja, Gott, jetzt möchtest du ihn sehen. – Und dann ging die Tür auf. Dann sagte ich: Hallo! Ich bin der und der. – Na ja, und dann ja, o. k. Das war sehr spontan. Er bat uns rauf in seine Wohnung. Dann quatschten wir eben bis in die halbe Nacht rein über meine Texte. Und ich muß ehrlich sagen, das war eines der schönsten Erlebnisse, das ich kurz nach meiner Entlassung hatte. Und überhaupt, aus der jetzigen Zeit dieses Vierteljahres, es ist eines der schönsten Erlebnisse geblieben. Und dieser Kontakt hat sich einfach noch weiter vertieft, er hat mir auch weitergeholfen, gewissermaßen.

FICHTE Wann fingst du an zu arbeiten? Wie lange konntest du einfach so mehr oder weniger herumgammeln?

EPPENDORFER Ich bin rausgekommen am 19. März und dann mit der Arbeit am 1. April, weil das ganz einfach eine finanzielle Frage war. Ich mußte ja von irgendetwas leben und ich wollte möglichst wenig irgendwelchen Leuten auf der Tasche liegen. Ich wollte möglichst rasch auf eigene Füße kommen. Dann bot sich dieser Job an, und ich nahm ihn natürlich sofort und ab 1. April habe ich gearbeitet.

FICHTE Wo.

EPPENDORFER Bei einer Hamburger Wochenzeitschrift hier im Zentrum.

FICHTE Als was?

EPPENDORFER Ja, erstmal in der allgemeinen Verwaltung, Versand und Reklamationen und Remittendenverarbeitung, Verpackung und eben alles, was damit zusammenhängt.

FICHTE Wirst du dort auch schreiben?

EPPENDORFER Ja, ich habe jetzt den Auftrag, eine Story über den DKP-Presserat zu schreiben.

FICHTE Und fürchtest du nun nicht, daß deine Begabung, die sich ja in dieser Gefängniszeit vielleicht sogar etwas künstlich gesteigert hat, daß die dadurch, daß du jetzt Gebrauchsprosa schreiben mußt, verdünnt wird?

EPPENDORFER Ne, glaub ich nicht. Ich hab im Knast diesen Fernkursus mitgemacht für Journalistik, »Hohe Schule des Schreibens« nannte sich das Zeug, und mit überraschend guten Noten abgeschlossen. Ich habe praktisch eine Durchschnittsquote und auch das Schlußzeugnis mit Auszeichnung bekommen. Da habe ich eine gewisse Technik, was Journaille betrifft, gelernt, man muß natürlich das theoretische Wissen in die Praxis umsetzen. Ich glaube aber nicht, daß es meinem Stil schaden wird, ihn aufweicht, in irgendein Klischee zwängt, das glaub ich nicht.

FICHTE Du stehst also jetzt, fünf Monate nach deiner Entlassung, schon völlig auf eigenen Füßen?

EPPENDORFER Das ist ein bißchen gehetzt, ganz so ist es nicht. Ich bin längst nicht mehr so unsicher. Die ersten Tage nach meiner Entlassung ... Ich stotterte richtig noch. Ich habe einfach die ganzen Jahre mit kaum jemand sprechen können. Es war ja niemand da und dann monologisierte man. Ich hatte ein kleines Stofftier, mit dem quatschte ich einfach. Die anderen Leute quatschten mit der Wand. Ich quatschte mit dem Tierchen und nun war dies Tierchen kein Tierchen mehr sondern ein Gegenüber, ein Mensch und mit diesem Menschen ... der hatte nun ganz eigene gedankliche Wege, daraus ergab sich dann ein Dialog, und auf diesen Dialog mußte ich mich erst wieder einstellen, von der Ichbezogenheit ab auf das Gegenüber. Dann passierte es mir einfach häufig, daß ich einfach die Sprache nicht meisterte und zu stottern anfing und die Sätze nicht richtig artikulieren konnte und all son Zeug. Auch das hat sich jetzt gegeben. Ich habe während der Knastzeit mich einfach gezwungen, mir laut etwas aus der Zeitung vorzulesen oder aus Büchern, um einfach nicht sprachlos zu bleiben. Wenn man keine Möglichkeit zum Gespräch hat – diese 40 Minuten Freistunde, die man pro Tag hat, wo man im Hof dann im Kreis rumlatschen kann mit irgendeinem anderen Mithäftling, da quatscht man meistens über das Thema Nummer eins, Frauen, oder eben über die Arbeit oder irgendwelche Beamte. Es ist immer wieder dasselbe. Es kommt nie was Dolles dabei heraus. Meistens ist es auch so, da hört man nur dem anderen zu, weil der sich gerne ausquatschen möchte und man ist selbst son Esel und denkt: Ach, Gott, dann hör ihm mal zu. – Dann bist du praktisch nichts andres als ein seelischer Müllkasten. Also da ist auch nicht die Möglichkeit zum Gespräch.

Fichte Wohnst du immer noch bei dieser Familie?

Eppendorfer Nein, ich hatte ein kleines Zimmer. Obwohl es sehr nett eingerichtet war bei diesen Leuten – aber das brauchten die natürlich auch und die Räumlichkeit – obwohl sie zwei Wohnungen hatten – doch sehr gedrängt war ... Und aus diesem Hang zur Selbständigkeit, zur Unabhängigkeit oder so, wollte ich so rasch wie möglich irgendwas Eigenes haben. Und da ergab es sich ganz einfach, daß Peter, dieser Zuhälter, mir das Angebot machte: Du, paß mal auf, ich hab da auf dem Kiez sone Wohnung in soner direkten Absteige und das Ding steht leer und wenn du Lust hat, dann poof doch da. – Da zog ich einfach mit meinen wenigen Sachen in diese Absteige. Sie lag genau auf der Reeperbahn, Ecke Hans-Albers-Platz, reguläre Absteige, wo Tag und Nacht Mädchen standen an der Tür. Und das war so ein Ein-Zimmer-Appartement mit Kochnische, Brausebad, und so Schleiflackmöbeln, französischen Betten, einem Schrank, einem kleinen runden Tisch, so einem Damensessel, mit unten sonem Volant dran, na ja, und mit ner fix und fertig eingerichteten Küche, Blick so schräg auf die Reeperbahn, eben ziemlich klein und die Wände sehr hellhörig, so daß man den Kundenbesuch von nebenan immer wieder mitbekam oder wenn der Zuhälter sein Mädel morgens um vier durchprügelte. Dann schoß ich natürlich vor Schreck im Bett hoch und all solche Scherze, weil die Wände eben ziemlich dünn waren und man da alles ziemlich genau mitkriegen konnte. Das war nicht immer schön und so, daß man immer an den Mädchen vorbei mußte und so weiter, wenn sie da grade mit so nem Freier da standen. Im Fahrstuhl dann drückte man sich aneinander vorbei. Na ja, das war alles so ne komische Sache. Ich fühlte mich nicht sehr wohl dort.

FICHTE Wegen der Mädchen oder wegen der Kleinheit der Wohnung.

EPPENDORFER Nicht so sehr wegen der Mädchen, einfach wegen der Kleinheit der Wohnung. So ne Art Fahrstuhlangst. Es war ja nichts weiter als ne etwas größere Zelle, diese ganze Geschichte und irgendwie wirkte das deprimierend.

FICHTE Du bist dann daraufhin ausgezogen?

EPPENDORFER Ja, ich bin dann ausgezogen, weil mir dieser Schriftsteller aus Ovelgönne bei Freunden ein großes Zimmer besorgt hatte, weil sie alle meinten, ich müsse da unbedingt weg, weil ich mich einfach nachts bis in die frühen Morgenstunden rumtrieb, Menschen anschaute, auf der Reeperbahn durch die hintersten Winkel ging, einfach nur wieder Menschen anschaute. Ich war richtig ausgetrocknet, wie ein Schwamm und wollte einfach Menschen anschaun.

FICHTE Nahmst du auch Freunde oder Freundinnen mit in dein Zimmer?

EPPENDORFER Ja, das habe ich hin und wieder getan.

In diesem Zimmer habe ich überhaupt das erste Mal mit einem

Mädchen geschlafen. Als ich in den Knast kam mit siebzehn Jahren, war da noch nichts. Während dieser Zeit natürlich auch nicht und dann habe ich ... wollte ich es einfach probieren. Ich wollte wissen, ob ich das kann. Das Mädchen wollte auch unbedingt, viel lieber eigentlich als ich, und ich fand sie auch ganz nett. Sie war eine ehemalige Nutte aus dem Eros-Center. Na ja, und dann machten wir diese Geschichte eben zusammen.

FICHTE Und du schliefst dann öfter dort mit Mädchen?

EPPENDORFER Ne, das war das einzige Mal.

FICHTE Hattest du nicht das Bedürfnis, ständig die Nächte mit jemandem zu verbringen, was Warmes um dich zu haben, nicht alleine zu sein?

EPPENDORFER Doch, das ist eigentlich der Grund, warum ich überhaupt Menschen da mit raufnahm, einfach jemand dazuhaben, nicht alleine liegen zu wollen. Hätte ich einen lebensgroßen Teddybär gehabt, irgendein Stofftier, dann hätte ich vielleicht mit dem geschlafen. Aber das ist auch nicht das Richtige. Es sollte was Lebendiges sein.

FICHTE Und du nahmst also junge Männer mit hinauf?

EPPENDORFER Ja, Gott! Ich nahm tatsächlich Männer mit rauf. Irgendwie liegt das anders. Das Mädel wurde fertig. Mir gefiel diese ganze Geschichte nicht. Ich fand sie irgendwie widerlich. Aber das kann auch daran liegen, daß das Mädchen ohne Gefühl war. Ich weiß das nicht. Irgendwie war die ziemlich dämlich. Ich kam mir oft ziemlich dreckig vor. Es ist so, mit 16, als ich noch im Internat war, und in den Sommerferien, da trampte ich durch Deutschland. Unterwegs nahm mich ein Sportwagenfahrer mit, ein Pressefotograph, und irgendwo auf der Autobahn fing er an, herumzuspielen. Ich wußte nicht richtig, wie ich mich wehren sollte, hatte überhaupt noch keine sexuellen Erfahrungen. Er verführte mich praktisch, obwohl das natürlich keine Entschuldigung sein soll. Und diese ganze Geschichte empfand ich als ziemlich widerlich und ich vergaß sie dann auch wieder. Dennoch hing ich an dieser Erinnerung, weil sie mir irgendwas gegeben hatte wie Zärtlichkeit. Das andre fand ich nicht so wichtig, diese Fäkalzone, die fand ich ziemlich mies, aber einfach das Gefühl von Zärtlichkeit, in einem Arm zu liegen und so weiter, einfach die Liebkosung der Haut, der Hände, ja, irgendwie fand ich das dennoch schön. Und als ich dann da reinkam, durch Einzelzellen bedingt, ergab sich da nichts oder jedenfalls kaum etwas.

Nach dieser Zeit, nach diesem Erlebnis mit dem Mädchen, als ich dann entlassen war, suchte ich dann einfach systematisch in solchen Kneipen herum auf der Reeperbahn. Das erste Mal sah ich einen Mann, der etwas älter war, so 29, und mit dem schlief ich dann und ich war ziemlich glücklich in dieser Nacht. Ich hätte ihn gern behalten. Er hatte einen festen Freund und so ging diese Geschichte nicht.

Da war ich natürlich todunglücklich.

FICHTE Lerntest du deine Partner nun hauptsächlich in homosexuellen Bars kennen oder in Straßen oder in Parks oder auf Toiletten?

EPPENDORFER In Bars.

FICHTE Du gehst nur in Bars. Und ist es leicht für dich, jemanden zu finden?

EPPENDORFER Ja, bisher ja. Ich weiß nicht, das ergibt sich ziemlich spontan. Und vor allem, wenn man als Neuer da reinkommt, passiert es häufiger, daß man da angesprochen wird als umgekehrt.

FICHTE Bezahlst du die?

EPPENDORFER Noch nie. Das mache ich grundsätzlich nicht.

FICHTE In diesen vier Monaten, die du jetzt aus dem Gefängnis bist, hast du sehr viele Partner gefunden?

EPPENDORFER Vielleicht, wenns hoch kommt, sind es acht, mit denen ich geschlafen habe.

FICHTE Und möchtest du nun lieber deine Partner wechseln, oder möchtest du lieber mit einem fest befreundet sein?

EPPENDORFER Ich glaube, das haben die meisten, den Wunsch, einen festen Freund zu haben, ich hasse im Grunde dieses Barumsitzen, das ist saumäßig blöd, dieses Angestarrtsein, und ich mag auch nicht diese Eintagsfliegen. Irgendwie muß man doch Menschen kennenlernen, irgendwie muß mans versuchen, vielleicht findet man irgendwann den festen Freund.

FICHTE Du sagtest, du hättest einen jungen Mann gefunden, mit dem du gerne zusammengeblieben wärst, und das ist auseinandergegangen, weil der andere einen Freund hat. War das der wirkliche Grund, oder hat es da noch andere Gründe gegeben?

EPPENDORFER Das ist eigentlich der wirkliche Grund. Es war aber noch was andres. Er suchte einen Geliebten, und ich suchte in erster Linie einen Freund. Ich bin nicht vom Sexuellen her so erpicht auf den anderen, das spielt bei mir nicht die primäre Rolle, ich möchte einfach dieses Gefühl haben, ein Mensch ist da, dessen Stimme man irgendwann hören kann, wenn man sie hören möchte, der einfach da ist, der einem das Gefühl gibt von Geborgenheit, der auch dieses bißchen Zärtlichkeitsbedürfnis erfüllt, auf der anderen Seite auch bereit ist, dieses Zärtlichkeitsgefühl, das einfach da ist, das sich irgendwie auswirken möchte, bereit ist, es anzunehmen. Etwa einer, mit dem man einfach reden kann, der so etwas ist wie ein Kleiderständer an dem man seine ganzen Gedanken, Probleme, Schwierigkeiten, und alles, was es sonst gibt, einfach aufhängen kann wie an einem Kleiderständer eben. Dann sortiert man gemeinsam, den Ballast, den schüttet man über Bord, und das, was gut ist, was richtig ist, was entwicklungsfähig ist, das sackt man einfach wieder ein, einfach ein Gesprächspartner, der zuhören kann, dem man zuhören kann. Einfach, den man mag, in dessen Nähe man sich einfach wohlfühlt.

FICHTE Und wärst du bereit, auch für den anderen dieser Kleiderständer zu sein?

EPPENDORFER Aber ja.

FICHTE Und du würdest dich nicht zum bloßen Gegenstand erniedrigt fühlen.

EPPENDORFER Nein, auf keinen Fall.

FICHTE Und du glaubtest, du hättest in diesem Jungen den Partner gefunden, der bereit wäre, dir Zärtlichkeit zu geben und andererseits dich anzuhören?

EPPENDORFER Nun, ich hatte die Hoffnung, daß sich sowas herauskristallisieren könnte, was man sich eben wünscht. Ich hatte noch nicht viele Erfahrungen, ich hab auch im Grunde genommen nicht die richtige Einschätzung für das, was sexuelle Gier betrifft, das in immer wieder neue Abenteuer sich stürzen wollen, wie stark das sein kann.

FICHTE Und es war bei ihm sehr stark?

EPPENDORFER Ja.

FICHTE Und das störte dich hauptsächlich?

EPPENDORFER Ja, das hat mich gestört.

FICHTE Er wollte dann von dir wieder zu anderen und wieder zu dir zurück …

EPPENDORFER Ja, sicher.

FICHTE Und wars von dir ausgegangen, der Wunsch nach einer festen Verbindung oder von ihm?

EPPENDORFER Nein, nein, bei mir war natürlich das Begehren da, das ist richtig, natürlich sehr vorsichtig und ziemlich mißtrauisch noch, etwas distanziert. Und eines Abends oder so war er plötzlich da, und sagte, er habe mit seinem alten Freund gebrochen, wolle bei mir bleiben, wenn ich ihn haben möchte. Möchte bei mir bleiben, einfach so. Ich war sehr mißtrauisch, weil ich mir sagte, wenn er wirklich an dem anderen so sehr hing, wie es ja wirklich der Fall zu sein schien, dann ginge dieser Bruch nicht von heute auf morgen, plötzlich und innerhalb einer Stunde. Ich hatte Angst, ich fürchtete mich im Grunde genommen, darauf einzugehen, und ich blieb etwas zurückhaltend. Ich habe natürlich doch gehofft, und ich habe natürlich … Nach den ersten zwei, drei, vier, fünf Tagen begann man dann eben doch, Pläne zu schmieden und seine Vernunft auf Sparflamme zu setzen und begann zu hoffen, einfach idiotischerweise, diese Handvoll Scheißsehnsucht, daß … eben doch ein Mensch, an dem man sich erwärmen kann, dem man etwas geben kann, von dem man etwas haben kann. Naja, da schaltet man eben die Vernunft etwas kleiner und gibt den Gefühlen etwas mehr Raum, und peng wars passiert.

FICHTE Was war passiert?

EPPENDORFER Daß er wieder zu dem anderen zurückgehen wollte, allerdings auch nicht die Verbindung mit mir aufgeben wollte.

FICHTE Und er pendelte nur immer zwischen euch beiden hin und her, oder hatte er auch noch andere Freundschaften?

EPPENDORFER Er hatte auch noch andere Freundschaften. Für mich war das natürlich bitter, ich war richtig unglücklich, dann habe ich mir gedacht, na Gott, dann mach einen klaren Schnitt, und dann habe ich gesagt, also, paß auf, ganz einfach, ich kann das nicht, geh zu ihm zurück, wenn du irgendwelche Sorgen hast, okay, wenn du mal Rat brauchst – eben, was man so sagt, wenn man ziemlich sauer ist, ich hab versucht, es ziemlich mutig hinter mich zu bringen, ich hab gesagt, es hat keinen Zweck, laß uns auseinandergehen, adieu.

FICHTE Du wohnst in Untermiete in einer recht luxuriösen Wohnung. Kannst du dort deine Freunde mit hinnehmen?

EPPENDORFER Wenn ich das will, ja. Aber ich habe das bisher noch nie gemacht, ich wohne jetzt über einen Monat, fast zwei Monate in diesem Zimmer, das ist eine ziemlich große 5 1/2-Zimmer-Wohnung im Jugendstil mit riesigen Ausmaßen. Die Leute sind sehr nett, wir verstehen uns glänzend, ich kann also auch praktisch die ganze Wohnung bewohnen, übers Wochenende sind sie immer in ihrem Landhaus draußen, und insofern ist es ein recht herzliches Verhältnis, und ich kann natürlich, wenn ich will, könnte ich jederzeit irgendwelche Leute dort mit hinbringen. Ich habe keine Schranken gesetzt bekommen, sie sind sehr großzügig und wahnsinnig tolerant.

FICHTE Möchtest du dort lange wohnen bleiben oder strebst du an, eine eigene Wohnung zu haben?

EPPENDORFER Natürlich habe ich den Wunsch etwas Eigenes zu haben, irgendwo ein kleines Nest, was man sich selber bauen kann, es ist das erste Mal überhaupt in meinem Leben, daß ich so etwas haben will.

FICHTE Du arbeitest also jetzt jeden Tag in dieser Wochenzeitschrift in Hamburg. Ist das dir nicht sehr seltsam, daß du jetzt aus dem Gefängnis kommst und schon wieder in eine sehr starke gleichförmige Betätigung hineinmußt. Morgens aufstehen, Mittagspause und dergleichen, oder stört dich das nicht?

EPPENDORFER Nun, ich habe mich dort im Knast schon zur Disziplin erzogen, d. h. ich habe einfach meinen Willen trainiert. Für mich ist dieser Job im Augenblick, so wie er existiert, ein Mittel zum Zweck, weil er mir eine finanzielle Unabhängigkeit beschert, weil er mir einen finanziellen Radius ermöglicht von dem ich leben kann, in dem ich wirklich echt leben kann, selbst leben kann, ohne nur zu existieren, zu vegetieren. Ich habe einen etwas größeren Spielraum, und den werde ich mir natürlich erhalten.

FICHTE Wieviel verdienst du?

EPPENDORFER Ich verdiene 800 brutto.

FICHTE Das ist ungefähr 600 ausgezahlt.

EPPENDORFER Ja.

FICHTE Und wie verhalten sich nun deine Kollegen zu dir? Wissen sie, daß du aus dem Gefängnis kommst?

EPPENDORFER Von den Leuten, mit denen ich arbeite, weiß das niemand. Ich bin denen gewissermaßen als Sonderfall propagiert.

FICHTE In welcher Weise als Sonderfall, welche Erklärung hat man da gegeben?

EPPENDORFER Gar keine.

FICHTE Nur Sonderfall.

EPPENDORFER Ja, richtig. Die Leute haben sich natürlich Gedanken gemacht und haben auch ... kamen auf alle möglichen Hypothesen, ich habe weder die eine bestätigt noch die andere verneint. Inzwischen hat sich dieser Kontakt wirklich gefestigt, es sind vor allem fast alles Frauen, mit denen ich da zusammenarbeite, naja, ich bin da ziemlich schnoddrig und manchmal etwas sehr brutal, auch ausdrucksmäßig und so, aber irgendwie mögen sie das vielleicht.

FICHTE Du bist aber nicht der, der ist komisch, das ist der andere, man weiß ja nicht, du fühlst also nicht eine Kluft zwischen dir und den anderen?

EPPENDORFER Nein, das kann man überhaupt nicht sagen.

FICHTE Und wie sind deine Vorgesetzten zu dir, die nun wissen, woher du kommst?

EPPENDORFER Sehr großzügig, ich würde sagen, wirklich überzeugend wohlwollend, auch hilfsbereit, also einfach sympathisch, tatsächlich sympathisch.

FICHTE Und macht dir deine Arbeit Spaß?

EPPENDORFER Na ja, das ist fast ausschließlich manuelle Beschäftigung, der Geist wird nicht sonderlich angespannt, ich hätte natürlich gerne etwas, was mich auf diesem Sektor etwas mehr befriedigen könnte. Man muß natürlich warten, und man muß sich etwas ... naja, Bewährung oder wie man das nennen mag. Die Leute müssen zunächst aufmerksam werden auf einen, sind es zum Teil schon geworden. Es ist ja nicht das Endstadium.

FICHTE Was strebst du an beruflich?

EPPENDORFER Ja, im Augenblick möchte ich gerne erstmal ins Redaktionsverhältnis, ich möchte ein guter Journalist werden, weil das meiner Fähigkeit am nächsten kommt, weil es das Gebiet ist, wo ich, wie ich glaube, am stärksten bin, weil es mir auch geistige Möglichkeiten eröffnet, weils mir einfach Freude macht, weil ich sehr sehr gerne schreibe, ich meine, es wirklich zu können, beziehungsweise das, was ich noch nicht kann, lernen zu können.

FICHTE Als du aus dem Gefängnis kamst, hattest du nicht das Bedürfnis, einfach aufzubrechen, loszugehen, zu wandern, ohne jede rationale Einschränkung, einfach los, die ganze Welt sehen?

EPPENDORFER Sicherlich war der Wunsch da, aber wenn man genügend Selbstkritik übt, die Vernunft immer noch ein bißchen vorherrscht, dann sagt man sich, das ist einfach unmöglich in dieser Situation, und es wäre genau das Verkehrteste gewesen, wenn ich es getan hätte.

FICHTE Du hast in dieser Zeit, jetzt in diesen wenigen Monaten, viel Wohlwollen kennengelernt, die Vorgesetzten waren wohlwollend, die Familie, die dich aufgenommen hat, oder die beiden Familien waren wohlwollend zu dir, der Zuhälter war wohlwollend zu dir, der Schriftsteller – kotzt dich dieses Wohlwollen nicht gelegentlich ein bißchen an?

EPPENDORFER Doch, doch, ja. Und vor allen Dingen, nichts ist ohne Ursache, ich bin mir manchmal wirklich nicht schlüssig, vielleicht tue ich da diesen Leuten wirklich unrecht, aber ich bin mir nie schlüssig, was denn dieses Wohlwollen bewirkt. Ist es das Mitleid mit einem entlassenen Strafgefangenen, oder ist es einfach das Interesse an einem möglichen Schriftsteller oder was es immer sein mag, das weiß ich eben nicht. Wenn man sich vielleicht hinterher sagen kann, diesen jungen Menschen haben wir gefördert, haben wir entdeckt, haben wir aufgebaut.

FICHTE Du empfindest dieses Wohlwollen also auch als etwas anrüchig?

EPPENDORFER Ja.

FICHTE Hattest du sehr heftige Reaktionen dagegen?

EPPENDORFER Ich habe gemerkt, beispielsweise, daß diese Frau, die sich jahrelang um mich gekümmert hat, nun ihren Tribut wollte, es mag natürlich sein, aber einfach Dankbarkeit, daß diese Frau Dankbarkeit sammelt wie andere Leute Bierdeckel sammeln. Einfach diese Gängelung wollte unter dem Aspekt, der Junge kommt nun nach dieser Zeit raus, er kann ja gar nicht klarkommen, und er muß praktisch immer gegängelt werden, er muß an der Leine geführt werden, weil er das ja alles nicht kann, und die große böse Welt über ihn herfällt, ihn zerfleischen könnte, er wird unter die Räder kommen. Ja, ich fand das ehrlich ein bißchen blöd.

FICHTE Und was war deine Reaktion?

EPPENDORFER Diese Bevormundung – es passierte, ich telefonierte und dann platzte es raus, dann nannte ich diese Frau einfach Arschloch. Und da hängte sie sehr empört ein.

FICHTE Und glaubst du, daß auch dieses Genießen des Wohlwollens bei deinen anderen Bekannten, die dich ja sehr unterstützt haben, aber daß der Genuß und vielleicht auch, was man so gemeinhin schlechtes Gewissen nennt, überwiegt? Oder hast du ähnliche Reaktionen ihnen gegenüber wie der Frau gegenüber?

EPPENDORFER Na, ich glaub nicht. Also bei diesen beiden Schriftstellern oder so ist das eine echte herzliche Sympathie, ich glaube wirklich, daß sie ziemlich uneigennützig ist, wenn sie auch hin und wieder ein bißchen moralisieren möchten, so mit dem erhobenen Zeigefinger und naja, mit Ambitionen des väterlichen Freundes, wir haben ja mehr Erfahrungen.

FICHTE Glaubst du, daß diese Freunde dir gegenüber Fehler begangen haben in dieser Zeit?

EPPENDORFER Ach, ich weiß nicht, man sollte das nicht aufrechnen gegeneinander. Sicherlich sind natürlich Fehler gemacht worden, aber das Positive überwiegt natürlich.

FICHTE Was hättest du gewünscht, das Menschen dir gegenüber tun?

EPPENDORFER Ja, das ist natürlich ziemlich egozentrisch gedacht, ganz einfach daß jemand dagewesen wäre, und man hätte einfach quatschen können, quatschen satt.

FICHTE Quatschen satt, ohne Wohlwollen?

EPPENDORFER Ja, ich glaube sogar ohne Wohlwollen.

FICHTE Und hast du dieses Quatschen satt gehabt?

EPPENDORFER Nee. Bis heute noch nicht. Ich habe es ihnen auch gesagt, da waren sie zunächst etwas eingeschnappt, nachher sahen sie das aber ein, aber erklärten das einfach mit der Unmöglichkeit, hier draußen sei praktisch niemand mehr in der Lage, einfach so nach Herzenslust sich mal auszuquatschen, aus zeitlichen Gründen nicht, die jagen alle dem roten Heller hinterher, weil sie leben müssen und ihren beträchtlichen Aufwand finanzieren müssen, also quatschen satt ist überhaupt nicht drin, halbe Stunde, eine Stunde oder anderthalb Stunden, das ist schon wieder zu viel, es kann einfach niemand mehr richtig zuhören.

Fichte Also hast du eigentlich das Wesentliche, was du gewollt hast, in diesen vier Monaten, nämlich quatschen satt, doch nicht gefunden, trotz des Wohlwollens?

Eppendorfer Aber ich glaube heute, daß meine Erwartungen einfach zu hoch gespannt waren, daß es das wirklich vielleicht gar nicht mehr gibt. Die Menschen einfach nicht mehr reden können, daß sie nicht mehr zuhören können, daß die ganze Hoffnung, man hat ja jahrelang drauf gehofft, daß man sich mal richtig nach Herzenslust ausquatschen möchte, über Gott und die Welt und über die ganzen Scheißprobleme, sich mal entleeren, sich mal entschlacken, einfach mal alles raussprudeln oder so, das gibts nicht, ich fand keinen einzigen. Ich sehe auch in meiner Umgebung niemanden, der dazu in der Lage wäre. Das einzige, was sie unter Quatschen, unter Gesprächsstoff, verstehen, das sind die Grundstückspreise und die Tomatenpreise und die höheren Mieten und der Job von morgen, der Arbeitsauftrag und was nicht alles, und dann nach einer Stunde sagen sie, jetzt haben wir uns mal wieder ausgequatscht, und großartig, also nee, das finde ich Scheiße.

Fichte Und dieses Fehlen von wesentlichen Gesprächen, das hast du bei allen diesen Menschen, die sich jetzt um dich bemüht haben, festgestellt. Ohne Ausnahme?

Eppendorfer Ohne Ausnahme.

Fichte Hattest du große Schwierigkeiten jetzt in deinem Verhalten, hast du Lücken festgestellt, als du aus dem Gefängnis kamst?

Eppendorfer Zum Teil ja.

Fichte Was zum Beispiel, was war am schwierigsten für dich?

Eppendorfer Das Schwierigste war im Grunde genommen, die eigene Unsicherheit zu überspielen, daß es das Gegenüber einfach nicht merkte.

Fichte Unsicherheit – Worin?

Eppendorfer Da ist einfach ein riesiges Loch dagewesen, und wenn die sich über Filme unterhielten, über Musik – das waren doch alles Sachen, die ich überhaupt nicht gehört hatte. Ja, da hielt man eben den Schnabel und hörte zu und ließ einfach sein

Gedächtnis rotieren, und beim nächsten Gespräch, dann hatte man das schon wieder gespeichert und dann konnte man schon wieder zaghaft da und dort ein kleines Wort mit in die Diskussion werfen, es fiel wirklich nicht auf, Leute, die nicht wußten, woher ich kam, die habens nicht bemerkt. Das hat mich natürlich gefreut.

FICHTE War es leicht für dich, zu dialogisieren? Einfach mit jemandem zu sprechen, einen Dialog zu führen, den du doch zehn Jahre lang nicht hattest führen können?

EPPENDORFER Ja, anundfürsich mit dem Trick, den ich immer angewandt habe, daß ich zuhören kann, daß ich sehr sehr wenig selber spreche und zuhöre und den anderen hin und wieder so ein bißchen auflockere oder weiter ausholen lasse. Der meinte dann, er habe sich köstlich mit mir unterhalten, obwohl ich vielleicht den ganzen Abend nicht mehr als 50 Worte, eigene Worte gewechselt habe.

FICHTE Du mußtest dich dann doch ziemlich krampfhaft zurückhalten?

EPPENDORFER Zum Teil schon, ja sicher.

FICHTE Aber glaubst du, daß dies an deinen Schwierigkeiten, oder an deinem Erlebnis lag, und nicht genausosehr an den monologischen Tendenzen derer, mit denen du sprachst?

EPPENDORFER Ja, das glaube ich schon.

FICHTE Wie ist es mit dem Gucken. Du hast doch zehn Jahre lang nur eine Zelle, die vielleicht zweieinhalb Meter breit war, im Blickwinkel gehabt, mußtest du nicht überhaupt wieder lernen, einen größeren Horizont einzubeziehen?

EPPENDORFER Ja, das war irritierend. Ich habe ziemlich wenig gesehen, und das passiert mir auch heute noch, daß ich einfach in dem Bemühen alles wahrnehmen zu wollen, einfach noch weniger sehe.

FICHTE Ich meine eigentlich auch ganz praktisch, daß du bestimmte Dinge, die jenseits eines gewissen Winkels liegen, nicht ins Auge bekommst. Ist es so?

EPPENDORFER Ich weiß es nicht genau. Vielleicht ist es so. Daß man sich wieder an Weitwinkel gewöhnen muß.

FICHTE Welches war nun deine Schutzreaktion, du standst mitmal sehr vielen Menschen gegenüber, die sich falsch oder wohlwollend oder in einer anderen Weise dir gegenüber äußerten – das waren doch alles Dinge, die du lange nicht erlebt hattest, in welche Gesten, in welche Zustände flüchtetest du, warst du versucht, sehr höflich ihnen gegenüber zu sein, unterwürfig, oder warst du eher schroff?

EPPENDORFER Ich habe Servilität eigentlich immer gehaßt, ich habe sie auch nie angewandt, ich würde eher sagen, ich habe sie zum Teil vor den Kopf gestoßen, eher schroff, sehr zurückhaltend, mehr scheu würde ich sagen.

FICHTE Hattest du nicht das Bedürfnis, Erlebnisse nachzuholen?

EPPENDORFER Ja, das hat man natürlich, einfach das Gefühl, wahnsinnig viel versäumt zu haben, man meint, man hätte überhaupt keine Stunde zu schlafen, man müsse einfach sehen, sehen, sehen, sehen, erleben, erleben, erleben, laufen, laufen, laufen, laufen.

FICHTE Also laufen, erleben, gehen, sprechen und Streuselkuchen essen.

EPPENDORFER Ja. Riechen, schmecken, all das, einsaugen, in sich hineinschlürfen.

FICHTE Was ißt du am liebsten jetzt?

EPPENDORFER Fleisch. Gebratenes Fleisch.

FICHTE Und was trinkst du am liebsten?

EPPENDORFER Immer noch viel Säfte. Vor allem süßes Zeug, ich weiß nicht warum, ich nasche sehr viel, viel Kuchen, auch Obst, viel Obst. Ich habe früher in der Woche einen Apfel bekommen, ich habe mich nach Obst gesehnt. Der Duft von Himbeeren, Blaubeeren, Erdbeeren, ich bin irgendwie enttäuscht, von Erdbeeren bin ich enttäuscht, ich habe vor wenigen Wochen zum ersten Mal Erdbeeren gegessen, ich hatte die viel süßer in Erinnerung, sind alle irgendwie zu wäßrig, irgendwie sind sie nicht süß genug, ich war ein bißchen enttäuscht.

FICHTE Hattest du großen Lesehunger?

EPPENDORFER Lesehunger? Ich hab großen Bilderhunger.

FICHTE Gehst du viel in Ausstellungen?

EPPENDORFER Ja, ich habe mir einige Galerien angeschaut, aber ich habe immer noch nicht das Richtige gefunden, Museen meide ich im Grunde genommen jetzt noch.

FICHTE Warum?

EPPENDORFER Das sind tote Bilder, ich mag gern lebendige Bilder, und einfach das, was mich jetzt wahnsinnig fasziniert, sind Menschen, das sind Situationen, Betrunkene, morgens, wenn die Kneipen schließen, zwischen vier und sechs, oder auf den Bahnhöfen, wenn da die Betrunkenen sitzen, in U-Bahnen oder so. Manchmal fahre ich von einem Ende der Stadt bis zum anderen, nur um in der U-Bahn in der Ecke zu sitzen und mir die Menschen anzuschauen. Das ist ganz irre.

FICHTE Du liest also wenig?

EPPENDORFER Im Augenblick lese ich sehr wenig, ja.

FICHTE Überhaupt?

EPPENDORFER Ich lese Zeitungen.

FICHTE Welche Zeitungen?

EPPENDORFER »Zeit«, den »Spiegel« lese ich natürlich, »Konkret« lese ich, in den »Twen« schaue ich rein wegen der phantastischen Bilder, den »Monat« lese ich, Tageszeitungen eigentlich weniger, einfach die »Morgenpost«, weil es die jeden Morgen gibt, umsonst, da schau ich natürlich rein, eine Zeitlang habe ich diese, d. h. ich tus immer noch sporadisch jetzt, die »St. Pauli-Nachrichten« angeschaut.

FICHTE Bist du zufrieden mit den Zeitungen?

EPPENDORFER Nun, sie stillen einem das Bedürfnis nach Information, richtig zufrieden bin ich nicht, aber ich glaube, eine perfekte Zeitung die gibt es auch nicht.

FICHTE Also, im Bereich des Möglichen findest du die Zeitungen, die du liest, befriedigend.

EPPENDORFER Ja, sicher, ich lese auch »L'Express« und . . .

FICHTE Den französischen »Express«?

EPPENDORFER Ja.

FICHTE »Le Monde« liest du nicht?

EPPENDORFER Nein. Ich muß mich etwas finanziell einschränken, ich kann mir nicht zu viele Zeitungen kaufen.

FICHTE Hörst du viel Schallplatten?

EPPENDORFER Ja, in einem bescheidenen Maße schon. Ich bin weder im Schauspielhaus gewesen noch in der Staatsoper, aber ich werde da hingehen, sobald ich finanziell etwas mehr Spielraum habe.

FICHTE Was möchtest du gerne sehen? Im Schauspielhaus?

EPPENDORFER Ich möchte eigentlich Litzau-Inszenierungen sehen, vielleicht »Die Räuber«, ich möchte auch gerne den neuen Thomas Bernhard sehen »Ein Fest für Boris«.

FICHTE Aber Musik interessiert dich im Moment weniger?

EPPENDORFER Ja, wie gesagt, ich höre mir Schallplatten an, beispielsweise Soul-Musik finde ich ausgezeichnet oder, naja, Klassik mochte ich manchmal, ich höre mir sehr gern Bach-Platten an und Aretha Franklin und Ella Fitzgerald und ich habe mir endlich mal die Beatles anhören können, die ich in diesen Jahren immer nur ganz flüchtig hören konnte, wenn einer von den U-Gefangenen das Radio angeschaltet hatte und es über den Hof schallte, dann hörte ich das hin und wieder.

FICHTE Also die ganze neue Unterhaltungsmusik, der Beat und der Pop waren dir schon bekannt?

EPPENDORFER Ein bißchen schon.

FICHTE Ein bißchen schon, das war also nicht ganz neu.

EPPENDORFER Nein, das war nicht ganz neu.

FICHTE Gehst du oft ins Kino?

EPPENDORFER Ich wähle mir vorher einen Film sehr sorgfältig aus, und dann geh ich hin. Nein, ich bin nicht allzu häufig hingegangen. Ich habe mir einfach das »Satyrikon« von Fellini angeschaut wegen dieser phantastischen Typen, der Film ist ja nicht bestechend, das Gastmahl des Trimalchio beispielsweise war faszinierend, diese monumentalen Gestalten, eine Fülle von Farben und Eindrücken, das ist enorm. Dann habe ich mir noch den Warhol angeschaut, diesen »Flesh«, ein Film, der mich wirklich begeistert hat, der hat mir ausgezeichnet gefallen.

FICHTE Warum?

EPPENDORFER Wegen der Natürlichkeit, irgendwie spröde und irgendwie behutsam.

FICHTE Behutsam – du meinst, die Menschen werden dort mit Behutsamkeit gezeichnet?

EPPENDORFER Ja, das macht sie transparent, das macht sie echt und glaubhaft.

FICHTE Du findest den Film sehr glaubhaft?

EPPENDORFER Ja.

FICHTE Du glaubst, daß der Tageslauf eines Strichjungen sich so abspielt.

EPPENDORFER Ja, abspielen kann.

FICHTE Fandst du auch den Zeichner, den alten Mann, der ihn mit in das Haus nimmt, behutsam und glaubhaft?

EPPENDORFER Ja, sicher, doch, doch, ich fand diesen Mann enorm überzeugend. Ja, und wie gesagt, solch eine Type hätte mir auf der Reeperbahn begegnen können, es gibt diese Menschen, das ist ganz sicher.

FICHTE Und du glaubst, daß die Reaktion dieses Jungen auf diesen Mann auch genauso ...

EPPENDORFER Ja, sicher.

FICHTE Aber du warst doch nie mit einem Strichjungen im Bett?

EPPENDORFER Doch, war ich auch.

FICHTE Aber er hat kein Geld dafür genommen.

EPPENDORFER Nein.

FICHTE Und du glaubst, du kennst diese Welt der Käuflichkeit?

EPPENDORFER Ja, ich glaub schon, ich habe viel beobachtet, als ich auf der Reeperbahn wohnte, ich wohnte ja fast zwei Monate dort, ich habe das jede Nacht erlebt, ich hab mir das jede Nacht angeschaut, die Reaktion überprüft, verglichen, so kann das sein.

FICHTE Deine Erfahrungen und deine Eindrücke decken sich also mit den Eindrücken, die in dem Film »Flesh« hervorgerufen werden.

EPPENDORFER Ja.

FICHTE Das ist ja eine sehr böse Welt, diese Welt der homosexuellen Bars, es gibt Erpressungen, es gibt Prügeleien, Geschlechtskrankheiten, hast du da mal unangenehme Erfahrungen gemacht?

EPPENDORFER Unangenehme Erfahrungen eigentlich nie, aber eine Reihe von Angeboten wurde an mich herangetragen, die ich mir vom Leibe halten konnte, ein einziges Mal gab es in irgendeiner Morgenstunde eine kleine Schlägerei, obwohl ich mich sonst grundsätzlich nicht schlage. Es gab da eine Gruppe von Strichjungen, die einen alten Mann überfielen und ausrauben wollten, und das sah ich, als ich aus einer dieser Bars rauskam morgens gegen vier, ich ging dazwischen, es gab eine ziemliche Schlägerei, im Endeffekt konnte der Alte sein Geld wiederbekommen, die Jungens, die suchten das Weite. Ich meine, das ist die einzige Geschichte geblieben.

FICHTE Warum hast du das getan?

Eppendorfer Och, ich weiß nicht, ich habe da gar nicht lange überlegt, hätte ich überlegt, hätte ich es vielleicht doch nicht getan. Nicht aus Mitleid, das würde ich nicht sagen, aber irgendwie hielt ich das einfach für richtig, dem alten Mann zu helfen. Ich mag sowas nicht.

Fichte Warst du zufrieden, als du sie in die Flucht geschlagen hattest?

Eppendorfer Ja, ich war heilfroh, weil es anundfürsich eine Geschichte war, die ich von vornherein gar nicht abschätzen konnte, ich wußte nicht, wie ich mit diesen Jungs fertig werden konnte, ich wußte auch nicht, wie ich reagieren sollte, wenn einer von ihnen beispielsweise ein Klappmesser ziehen würde, das wußte ich alles nicht, ich war froh, das es so heil abgegangen war.

Fichte Also, du ließt dich mit wieviel Jungens ein, mit drei?

Eppendorfer Mit drei!

Fichte Es war eine Sache, die auf Leben und Tod hätte gehen können.

Eppendorfer Hin und wieder gibt es unter den Strichjungens eine Menge von Ratten. Es hätte vielleicht schwierig werden können.

Fichte Bist du verletzt worden dabei?

Eppendorfer Na, ich habe mir etwas den Knöchel aufgeschlagen, und habe mir in der Wade einen recht großen Bluterguß geholt, aber das war unwesentlich, das war in dem Augenblick völlig ohne Belang, es ging einfach darum, dem alten Mann da zu helfen.

Fichte Hast du die Jungen verletzt?

Eppendorfer Ja, sicher, sie haben etwas geblutet, das Nasenbein war vielleicht etwas lädiert und die Lippen.

Fichte Haben sie dir nicht leid getan?

Eppendorfer Nein.

Fichte Hättest du sie auch entscheidender verletzen können?

Eppendorfer Ich glaube schon.

Fichte Hättest du sie nun umgebracht?

Eppendorfer Ich bin da sehr skeptisch, ich bin da auch sehr vorsichtig, all diese Worte wie Mitleid und so, ich bin da sehr zurückhaltend, ich mag solche Worte nicht gebrauchen. Ich würde sie nicht umgebracht haben, ich hätte da irgendeinen Weg gefunden.

FICHTE Warst du nicht auch froh, daß du Gelegenheit hattest, jetzt in der Freiheit eine Prügelei ...

EPPENDORFER Nein, nein eigentlich gar nicht.

FICHTE War es nicht eine Bestätigung, jetzt bin ich frei, ich kann mich sogar prügeln?

EPPENDORFER Nein, ich war auch etwas deprimiert. Ich wollte eigentlich nie wieder einem Menschen ins Gesicht schlagen, ich finde es irgendwie mies.

FICHTE Warst du, während du es tatst, deprimiert ...

EPPENDORFER Nein, daran habe ich gar nicht gedacht, ich mußte mich wehren, die Reaktion war natürlich so, daß sie angriffen, der alte Mann wollte ihnen ja nichts tun, nun wollten sie ihre Beute verteidigen, schnell mußte es ja auch gehen für diese Jungs, da wehrt man sich, aus dem Angreifer wurde ein Verteidiger, das war sehr laut und wurde mit einer großen Wut ausgefochten, ich war sehr zornig. Das war im Grunde genommen meine Antriebskraft.

FICHTE Du sahst diese Szene, ein alter Mann, der von drei jungen Leuten ausgeraubt wird, am Boden liegt, und es war Zorn.

EPPENDORFER Ja, ich war wütend. Ich war wirklich zornig, es war Zorn. Auf der einen Seite hatten sie sich angeboten, mit ihm zu schlafen gegen Geld.

FICHTE Das hattest du beobachtet?

EPPENDORFER Ja. Und dann diese Geschichte, das finde ich zu dreckig.

FICHTE Gingst du doch überlegt an diesen Kampf heran oder wars eine Aufwallung?

EPPENDORFER Das war eine Aufwallung. Ich bin keineswegs der Typ, der, wenn irgendetwas ist, der sich dazustürzt, der irgendwelche Samariterambitionen in sich verspürt, das ist nicht so, da drücke ich mich, das mag ich alles nicht, aber der alte Mann tat mir einfach leid, aus.

FICHTE Und deine Wut kam dazu.

EPPENDORFER Ja, sicher, ich war zornig. Und dann hab ich eben ganz spontan reagiert, aus. Mehr wars nicht.

FICHTE In Deutschland nehmen die Geschlechtskrankheiten mehr und mehr zu, hast du dich während deiner Abenteuer angesteckt?

EPPENDORFER Nein.

FICHTE Wir sprachen vom Kino. Welche Filme außer »Flesh«, »Satyrikon« hast du in diesen vier Monaten noch gesehen?

EPPENDORFER Einen Film habe ich mir noch angeschaut, »Das gelbe Haus am Pinnasberg«, weil vom Stoff her die Sache ziemlich irre schon war, und ich bin dann reingegangen, und ich habe wirklich schallend gelacht, habe mich köstlich amüsiert, ich habe diesen Film auch immer wieder weiterempfohlen, ganz einfach, weil das Motiv schon irgendwie dufte ist. Es hat mir viel Spaß gemacht, ein Männerbordell aufzuziehen, diese Sache hat soviel Komik in sich, und die Sache war ja auch, obwohl man manche Kritik äußern könnte, was man hätte besser machen können, was zu flach undsoweiter war, aber in seinem Wesen war der Film wirklich erfrischend, ich habe wirklich das erste Mal wieder ganz herzhaft gelacht, hat mir soviel Spaß gemacht, ich hätte gar nichts dagegen, mir diesen Film nochmal anzuschauen.

FICHTE Stellst du an deine Wohnung besondere Ansprüche? Möchtest du dich in einer gewissen Weise einrichten?

EPPENDORFER Ja, darüber habe ich mir natürlich Gedanken gemacht. Das erste was meine Wohnung sein soll, sie soll meine sein, soll mir gehören. Deshalb schätze ich keine möblierten Wohnungen, oder daß eine Wohnung, von irgendeinem, abgesehen, daß ich sie mir nicht leisten kann, von irgend so einem Innenarchitekten eingerichtet wird. Ich möchte mir meine Wohnung selber aufbauen, Stück für Stück, ich finds herrlich, und ich habe das schon gemacht, im Sperrmüll ein paar Stühle gesucht, die ich einfach schick fand, solche Lehnstühle, drei Stück die ich irgendwo fand, fand ich herrlich, ich war richtig stolz auf diese Erwerbung. Und es kann durchaus sein, daß ich mir mit Möbeln aus dem Sperrmüll, die ich mir dann selber streichen werde und ein bißchen zurechtmache, daß ich damit die Wohnung einrichte, sowas finde ich schön.

FICHTE Möchtest du später mal ein Haus besitzen?

EPPENDORFER Warum nicht, sicher.

FICHTE Hast du mal darüber nachgedacht oder hat sich dieses Problem nie gestellt?

EPPENDORFER Doch, ich habe schon darüber nachgedacht, aber finanziell ist das im Augenblick gar nicht erreichbar, natürlich, man macht sich so Gedanken, ich hätte gern ein Haus, natürlich ein Grundstück, wo man sich sowas wie eine Keimzelle aufbaut, aber ich meine, da reicht schon eine Wohnung, sowas kann man in einer Wohnung auch schon haben.

FICHTE Du würdest also jetzt nicht besonders auf ein Haus hinarbeiten, keinen Bausparvertrag abschließen ...

EPPENDORFER Nein, nein. Sowas noch nicht.

FICHTE Ist dir Kleidung sehr wichtig?

EPPENDORFER Kaum. Ich hasse irgendwelche geilen Farben, diese poppige irre Mode oder so, diesen Firlefanz um den Hals, Halsketten, und naja all sowas Irres, Wildes, ne, ich hab lieber so zurückhaltende Kleidung, strapazierfähig soll sie ruhig sein, ne Lederjacke mag ich ganz gern, nicht um da irgendein Rockertum oder eine Persiflage auf »Easy Rider« zu liefern oder so, aber ganz einfach, weil ich sie salopp finde, weil sie mir einfach gefällt.

FICHTE Und warum haßt du Ketten und Popkleidung?

EPPENDORFER Ich hasse das nicht, nein, ich mag diese überbetonte feminine Note nicht gern, die mich zuviel an Frauen erinnert. Ich weiß nicht, so eine Zwittermode finde ich einfach nicht schön, ein Mann ist ein Mann, eine Frau ist eine Frau, das sollte auch erhalten bleiben. Ein Mann sollte sich nicht anziehen wie ein Weib.

FICHTE Also selbst, wenn du männliche Partner suchst, suchst du in ihnen immer einen Mann als einen Mann?

EPPENDORFER Ja, natürlich.

FICHTE Du wirst dir also nie besonders effeminierte Gesten angewöhnen?

EPPENDORFER Nein, wirklich nicht, nein.

FICHTE Und bist du in deinem sexuellen Gebaren sehr festgelegt?

EPPENDORFER Auch da bin ich nach allen Seiten offen, ich halte es einfach für albern, irgendwelche Grenzen zu ziehen.

FICHTE Gehst du gerne tanzen?

EPPENDORFER Ich habe noch nie getanzt.

FICHTE Du sagtest, Gerüche seien so wichtig für dich, liebst du Parfums sehr?

EPPENDORFER O ja, ich rieche sowas ganz gern, aber für mich selber verwende ich keine Parfums.

FICHTE Würde es dich stören, wenn ein Freund von dir Parfums anwenden würde?

EPPENDORFER Wenn es nicht zu aufdringlich ist, stört es mich nicht.

FICHTE Und das würde dir nicht als zu effeminiert erscheinen?

EPPENDORFER Nein, warum? Ein gutes Rasierwasser beispielsweise, das irgendeinen herben Duft hat, finde ich doch auch ganz gut.

FICHTE Hast du da Vorlieben?

EPPENDORFER Ach Gott, was soll ich sagen? Ne Zeitlang fand ich dieses »Sylvestre« ganz gut, und als ich dann merkte, daß jeder alternde Schwule das benutzt, dann war mir die Sache suspekt, da war ich richtig enttäuscht, fand ich blöd. Ein ganz einfaches Kölnisch Wasser finde ich beispielsweise, es hat einen frischen Duft, das gebrauch ich ganz gern.

FICHTE Rauchst du?

EPPENDORFER Im Augenblick nicht mehr. Hin und wieder rauch ich, natürlich Zigaretten, Pfeife hin und wieder, aber das ist alles in Maßen, ich habe früher sehr viel geraucht, bis zu 100 Zigaretten in der Nacht geraucht, das habe ich mir einfach im Knast systematisch abgewöhnt, weil man dem keine Frischvitamine entgegensetzen kann, und ich körperlich einfach nicht am Stock gehen wollte. Dann hab ichs eben gelassen, und jetzt brauch ich es einfach nicht mehr. Gut, wenn Zigaretten da sind, bitteschön, dann rauch ich, wenn ich eine angeboten bekomme, rauch ich auch, aber mir extra welche zu kaufen undsoweiter, naja, das mach ich nicht.

FICHTE Nimmst du Rauschgift?

EPPENDORFER Nein.

FICHTE Hast du nie genommen?

EPPENDORFER Doch. D. h. geringe Sachen, also Meskalin, phenaceinhaltige Präparate, Pervitin, auch Preludin, Captagon und in dem Stil.

FICHTE Nach deiner Gefängniszeit?

EPPENDORFER Nein, vorher und auch während meiner Gefängniszeit.

FICHTE Was waren deine Eltern?

EPPENDORFER Ja, das ist schwierig. Meine Mutter ist eine gelernte Friseuse. Wie ich auf Bildern sah früher, eine bildschöne Frau, heute ist sie wie ein aufgequollener Hefeteig. Mein Vater

– ich bin unehelich geboren, meine Mutter hat nie geheiratet. Ich weiß über meinen Vater so gut wie nichts, ich weiß lediglich den Namen, das ist alles, ich weiß nichts von seinem Beruf, Herkunft ...

FICHTE Du hast ihn nie gesehen?

EPPENDORFER Nein.

FICHTE Hat er für dich gesorgt?

EPPENDORFER Auch das nicht. D. h. ich weiß das alles nicht, meine Mutter sprach nie darüber, ich hab auch nie gefragt, und wenn ich mal fragen wollte, so gab sie darüber nur ausweichende Auskünfte, es kann durchaus sein, daß er sie früher gleich zu Anfang abgefunden hat, daß sie dies Geld rumgebracht hat, sie hat irgendwie Brillantschmuck bekommen von irgendjemand, ich weiß nicht von wem, und den hat sie dann verkauft, es könnte sein, daß diese Sachen von meinem Vater stammen, aber ich habe mich nicht darum gekümmert.

FICHTE Du weißt auch nicht, ob dein Vater noch lebt?

EPPENDORFER Ja, mein Vater soll leben und heute in Kanada irgendwo sein.

FICHTE Du bist 1942 geboren, wo?

EPPENDORFER In Lüttgenburg, geboren in irgend so einer Privatklinik, gleich nach meiner Geburt kam ich zu fremden Leuten, meine Mutter gab mich da in Pflege, bezahlte dafür. Als ich ein Jahr da war, bekam meine Großmutter raus, daß meine Mutter überhaupt ein Kind hatte, meine Großmutter holte mich dann nach Schlesien.

FICHTE Wann war das?

EPPENDORFER 43. Und dann mußten wir 45 flüchten, meine Großmutter, meine Mutter war nie da. 45 mußten wir dann fliehen, über Bayern nach Schwaben zu meiner anderen Tante, die Schwester meiner Mutter, da blieb ich eigentlich bis ich sieben war. Dort kam meine Mutter das erste Mal mich besuchen.

FICHTE Hast du Erinnerungen an deine Pflegeeltern?

EPPENDORFER Gar keine. Nur so, ich weiß nur so viel, daß, als meine Großmutter kam, ich fast verhungert war, weil sie sich einfach nicht um mich kümmerten, einfach das Geld nahmen, ich glaube, es ging mir ziemlich schlecht.

FICHTE Was waren das für Leute?

EPPENDORFER Ich weiß es auch nicht, ich glaube Bauern.

FICHTE Und erinnerst du dich an diese Reisen, an die Reisen zu deiner Großmutter ...

EPPENDORFER Auch nicht. Ich weiß nur, daß es ein großes Haus war, daß es viele Kaninchen gab und Kaninchenställe und ein etwas größeres Anwesen.

FICHTE Deine Großmutter hatte ihren Mann verloren?

EPPENDORFER Ja.

FICHTE Was ist deine frühste Erinnerung?

EPPENDORFER Ich war verliebt in ein großes Haus mit vielen Kaninchen, mit denen ich dann immer gespielt habe. Ich saß oft in den Kaninchenställen.

FICHTE Und wohin seid ihr geflohen?

EPPENDORFER Über Bayern nach Schwaben, nach Göppingen, zwischen Stuttgart und Ulm, da wohnte die eine Tante, dort blieben wir dann auch. Unterwegs in Bayern habe ich noch Tieffliegerangriffe in Erinnerung, ich weiß nicht warum, meine Tante hielt mich an sich gepreßt und wir lagen irgendwo am Ufer eines Sees, da flogen ganz deutlich sichtbar Tiefflieger los und sahen uns und das eine Flugzeug flog vorbei, warf dann die Bomben etwas weiter von uns weg, ich glaube nicht, daß er uns treffen wollte, meine Tante hatte große Angst und sagte, nur nicht den Kopf, nur nicht den Kopf. Diese Erinnerung hab ich eigentlich.

FICHTE Da warst du noch nicht drei Jahre alt.

EPPENDORFER Das ist irgendwie ein untergründiges Angstgefühl, das ich da noch habe, ich weiß nicht, ich erinnere mich heute noch an diese Situation, wir hatten große Angst.

FICHTE Und dann kamst du nach Göppingen? Und bliebst da. Wurdest du dort auch eingeschult?

EPPENDORFER Nein, als ich dann schulpflichtig war, fuhr meine Großmutter mit mir nach Kiel zu meiner Mutter, weil sie meinte, der Junge gehöre zur Mutter endlich mal. Es paßte ihr zwar nicht so richtig, aber wir waren eben da, und da lebten wir auf einem Zimmer zusammen.

FICHTE Deine Mutter, du und die Großmutter?

EPPENDORFER Ja.

FICHTE Du bist also kaum von einem Mann erzogen worden in deiner Kindheit ...

EPPENDORFER Nein, nein, es gibt keine Männer.

FICHTE Und in Kiel kamst du zur Schule?

EPPENDORFER Ja.

FICHTE Warst du ein guter Schüler?

EPPENDORFER Ja, die ersten Jahre war ich ein ausgezeichneter Schüler.

FICHTE Bist du gern in die Schule gegangen?

EPPENDORFER Ja, die ersten Volksschuljahre ja, gerne. Ich hatte einen Klassenlehrer, an dem ich sehr hing, der für mich so eine Art Vatersymbol darstellte, den mochte ich sehr gerne. Dann kam ich auf die Mittelschule, dann ging es anundfürsich auch noch, ich bekam mit 11 oder 12 ein Stipendium für überdurchschnittliche musikalische Begabung und machte dann Cellounterricht. Das ging auch alles ganz gut, und dann hatte ich einen Physik- und Chemielehrer, den ich auch gern mochte, und ich wurde dann sein Assistent bei den Versuchen. Ich stand binnen kurzer Zeit in beiden Fächern schon auf eins, das hat mir Spaß gemacht, und an irgendeinem Tag versuchte er irgendwelche Annäherungen dort im Vorbereitungszimmer, da lief ich ihm davon. Von dem Zeitpunkt an begann ich, die Schule zu schwänzen.

FICHTE Wie alt warst du da?

EPPENDORFER 12.

FICHTE Was waren das für Annäherungen?

EPPENDORFER Der Mann war ein Päderast, und ich wußte das natürlich nicht, ich hatte gar keine Ahnung.

FICHTE Und was tatst du mit dem ?

EPPENDORFER Ja, er griff mich und bugste mich da auf diesen Vorbereitungstisch, es ging alles ziemlich schnell, ich trug immer gerne Lederhosen, versuchte mich auszuziehen und sich selbst, sein Geschlechtsteil hing raus, es war widerlich, es war wirklich widerlich, ich riß mich los und stürzte aus dem Zimmer, dann rannte ich über den Schulhof und weg. In der Nähe war son Park, da rannte ich dann rein.

FICHTE Was war für dich das Widerliche daran?

EPPENDORFER Ich weiß nicht, diese Körperlichkeit, er war immerhin ein alter Mann, fast 60, würde ich sagen, und er hatte beim Sprechen immer so komische Schaumflocken im Mundwinkel, und allein das fand ich schon ... und dann wollte er mich küssen, das fand ich natürlich grauenhaft. Es war überhaupt grauenhaft, da stürzte wirklich sone kleine Jungswelt zusammen. Ja, von dem Zeitpunkt an schwänzte ich die Schule, ich erzählte es natürlich niemandem.

FICHTE Sagtest du auch niemandem, daß du nicht in die Schule gingst?

EPPENDORFER Nee, das natürlich auch nicht.

FICHTE Hattest du Freunde?

EPPENDORFER Nein, keine.

FICHTE Warum?

EPPENDORFER Ja, ich weiß, das war schwierig. Auf dem Dorf, wo wir nachher wohnten, da gab es kaum Jungs, und die waren auch nie da. Als ich 13 war, starb dann meine Großmutter, da war ich ganz alleine. Meine Mutter war tagsüber im Geschäft, da war ich alleine in dieser großen Wohnung.

FICHTE Ihr wart erst in einem Zimmer und hattet dann eine große Wohnung?

EPPENDORFER Ja. 56 zogen wir um in so ein Hochhaus, bekamen dort eine sehr schöne Wohnung, kurz darauf starb meine Großmutter, da war ich mit meiner Mutter alleine, und wir hatten uns wirklich nichts zu sagen, das war das Verblüffende. Wir gingen uns aus dem Weg, sie hatte ihre Freunde, und dann schickte sie mich weg.

FICHTE Hattest du, als dieser Physiklehrer sich mit dir einließ, schon irgendwelche sexuellen Empfindungen gehabt oder mit einem Kameraden zusammen?

EPPENDORFER Nein, noch nie.

FICHTE Gab es das nicht in eurer Klasse?

EPPENDORFER Nein, gar nicht. Also, jedenfalls ich weiß davon nichts. Ich war wahrscheinlich in der Beziehung ein Spätzünder.

FICHTE Kannst du dich nicht an sexuelle Dinge erinnern?

EPPENDORFER Nein, gar nicht. Wenn sich die Erwachsenen irgendwelche einschlägigen Witze erzählten oder so, dann bekam ich immer einen roten Kopf.

FICHTE Warum kriegtest du einen roten Kopf?

EPPENDORFER Weiß ich nicht.

FICHTE Also mußtest du doch schon ein Verständnis dafür haben.

EPPENDORFER Ich weiß nicht, ich mochte nie darüber sprechen.

FICHTE Hat deine Mutter dir nie mit dem Onkel Doktor gedroht?

EPPENDORFER Nee, nie.

FICHTE Oder verboten dahin zu fassen?

EPPENDORFER Nein, all sowas nicht. Aber ich habe meine Mutter mehrmals auf offener Szene überraschen müssen, ich weiß nicht, ich fands gräßlich.

FICHTE Wann das erste Mal?

EPPENDORFER Als ich vielleicht 12 war.

FICHTE In dem Zimmer noch?

EPPENDORFER Nein, da waren wir schon in der Wohnung, mit 13 Jahren etwa, zwischen 12 und 13, weiß ich nicht mehr genau. Da waren wir schon in der neuen Wohnung. Naja, auf der Couch sah ich sie beide, er ziemlich korpulent, meine Mutter auch schon dicker.

FICHTE Hast du mit anderen mal drüber gesprochen?

EPPENDORFER Nein.

FICHTE Woher hattet ihr das Geld, eine große Wohnung zu nehmen, war deine Großmutter reich?

EPPENDORFER Reich würde ich nicht sagen, aber irgendwie hatten sie Geld. Meine Großmutter lebte von einer relativ guten Rente, meine Mutter verdiente ja auch nicht so schlecht, der Freund, der ja in der Woche zweimal zu ihr kam, gab ihr auch Geld, Geschäftsmann.

FICHTE Hast du deiner Mutter nicht vorgeworfen, daß sie dich allein gelassen hat, als du klein warst?

EPPENDORFER Ich habe mich im Grunde genommen gefürchtet.

FICHTE Warum gefürchtet?

EPPENDORFER Weiß ich nicht. Ich hatte immerzu dieses kindliche Zärtlichkeitsbedürfnis, wo der kleine Junge einfach schmusen möchte, ein bißchen zur Mutter kommen möchte, Kopf an ihre Schulter legen, einfach von ihr in den Arm genommen zu werden, und da schob sie mich immer zur Seite, sie mochte all sowas nicht.

FICHTE Hat deine Mutter dich geschlagen?

EPPENDORFER Nie, nein.

FICHTE Bist du von anderen geschlagen worden?

EPPENDORFER Auch nicht.

FICHTE Sonst gestraft, dunkle Zimmer?

EPPENDORFER Nee, solche Geschichten eigentlich nie. Ich meine, das Blöde war einfach, wenn der Freund kam, dann bekam ich Geld in die Hand gedrückt, dann konnte ich den ganzen Tag lang sehen, wo ich blieb. Konnte ich ins Kino gehen, dann hatte ich unterwegs Hunger, dann wollte ich nach Hause, klingelte natürlich bei uns, dann mußte ich im Flur warten, bekam ganz kurz eine ganz rasche Butterstulle geschmiert, dann mußte ich schon wieder aus der Wohnung. Tja, und dann kam ich abends spät erst in der Nacht wieder nach Hause.

FICHTE Hast du deine Mutter gehaßt?

EPPENDORFER Ja.

FICHTE Wie äußerte sich dieser Haß?

EPPENDORFER Das war einfach ein ohnmächtiger kindlicher Haß, dem gleichzeitig ... irgendwie liebte ich sie ja auch noch, das war das Idiotische an der Geschichte, irgendwie war ich auch noch eifersüchtig auf sie, irgendwie haßte ich auch noch ihre Freunde.

FICHTE Was nanntest du damals Liebe?

EPPENDORFER Ich hatte eine ganz säuische Anhänglichkeit zu dieser Frau, denn irgendwo mußte sie doch meine Mutter sein.

FICHTE Hast du dir diese Bilder von deiner Mutter und ihren Freunden sehr oft vor Augen gehalten?

EPPENDORFER Ja.

FICHTE Hast du dich gelegentlich in der Position eines ihrer Freunde gesehen?

EPPENDORFER Nein, ich bin ihr nachgegangen, hin und wieder passierte das schon, sie hatte in einer Pension noch ein Zimmer monatlich gemietet, wo sie sich dann mit einem ihrer Freunde traf, da stand ich dann manchmal stundenlang vor der Tür, dann sah ich, wenn er kam, wenn er ging, ja, das war ziemlich widerlich, manchmal im strömenden Regen stundenlang ...

FICHTE Warst du schon aufgeklärt? Wußtest du, um was es da ging?

EPPENDORFER Nicht richtig. Man hörte natürlich manches, man hatte aber noch nicht das richtige Gefühl, die richtige Einstellung dazu.

FICHTE Du konntest das nicht recht zusammenbringen.

EPPENDORFER Nein, aber irgendwie empfand ich die Sache als fies.

FICHTE Aber du gingst an den Ort, wo dieses Fiese geschah?

EPPENDORFER Ja, sicher, weil ich irgendwie bei ihr sein wollte, was ich normalerweise ja nie sein konnte. Ich wollte wissen, was sie macht, ich wollte wissen, wo sie blieb, ich wollte wissen, was sie tut.

FICHTE Hast du sie nie zur Rede gestellt?

EPPENDORFER Das konnte ich nicht. Den Mut hatte ich nie.

FICHTE Aber du sagtest, du fürchtest sie. Was war das Furchterregende an deiner Mutter?

EPPENDORFER Meine Mutter war eine ziemlich leidenschaftliche Frau, auf der anderen Seite war sie aber von einer Oberflächlichkeit, von einer Kälte, der Sohn war nur dann gut, wenn er sich herumzeigen ließ, wenn irgendwelche Freundinnen von ihr kamen. Ja, dann zeigte sie ihren Sohn rum, dann tätschelte sie ihm das Haar, gab sie ihm Süßigkeiten, nahm sie ihn mit, und dann durfte er ein Eis essen, sobald wir wieder allein waren, dann war ich überflüssig.

FICHTE Hat deine Mutter ihr ganzes Leben lang ein recht mondänes Leben geführt?

EPPENDORFER Ja, das wurde von Jahr zu Jahr schlimmer, ich fühlte mich überflüssig. Ich habe sehr früh gewußt, daß meine Mutter eine Abtreibung vorgenommen hatte, weil sie mich nicht haben wollte und das ging schief, dann kam ich dennoch.

FICHTE Von wem hast du das erfahren?

EPPENDORFER Von ihrer Schwester.

FICHTE Und warum hat sie dir das gesagt?

EPPENDORFER Ich weiß es nicht.

FICHTE Verstandst du dich mit dieser Schwester besser?

EPPENDORFER Ja, sehr gut. Die wollten mich auch als ihren Sohn haben, weil sie keine Kinder kriegen konnten, das ließ sie nicht zu, meine Mutter. Das wollte sie nicht.

FICHTE Hat deine Tante das ausgespielt, dieses Faktum, daß da abgetrieben werden sollte?

EPPENDORFER Ich weiß es nicht.

FICHTE Da warst du wie alt?

EPPENDORFER Fünf.

FICHTE Mit fünf Jahren hat dir deine Tante gesagt, daß du eigentlich abgetrieben werden solltest? Wie hat sie dir das erklärt?

EPPENDORFER Das erste, in diesem Alter – ich wollte immer zu meiner Mutter. Ich hatte immer eine große Sehnsucht nach meiner Mutter, endlich meine Mutter kennenlernen zu wollen. Es begann damit, daß sie mir einfach sagte, daß meine Mutter mich nie wollte, und später, Jahre später, ich fuhr ja auch immer während der Sommerferien zu meiner Tante nach Göppingen, kam dieses Gespräch immer auf dieses Nichtgewolltsein. Ich belauschte mal irgendwann ein Gespräch zwischen ihr und meiner Großmutter, in dem sie dann tatsächlich über diese Schweinerei sprach, und wies schiefgegangen sei, der Junge sollte ja gar nicht zur Welt kommen usw., diese Gesprächsfetzen, die fing ich einfach auf, als ich dann 14, 15 war, wußte ich, was eine Abtreibung ist.

FICHTE Und das vorherrschende Gefühl gegenüber deiner Mutter war Furcht?

EPPENDORFER Ja.

FICHTE War also Angst, sie könnte dir was tun?

EPPENDORFER Genau, ja sicher, irgendwie die Furcht vor der Vernichtung.

FICHTE Du glaubtest, sie würde immer noch versuchen, dich wegzubringen.

EPPENDORFER Ja, richtig. Wegzugeben, irgendsowas, mich von ihr zu trennen.

FICHTE Ja, aber warum wolltest du denn gerne bei ihr sein?

EPPENDORFER Weiß ich nicht. Ich hatte irgendwie ... es gibt ja nicht die Stimme des Blutes, das ist ja Quatsch, aber ich hatte bis vielleicht zum 14. Jahr die Sehnsucht nach ihr, die Anhänglichkeit des Kindes zur Mutter, weil ich in einer Illusion lebte, eine Mutter, die müsse einfach eine richtige Mutter sein.

FICHTE Aber das wußtest du doch nun, daß sie das nicht war. Außerdem hattest du Furcht vor ihr. Glaubtest du, daß sie dich umbringen könnte?

EPPENDORFER Ja, das habe ich später, bevor diese Geschichte passierte, wirklich angenommen.

FICHTE Hattest du Grund zu der Annahme?

EPPENDORFER Hätte ich für möglich gehalten, aus der heutigen Sicht gesehen ist es natürlich Unsinn, aber damals hielt ich es wirklich für möglich, ich schlief mit meinem Fahrtenmesser unter dem Kopfkissen und so.

FICHTE Du dachtest, sie würde dich wie umbringen?

EPPENDORFER Ja, ich dachte, vielleicht vergiften.

FICHTE Dagegen hätte das Fahrtenmesser nichts genutzt.

EPPENDORFER Das ist richtig. Wenn sie in den Betrieb ging, stellte sie mir Essen hin, und dieses Essen kam mir manchmal ... schien mir, von heute gesehen war es wahrscheinlich Unsinn, schien mir bitter zu schmecken, nach einer kurzen Kostprobe schüttete ich das immer weg.

FICHTE Und das Fahrtenmesser nahmst du, weil du glaubtest, sie würde dich tätlich angreifen, wie?

EPPENDORFER Erwürgen, irgendsowas, weiß ich nicht, totschlagen. Ich weiß nicht, was ich damals wirklich alles gedacht habe, aber irgendwelches konfuses Zeug.

FICHTE War dir klar, wie eine Abtreibung geschieht?

EPPENDORFER Nee.

FICHTE Du wußtest nicht, daß da einiges mit Messern und Auskratzen und Blasenöffnern undsoweiter vorgeht?

EPPENDORFER Ja, auf jeden Fall irgendwas mit Instrumenten, das wußte ich, ich dachte aber auch immer, es würde mit Spritzen geschehen.

FICHTE Und brachtest du die Vorstellung von der Abtreibung in Zusammenhang mit deiner Furcht, deine Mutter könnte dir was antun?

EPPENDORFER Ja, ich habe mir darüber eigentlich nie richtig Gedanken gemacht. Diese Furcht kam vielmehr aus dem Unterbewußten, ich habe mich dieser Furcht irgendwie richtig geschämt. Ich bin ihr immer wieder ausgewichen, insofern, wenn ich versuche, die damalige Situation zu zerlegen, daß ich das heute als Unfug abtun würde, damals habe ich mich wirklich gefürchtet, diese Angst war ja da.

FICHTE Hast du nie geträumt, daß du deine Mutter angreifen würdest?

EPPENDORFER Das habe ich geträumt, ja.

FICHTE In welcher Form?

EPPENDORFER Erstechen würde. Zerstören, vernichten. Irgendein Aggressionsstau, oder wie man das nennen mag, der war da, sie zu vernichten, sie ihren Freunden wegzunehmen, mich zu rächen.

FICHTE Mit 15 Jahren hattest du da schon erotische Empfindungen?

EPPENDORFER Ja, doch, würde ich sagen.

FICHTE Hast du geträumt, daß du dich deiner Mutter so nähern würdest, wie ihre Liebhaber sich ihr nähern?

EPPENDORFER Das habe ich manchmal gedacht, ja, das ist geschehen.

FICHTE Warst du schon körperlich reif zu der Zeit?

EPPENDORFER Sexuell war ich nicht ziemlich hoch entwickelt, frühreif auf keinen Fall. Der erste wirklich sexuelle Kontakt war diese Geschichte in dem Auto.

FICHTE Was war erst da, die Furcht vor deiner Mutter oder die Vorstellung, daß du deine Mutter den Freunden wegnehmen willst, sie zerstören wolltest, vernichten wolltest?

EPPENDORFER Die Furcht ist viel älter, das andere kam später, einfach die Rebellion gegen diese Frau, die Auflehnung, diese Trotzhaltung, dieses Alleszerschlagenwollen.

FICHTE Und zwischen der Furcht und deiner Reaktion auf die Furcht . . .

EPPENDORFER Das war ein ständiges Schwanken hin und her.

FICHTE Und dazwischen lag die Vorstellung, daß du mit deiner Mutter schläfst?

EPPENDORFER Ja.

FICHTE Hast du nie einen anderen Menschen in Zusammenhang mit deiner Sexualität gesehen, wars immer deine Mutter?

EPPENDORFER Ich glaube, ja.

FICHTE War die Furcht schon da, bevor deine Tante dir von der Abtreibung erzählte?

EPPENDORFER Nein.

FICHTE Als du bei deiner Großmutter in Schlesien wohntest, sehntest du dich nach deiner Mutter?

EPPENDORFER Ja.

FICHTE Aber du fürchtetest dich nicht vor ihr?

EPPENDORFER Nein.

FICHTE Also die Furcht kam erst als du wußtest, daß deine Mutter dich nicht gewollt hatte?

EPPENDORFER Ja.

FICHTE Als kleiner Junge hast du nie gedacht, sie hat mich verlassen, ich möchte sie zerstören?

EPPENDORFER Nein, das wußte ich alles nicht.

FICHTE Du hattest ein Stipendium für Cello. Was für Musik liebtest du besonders?

EPPENDORFER Mozart fand ich gut, Händel, Feuerwerk, Wassermusik, fand ich schön, auch diese Sarabanden, einfach klassische Musik.

FICHTE Gingst du viel in Konzerte?

EPPENDORFER Ja.

FICHTE Last du viel?

EPPENDORFER Ich las sehr viel.

FICHTE Was?

EPPENDORFER Viel, viel die Russen.

FICHTE Das waren deine Lieblingsschriftsteller?

EPPENDORFER Ja.

FICHTE Hast du dich damals für Malerei interessiert?

EPPENDORFER Ja, merkwürdigerweise interessierte ich mich sehr für die Arbeiten von der Kollwitz oder auch von der Modersohn-Becker, die frühen Radierungen von Vincent van Gogh, diese Bergbaumotive, diese Kohlengrubenarbeiter, dieses Finstere, irgendwie Trostlose, Triste, Niedergedrückte, Morbide.

FICHTE Hast du selbst damals geschrieben?

EPPENDORFER Nein. Kleine Verse.

FICHTE Erinnerst du noch was davon?

EPPENDORFER Wenig, viel Tod, eine unheimliche Faszination, alles was mit diesem Tod zusammenhing, nicht die Situation des Todes an sich, sondern der Augenblick des Totwerdens, das hat mich fasziniert, das hat mich unheimlich gelockt.

FICHTE Also tot werden, selbst sterben oder eventuell auch selbst sterben machen.

EPPENDORFER Selbst sterben, ja.

FICHTE Hast du an Selbstmord gedacht?

EPPENDORFER Auch.

FICHTE An welche Art des Selbstmords?

EPPENDORFER Des Einschlafens, und dann irgendwann des Hinüberdämmerns.

FICHTE Wo hinüber?

EPPENDORFER Über die Schwelle.

FICHTE Und wo hinein?

EPPENDORFER Das wußte ich nicht.

FICHTE Glaubtest du nicht an ein Jenseits?

EPPENDORFER Nein.

FICHTE Warum nicht?

EPPENDORFER Ich weiß nicht, Gott ist eigentlich nie ein Problem für mich gewesen.

FICHTE Du bist nicht religiös erzogen?

EPPENDORFER Meine Großmutter war Jehovas Zeugin. Ich selbst bin ja sogar Mormone gewesen, Priestertumsträger, bin Diakon gewesen und war Gastsprecher in einer Reihe von Gemeinden.

FICHTE Vor deiner Gefängniszeit?

EPPENDORFER Ja, mit 16.

FICHTE Und wie bist du da rangekommen?

EPPENDORFER Ganz einfach, weil ich irgendwie Geborgenheit suchte, irgendwie einen Halt, irgendeine Begeisterung, die mich von mir wegführte. Ich wollte mich vor allem für etwas engagieren.

FICHTE Aber du hattest doch die Musik?

EPPENDORFER Das war mir zu wenig. Mein Cellolehrer, er war auch Päderast.

FICHTE Und wie hast Du gemerkt, daß er Päderast war?

EPPENDORFER Bei den Übungsstunden. Dann soff er noch dazu, es war ziemlich widerlich. Dann gab ich auch irgendwann diese Stunden auf.

FICHTE Während der Übungsstunden hat er versucht, sich dir zu nähern?

EPPENDORFER Ja, sehr deutlich.

FICHTE Was war damals dein Lieblingsgericht?

EPPENDORFER Leber eigentlich, Leber mit Zwiebeln und saurem Apfel und so Süßspeisen, viel Süßspeisen.

FICHTE Und was trankst du damals gern? Trankst du Alkohol?

EPPENDORFER Nein.

FICHTE Hast du viel Sport getrieben?

EPPENDORFER Ich habe gern geschwommen.

FICHTE Du warst also ein guter Turner in der Schule?

EPPENDORFER Nein, kein guter Turner.

FICHTE Warst du angesehen in deiner Klasse oder warst du ein Außenseiter?

EPPENDORFER Ich glaub, ich war ein Außenseiter.

FICHTE Du hattest keine Freunde?

EPPENDORFER Nein.

FICHTE Wurdest du gehänselt?

EPPENDORFER Das eigentlich weniger, ich war ziemlich zurückgezogen.

FICHTE Hattest du sonst noch Hobbies?

EPPENDORFER Ja, ich ging beispielsweise sehr gern ins Theater. Ich sah mir oft diesen Marcel Marceau an, wenn er kam, weil mich einfach seine Menschendarstellung fasziniert hat. Ich ging auch in viele Museen.

FICHTE Gabs eine Oper in Kiel?

EPPENDORFER Ja.

FICHTE Bist du gerne dorthin gegangen?

EPPENDORFER Ja, oft.

FICHTE Warst du oft im Kino?

EPPENDORFER Ja, auch ziemlich oft.

FICHTE Was waren die Theaterstücke, die dich am meisten beeindruckt haben?

EPPENDORFER Viel Shakespeare, viel Schiller.

FICHTE Was von Shakespeare?

EPPENDORFER Der »Hamlet«.

FICHTE Und von Schiller?

EPPENDORFER »Die Räuber.«

FICHTE Und diese ganze Welt der Mormonen, was bedeutete das?

EPPENDORFER Die Begeisterungsfähigkeit dieser Leute war natürlich ansteckend. Hingekommen war ich eigentlich, weil ich Derril Matthews sehr gerne hatte, und einfach in seiner Nähe sein wollte. So kam ich eigentlich zu den Mormonen. Als dieser Mormone dann nach Amerika zurückfuhr, blieb ich dann einfach noch da.

FICHTE Wie alt warst du da?

EPPENDORFER 16.

FICHTE Du hast mit 16 deinen Mord begangen.

EPPENDORFER Mit 17.

FICHTE Wie kam es dazu?

EPPENDORFER Diese Frau, die ich später tötete, war eine Mormonin, eine ältere Frau, sehr sympathisch, einfach richtig gütig, und sie lud mich dann zu sich ein, und ich ging des öfteren zu ihr. Irgendwie gab es das Gefühl von Geborgenheit, vielleicht ist das auch nicht ganz korrekt, ich wollte einfach weg.

An diesem Morgen, als ich zu ihr kam, diese Entwicklung war überhaupt merkwürdig, bevor die Sache passierte, ich ging durch die Stadt ...

FICHTE Willst du nicht darüber sprechen?

EPPENDORFER Doch, ich glaube, man könnte darüber sprechen– Ich will es versuchen, es ist schwierig zu formulieren, was alles war. Ich ging durch die Stadt, Leute grüßten mich, die mich kannten, und ich erkannte die gar nicht, ich grüßte also auch nicht wieder, und sie hielten mich für unhöflich. Ich nahm sie einfach nicht wahr, ich war einfach nicht da. Ich ging bei meiner Mutter vorbei, als sie mir in der Stadt entgegen kam, ich war nicht da.

FICHTE War das vor- oder nachher?

EPPENDORFER Vor dieser Geschichte. Wochen vorher. Ich hatte auch Waffen zu mir gesteckt, das Messer führte ich beispielsweise mit ... auch einen Hammer, einfach Waffen, Werkzeuge zum Wehren, und an irgendeinem Morgen ging ich wieder zu dieser Frau, ich weiß nicht, ich glaube es hat irgendwie Ärger gegeben mit meiner Mutter am Vortag, irgendwas war, irgendwas Blödes, im Grunde genommen wollte ich ... ich war noch im Mantel ganz merkwürdig, wir haben kaum ein Wort gesagt ... irgendwie hatten wir vorher verabredet, daß wir noch in die Stadt wollten, und sie kam auf mich zu und streichelte mich, plötzlich explodierte was, wie sich das hinterher, nachher, auf dem Termin darstellte, und wie ich das den Leuten sagte, und wie sie es konstruierten, ich habe kaum eine Erinnerung an diese Situation, es gibt ja keine Tatzeugen, mit Sicherheit hat es nicht so stattgefunden, wie es später gesagt wurde, ich habe auch vieles gesagt, woran ich gar keine Erinnerung hatte, was ich in den Ermittlungsakten angelesen hatte, mir wars wurscht, ich wollte die Sache schnell hinter mich bringen, aber irgendwie wars, daß sie zärtlich wurde, daß sie mich umarmte, da knallte die Sache plötzlich, vielleicht stieß ich sie von mir, und plötzlich hatte ich dann irgendwie den Hammer in der Hand und schlug auf sie ein, ich glaube, ich traf sie nichtmal, und dann griff sie mich an, das ist ja logisch, sie wehrte sich. Dann riß ich alles, was so im Raum stand, die Vasen, Kristallschalen und schlug mit diesen Sachen auf sie ein. Daraus schlossen sie, sie sei gebückt gewesen, das kann nicht sein, sie hat mich aufgekratzt, ich habe nämlich eine Schramme, diese kleine Narbe kann man heute noch sehen, irgendwie hat sie versucht, mir die Augen auszukratzen, da hab ich alles, was ich so fand, was mir grade wahllos unter die Finger kam, ohne daß ich sie sah, Scherben von diesen Kristallschalen nahm ich in die Hände und schnitt mir natürlich in die Hände und hackte noch mit diesen Scherben auf sie ein, ich meine, ihre Verletzungen sind ja auch ganz irre, der Schädel ist nicht kaputt, sie ist lediglich an eingeatmeter Blutflüssigkeit erstickt, und die Zunge ist vom Zungenhalsboden gelöst, ich weiß überhaupt nicht, wie das passiert sein kann. Irgendwo in einer dieser Schalen lag auch noch eine Schere, und damit habe ich auch noch auf sie eingestochen, nur auf dieses Gesicht. Irgendwie war dieses Gesicht plötzlich das Gesicht meiner Mutter, und dann schlug ich immer in dieses Gesicht, hackte in dieses Gesicht, das Gesicht war völlig zerfetzt, der Mund auseinandergefetzt, Zunge abgeschnitten, bis ich, ich weiß nicht, immer so weiter, ich weiß nicht, wie lange es gedauert hat, und dann raffte ich alles, was so auf dem Boden war, meinen Hut, Handschuhe, die Collegemappe, und dann lief ich weg.

FICHTE Und was geschah dann?

EPPENDORFER Dann kam ich nach Hause, und dann sah ich plötzlich das viele Blut tropfte runter, den ganzen Flur voll. Ich sah diese ziemlichen Verletzungen, an den Händen, und dann wußte ich nicht woher. Unheimliches mußte passiert sein, ich hatte wahnsinnige Kopfschmerzen und fror. Dann ging ich ins Badezimmer, dann schlug ich in dem Badezimmer hin, und vier Stunden später vielleicht rappelte ich mich wieder hoch, dann war alles blutverschmiert, dann wusch ich mich notdürftig, und irgendwie stand ich dann auf und ging in die Stadt, mir Heftpflaster zu kaufen, wie im Traum, fast wie in Trance, würde ich sagen. Ne ganz irre Geschichte, mir war alles so gleichgültig.

FICHTE Warst du glücklich?

EPPENDORFER Nein, glücklich nicht, aber leer. Unheimlich leer, völlig ausgebrannt, mich konnte überhaupt nichts mehr berühren, ich war wirklich wie ausgeschüttet. Dann holte ich mir diesen Verbandsstoff, dann ging ich wieder zurück und schlief. Die Geschichte muß passiert sein morgens um halb elf oder um zehn, und abends um zehn kam meine Mutter dann nach Hause, und sah die Blutflecke, fing gleich an zu keifen, dann sagte ich, ein Hund hat mich gebissen, oder irgendsowas, um sie loszuwerden. Dann eine Stunde später kam dann die Polizei und holte mich zu einer Vernehmung ins Kriminalkommissariat. Im Rahmen der Ermittlungen wurden alle Bekannten abgeklappert. Dann fuhr ich mit. Mir war alles gleichgültig, ich hätte zehn Morde gestehen können.

FICHTE Du hast gleich gestanden?

EPPENDORFER Nein, sie fragten nach den Verletzungen, da sagte ich, der Hund habe mich gebissen, und dann erzählten sie, sie sei tot. Ich wußte nicht, daß sie tot war, fragten, fragten, fragten, ich wollte sie loswerden, sie waren wie Hornissen, ich wollte nur meine Ruhe haben, mir platzte fast der Schädel, ich fror entsetzlich, obwohl dieser Raum bestimmt überheizt war, dann fragten sie, und ich sagte ja, und war es so, ich sagte ja. Dann hab ich einfach wiederholt, ich habe so gut wie überhaupt keine Erinnerung an dieses Protokoll, natürlich, ich habs nachher unterschrieben, am nächsten Tag dann noch ein Protokoll, ich war wie tot, wie erloschen, mir war das alles gleichgültig, sie sollten mich nur in Ruhe lassen.

FICHTE Hast du erwartet, daß man dich schlagen würde?

EPPENDORFER Das wär mir gleichgültig gewesen.

FICHTE Wenn du jetzt davon sprichst, hat dann dieser Mord für dich noch eine Bedeutung oder ist es so, als würdest du von einem anderen erzählen? Oder von einem Mord aus einem Buch erzählen?

EPPENDORFER Ich weiß nicht, dieser Mord, im Grunde genommen, war für mich eine ganz große Erleichterung. – Ich weiß nicht, ob ich das bereue, und da liegt im Grunde genommen das Problem, ich habe etwas gegen dieses Wort »Reue«. In dem Sinne sein Haupt mit Asche zu bestreuen, ist überhaupt nicht drin, insofern bereue ich das sicher nicht. Es ist schon richtig, dieser Mensch, diese Frau tut mir natürlich leid, da ist irgendwas geplatzt, ist irgendwas über die Stränge gehauen, ich habe mich in diesem Augenblick einfach von meiner Mutter endgültig getrennt, ich habe etwas zerschlagen, blutig zerschlagen, ich habe alles ausgetobt, Rache, Haß, die niedergetretene Zuneigung eines Kindes zur Mutter, all diese Wünsche, all diese Hoffnungen, all die Enttäuschungen, alles habe ich in dieses Gesicht hineingeschlagen, hineingestampft, zerrissen, gehackt, gestochen, und ich fühlte mich befreit, wirklich befreit.

FICHTE Jetzt oder damals schon?

EPPENDORFER Damals schon. Als ich dann, es war natürlich immer noch ein Schock. Die ersten Wochen danach habe ich natürlich kein Wort gesprochen mit irgendjemandem, ich habe einfach nichts gesagt, ich habe gesessen wie eine Mumie, auch überhaupt nicht gedacht, völlig alles abgeschaltet, alles leer. Als das dann vorbei war, begann ich aufzuatmen.

FICHTE Und dann hattest du das Gefühl der Erleichterung.

EPPENDORFER Ja.

FICHTE Da warst du noch in Untersuchungshaft?

EPPENDORFER Ja, ich war fast zwei Jahre in Untersuchungshaft. Ganz spontan, ich fühlte mich einfach befreit. Das haben die alle nicht verstanden.

FICHTE Hattest du zu dieser Frau auch irgendwelche erotische oder sexuelle Beziehung?

EPPENDORFER Nein.

FICHTE Hast du mit ihr geschlafen?

EPPENDORFER Ich habe nie mit ihr geschlafen.

FICHTE Aber sie hat dich gestreichelt.

EPPENDORFER Ja.

FICHTE Und hattest du da Erektionen ...

EPPENDORFER Sie hat mir auch viel von jungen Männern erzählt, die sie mochte, daß sie mich mochte, und irgendetwas war stimulierend in ihren Liebkosungen.

FICHTE Und warst du eifersüchtig auf die anderen jungen Männer?

EPPENDORFER Nein, eifersüchtig war ich nicht. Ich war einfach so down, daß ich mich einfach hingab, mich treiben ließ in diese Liebkosung, und irgendetwas von Erotik war drin. Es war merkwürdig. Ich habe mich auch auf diese Zärtlichkeit hin befriedigt, wenn ich dann allein war.

FICHTE Du hast dann onaniert.

EPPENDORFER Ja.

FICHTE Bis zu Ende?

EPPENDORFER Ja.

FICHTE Und an wen hast du dabei gedacht, an deine Mutter oder an diese Frau?

EPPENDORFER An die Zärtlichkeit. An die Hände mit dem Gesicht meiner Mutter, ja.

FICHTE An ihre Hände mit dem Gesicht deiner Mutter.

EPPENDORFER Ja. Ich weiß, das klingt alles ziemlich irre, aber so war es einfach. Zum ersten Mal quatsche ich darüber, ich habe mir noch nie ... ich schämte mich einfach, ich konnte es nicht erzählen, es war einfach nicht drin.

FICHTE Und wovor schämtest du dich?

EPPENDORFER Die Sache einfach öffentlich zu erklären. Jemandem Zugang zu geben zu dieser Situation, ihm Einblick zu gewähren.

FICHTE In welche Situation? In die Situation der Onanie oder in die Situation des Tötens, des Explodierens?

EPPENDORFER In die Situation der Onanie, ja sicher.

FICHTE Das belastete dich also.

EPPENDORFER Ja.

FICHTE Und hättest du sehr gewünscht, daß deine Mutter oder diese Frau dir die Onanie abnimmt, soweit ginge, daß du nicht zu onanieren brauchst?

EPPENDORFER Ich habe mich deswegen gehaßt.

FICHTE Wenn du jetzt davon sprichst, ist das sehr gegenwärtig, bedauerst du noch, daß du diese Frau umgebracht hast? Ekelt dich noch vor dem Blut, fühlst du noch diese Erleichterung, oder ist das etwas sehr Fernes, was mit deiner augenblicklichen Situation gar nichts mehr zu tun hat?

EPPENDORFER Das hat mit meiner augenblicklichen Situation nichts mehr zu tun.

FICHTE Es erregt dich nicht mehr?

EPPENDORFER Es erregt mich überhaupt nicht mehr.

FICHTE Es hat dich früher erregt?

EPPENDORFER Ja.

FICHTE Hast du jemals ein Gefühl des Stolzes gehabt, daß du diese Tat begangen hast?

Eppendorfer Nein, nicht das Gefühl des Stolzes, aber ich habe den Geruch des Blutes eigentlich immer noch jahrelang in der Nase gehabt.

Fichte Gerne?

Eppendorfer »Gern«, das Wort ist zu flach, irgendwie war das etwas ungeheuer Faszinierendes, das Blut, ich habe es einfach dampfend in Erinnerung, ich weiß nicht warum. Irgendwie dampfend.

Fichte Hast du dampfendes Blut früher schon in Erinnerung, in den Karnickelställen?

Eppendorfer Nein, nie. Das ist das erste Mal. Als mir einfach dieses Blut in die Hände floß, immer mehr, und eindickte wie Tomatenketchup, und irgend so ein ganz eigentümlicher Geruch, ich kann es nur mit »dampfen« bezeichnen, dieses Blut, das ist so, als wenn dir einer dicke Farbe, dicke warme Farbe über die Hände gießt, und du kannst diese Hände einfach nicht mehr rühren, die Hände sind steif, die Hände, sie sterben, und du immer übergebeugt bist über diese Hände, und immer wieder dieses Blut drüberläuft, das ist wahnsinnig irre, das ist ein ganz irres Gefühl.

Fichte Aber du mußt sie in dem Augenblick doch auch gehaßt haben?

Eppendorfer Ja, unheimlich. Möglicherweise habe ich immer gesagt, »du Biest« oder »du Viech« oder irgendsowas.

Fichte Tötetest du deine Mutter oder sie?

Eppendorfer Nein, die Frau habe ich gar nicht getötet, ich weiß auch gar nicht, also, ich habe damals immer gesagt, ich weiß nicht ob ich das heute noch unterstützen kann, aber ich wollte sie nicht töten.

Fichte Du wolltest *sie* nicht töten, aber du wolltest töten?

Eppendorfer Ich glaube, ich wollte überhaupt nicht töten, ich weiß gar nicht, was ich wollte.

Fichte Aber du wolltest zerstören, vernichten, kaputtmachen?

Eppendorfer Vielleicht mag das sein, ich kanns nicht sagen, ich weiß es nicht.

Fichte Aber mit wem hattest du zu tun, mit ihr oder mit deiner Mutter?

Eppendorfer Diese Personen waren irgendwie deckungsgleich, ich habe ihr Gesicht gar nicht erkannt, ich habe immer das Gesicht meiner Mutter gesehen, in das habe ich immer hineingeschlagen, hineingehackt, hineingestoßen, hineingeprügelt. Es war irgendwie nicht da, irgendwie völlig verschwommen, ein Blutsee, der immer größer wurde, auf dem lauter Papierschnitzel geschwommen haben, ... daß ich mitten in diesem Blutsee kniete, über sie gebeugt, auf dieses Gesicht einschlug – ich weiß das alles nicht.

FICHTE Hattest du das Gefühl, daß du damit wirklich alles zum Explodieren gebracht hattest.

EPPENDORFER Alles, restlos. Eine Sache, die ich überhaupt nicht mehr unter Kontrolle hatte.

FICHTE Und du würdest nie wieder eine Deckungsgleichheit herstellen zu einer anderen Frau ...

EPPENDORFER Kaum.

FICHTE ... und deiner Mutter und wieder hineinschlagen.

EPPENDORFER Nein, es ist heute so, es gibt keinen Kontakt mehr zu meiner Mutter, ich habe das ganz deutlich gemerkt, ich trage mit meiner Mutter nichts mehr als den Namen gemeinsam.

FICHTE Daß du sie weder haßt noch ...

EPPENDORFER Gar nichts.

FICHTE noch eifersüchtig noch Furcht ...

EPPENDORFER Eine unheimliche Gleichgültigkeit.

FICHTE Das ist also ein für allemal erledigt.

EPPENDORFER Ja, das ist ein für allemal erledigt.

FICHTE Nahm deine Furcht während des Mordes zu?

EPPENDORFER Nein, ich wußte nur, ich mußte siegen.

FICHTE War Ekel mit dabei, Ekel vor der Zärtlichkeit?

EPPENDORFER Ja, ich weiß nicht, warum ich dieses ganze Weibliche auf einmal so wahnsinnig gehaßt habe, ich habe keine Erklärung dafür, und auch die ersten Wochen nachher, nach dieser Tat, ich mich fürchtete, irgendeine Frau zu sehen, ich weiß gar nicht warum.

FICHTE Du sagst, du erinnerst dich sehr wenig an das, was du getan hast, andererseits schilderst du immer genau und auch sehr fantasievoll den Augenblick der Tat – sind das Fantasien, die du hinterher in diesen Augenblick hineinprojiziert hast oder gab es diese Absence?

EPPENDORFER Auf jeden Fall irgendeinen lichten Augenblick.

FICHTE Einen oder mehrere?

EPPENDORFER Mehrere, eine Kette von Augenblicken.

FICHTE Also, es war gleichzeitig eine Art Vergessen, aus dem Gewöhnlichen herausgehoben werden und andererseits wieder ein halbes Bewußtsein, daß du jetzt erzählen kannst.

EPPENDORFER Ja. Also, mit Sicherheit ... man kann natürlich sagen, daß man einiges davon einfach verdrängt hat, aber, ich glaube, auch dieser Verdrängungsmoment ist gewissermaßen aufgehoben. Ich habe mit Sicherheit bei dieser Sache einige irre Augenblicke gehabt.

FICHTE Und an welche Gefühle würdest du dich da erinnern? An Triumph, Furcht, Haß, Ekel?

EPPENDORFER Merkwürdigerweise, wenn man mich so abrupt fragt, würde ich einfach sagen immer noch Angst ... Angst, ja, Angst und Ekel, ich glaube, das sind die einzigen Worte, die ich nennen könnte.

FICHTE Todesangst?

EPPENDORFER Ich glaube ja.

FICHTE Und Ekel wovor?

EPPENDORFER Vor allem, vor jeder Berührung, vor jedem Anfassen ... vor allem Weiblichen plötzlich.

FICHTE Ja, aber du hast dich doch gerade nach diesen Berührungen so gesehnt?

EPPENDORFER Ich weiß nicht, was es war, ich weiß nicht, warum es passiert ist.

FICHTE Ist es dir ganz unmöglich, dir vorzustellen, wann nach diesen Berührungen von ihr es mitmal ausgesetzt hat, was war da der Anlaß, die Briefmarke, der Kristallbecher, ihr Auge oder was?

EPPENDORFER Ich glaube, wenn ich das sehr nüchtern anschaue, würde ich sagen, also in dem Augenblick, als sie mich umarmte, stieß ich sie möglicherweise zurück, möglicherweise gegen den Tisch, und in dem Augenblick, als sie auf mich zukam, wieder auf mich zukam, ja dann gings los.

FICHTE Davor hattest du Angst, und ich muß siegen?

EPPENDORFER Ja, genau, sicher. Wir haben mit Sicherheit miteinander gekämpft, das weiß ich ganz sicher. Ich hab mich irgendwie gewehrt.

FICHTE Und danach – warum dieses Gefühl der Erloschenheit, warum nicht Glück, warum nicht: Ich hab gesiegt?

EPPENDORFER Weiß ich nicht. Ruhe, eine völlige Abgeklärtheit, ein völliges Stilleben in mir, kein Aufruhr, keine Aggression, wenn man das als Friede bezeichnen kann, dann würde ich sagen ja.

FICHTE Also doch etwas im Hinblick auf dein voriges Leben Positives.

EPPENDORFER Ja, ich glaub, ja, das erste Mal, ja sicher. Keine Unruhe, kein Gehetztsein.

FICHTE Und deine Mutter, was war deine Mutter, die du ja wahrscheinlich eigentlich umgebracht hast, als sie nun kam, wer war das da?

EPPENDORFER Nichts mehr, eine Fremde.

FICHTE Damals schon aus?

EPPENDORFER Ja, es war kein Kontakt mehr zur Mutter, als sie mir irgendwelche Vorhalte machte oder so, dann konnte ich das abtun mit einer Handbewegung, wie man eine Fliege davonscheucht. Einfach so, weg, die hatte mir überhaupt nichts mehr zu sagen. Ich hatte auch keine Furcht mehr vor ihr, es war mir völlig gleichgültig, was sie machte.

FICHTE Hast du früher schon so Absencen gehabt? Daß du mitmal in so einen anderen Zustand eintratst – während des Tieffliegereinsatzes?

EPPENDORFER Da bestand ich nur aus Angst.

FICHTE Aber das war gewöhnliche Angst?

EPPENDORFER Ich würde sagen ja, aber dann hat man immer wieder dieses untergründige Zittern, daß meine Hände ganz leise anfangen zu zittern, diese Furcht, die ... bis in die Hände ...

FICHTE Ist die verwandt mit der Furcht vor deiner Mutter?

EPPENDORFER Ich weiß es nicht. Ich habe mir darüber nie Gedanken gemacht. Es war einfach da.

FICHTE Erinnerst du was von deinem ganz frühen Hunger, daß dich diese Bauersleute schlecht behandelten, rumstießen, dir nicht genug zu essen gaben? Erinnerst du was von dieser Verwahrlosung, von den Karnickelställen?

EPPENDORFER Nee.

FICHTE Hast du dich geprügelt in der Schule?

EPPENDORFER Nie.

FICHTE Du sagtest, daß dich alles Tote oder das Totwerden, Totgemachtwerden sehr fasziniert, hast du viele Leichen gesehen?

EPPENDORFER Nein, fünf Stück vielleicht.

FICHTE Bei welcher Gelegenheit?

EPPENDORFER Bei Beerdigungen, aufgebahrt in der Leichenhalle.

FICHTE Nie zerstörte?

EPPENDORFER Einfach aufgebahrte Leichen.

FICHTE Keine Verkehrsunfälle oder ...

EPPENDORFER Ja, einen Verkehrsunfall habe ich mal erlebt. Ich glaube mit neun Jahren in Kiel. Der Kopf rollte uns praktisch vor die Füße. Da riß mich meine Großmutter weg, ich starrte wie fasziniert auf diesen Kopf, der rollte bis an den Bordstein, bis dort, wo wir standen.

FICHTE Sind da Ähnlichkeiten ...

EPPENDORFER Ich war fasziniert, einfach fasziniert. Ich habe nur die offenen Augen gesehen, riesige Augen, Gott, ich war neun, und meine Großmutter zog mich rasch weg.

FICHTE Ist das eins deiner ganz wichtigen Erlebnisse deiner Kindheit?

EPPENDORFER Ich habe mir auch schon Fotos von Toten besorgt.

FICHTE Wann?

EPPENDORFER Als die Klauberg-Ermittlungen liefen, 56 oder so. Hab mir die aufgerissenen Gesichter angeschaut, diese ausgemergelten Körper.

FICHTE Hattest du Mitleid mit ihnen?

EPPENDORFER Ich glaube nicht.

FICHTE Aber du warst fasziniert?

EPPENDORFER Fasziniert, ja.

FICHTE Wie hast du dir die Abtreibung vorgestellt? Hast du dir gedacht, daß der Embryo lebt, daß er leidet?

EPPENDORFER Ich habe mir vorgestellt, daß das Kind, das Embryo eine Stimme hat.

FICHTE Und schreien würde?

EPPENDORFER Sicherlich, ja. Ich weiß, daß das merkwürdig ist, aber nur so, als die Sache schiefgegangen war, daß das Embryo gelacht haben könnte. Das habe ich irgendwo mal gedacht. Manchmal ist dieser Gedanke noch aufgetaucht.

FICHTE Hast du dir oft vorgestellt, wenn es nun nicht schiefgegangen wäre, dann wäre es so und so? Wie hast du dir dieses tote Embryo vorgestellt?

EPPENDORFER Daß man es angefaßt hätte, daß man hineingelangt hätte, um es rauszuziehen, zu zerdrücken.

FICHTE Nicht zerstechen?

EPPENDORFER Nein, erwürgen, zerdrücken, in die Hände nehmen und dann zusammenquetschen.

FICHTE Würde das blutig sein?

EPPENDORFER Ich weiß nicht, kann ich nicht sagen.

FICHTE Aber die Instrumente, das war dir doch immer klar, es hatte ...

EPPENDORFER Ja, mit scharfen Instrumenten, Messern, mit Metall, Nadeln.

FICHTE Glas nicht? Scherben?

EPPENDORFER Nein, aber wo mans reintun würde, Glasgefäße.

FICHTE Ach, das waren Glasgefäße?

EPPENDORFER Ja, eindeutig Glasgefäße.

FICHTE Kristall?

EPPENDORFER Ja, Kristall, durchsichtig.

FICHTE Könntest du dir einen Zusammenhang denken, daß du eigentlich in der Tat, die du begangen hast, das rächtest, was man an dir als Embryo begehen wollte?

EPPENDORFER Das weiß ich nicht. Ich glaube nicht, daß ich das jemals gedacht habe.

FICHTE Aber es war doch immer die Furcht vor der Mutter?

EPPENDORFER Ich habe ja nie darüber nachgedacht, warum das so sein könnte, und warum das so war, ich wußte nur, daß sie da war.

FICHTE Die wurde nie deutlich, diese Furcht?

EPPENDORFER Nein, sie war überall.

FICHTE Und wann fing das an, daß du diese Aufnahmen von Leichen, von Verhungerten, Gequälten sammeltest?

EPPENDORFER Als ich neun war.

FICHTE Fing es an nach diesem Verkehrsunfall?

EPPENDORFER Ja, ich weiß nicht, ob das der auslösende Moment war, aber in dieser Zeit muß es wahrscheinlich gewesen sein. Das habe ich einfach gesammelt, habe mir eine Lupe besorgt, um die Gesichter zu vergrößern.

FICHTE Hast du viel über Morde gelesen?

EPPENDORFER Nein.

FICHTE Hast du dir im Television oder Kino Morde angesehen? Folterfilme?

EPPENDORFER Ich habe mir merkwürdigerweise wahnsinnig gern die Frankenstein-Filme angeschaut, wie sie Menschen zusammensetzten, wenn die Sache ordentlich unheimlich wurde, habe ich gelacht, ich fand das gar nicht so unheimlich, ich fand das einfach lustig.

FICHTE Und da war auch die Idee zu sehen, wie die Menschen zusammengesetzt, wie sieht das aus, wenn man das auseinanderschneidet ...

EPPENDORFER Ich hätte gerne eine solche Type kennengelernt.

FICHTE Hättest du es auch gerne gemacht?

EPPENDORFER Ich weiß nicht.

FICHTE Hast du dich gelegentlich als Frankenstein gesehen?

EPPENDORFER Nein.

FICHTE Aber Assistent wärst du gern bei ihm gewesen?

EPPENDORFER Ja.

FICHTE Und du hättest auch nichts dagegen gehabt, wenn er dir aufgetragen hätte, du müßtest nun ein bißchen schneiden ...

EPPENDORFER Ich glaube nicht.

FICHTE Hast du Berichte vom Foltern gelesen?

EPPENDORFER Ich weiß nicht, es könnte sein.

FICHTE Hast du von Mumifizierung gehört. Von ...

EPPENDORFER Ja, ich habe mir viel Mumien angeschaut, Moorleichen und so in Museen, ich ging oft in Museen, wenn keine Menschen drin waren, die Gesichter, oder die Pharaonen in diesen Särgen, einbalsamiert.

FICHTE War da ein Zusammenhang zwischen Embryo und Mumien?

EPPENDORFER Ich habe mir das auch irgendwann mal angeschaut in Spiritus, das war in Bremen in dem Überlandmuseum, Überseemuseum ...

FICHTE Kannst du dir denken, daß jemand durch sehr grausige Frankenstein-Filme oder Cowboyfilme selbst zu einem Verbrecher oder Mörder wird?

EPPENDORFER Ach, ich weiß nicht, man sollte sowas glaube ich nicht überbewerten.

FICHTE Thomas Mann hat in seiner Novelle »Das Gesetz« geschrieben, »Er tötete früh im Auflodern, darum wußte er besser als jeder Unerfahrene, daß töten zwar köstlich, aber Getötetzuhaben höchst gräßlich ist«. Würdest du das als ein zutreffenden Ausspruch bezeichnen?

EPPENDORFER Ich glaube ja. Getötetzuhaben ist ja für beide Teile ein großes Unglück, für den Täter und für den Betroffenen.

FICHTE Aber das Tun selbst, ist das köstlich?

EPPENDORFER Das ist etwas nicht Wiederholbares.

FICHTE In dieser Form, die du kennengelernt hast, nicht wiederholbar, es gibt ja andere. Die haben mit dem nichts zu tun? Das ist ja was ganz anderes?

EPPENDORFER Das ist auch ganz andersgeartet.

FICHTE Hast du dir viel Fotografien, so Polizeifotografien von Ermordeten angesehen.

EPPENDORFER Nein.

FICHTE Wußtest du, wie mumifiziert wird?

EPPENDORFER Ja.

FICHTE Daß man also die Eingeweide herausnimmt, Gehirn aus der Nase zieht. Wußtest du, daß man sehr früh Könige zerstükkelte, die frühen Könige ermordet worden sind, oft zerstückelt worden sind, auf die Felder verteilt.

EPPENDORFER Nein.

FICHTE Wenn du versuchst, dich wieder in diesen Augenblick des Mordes zurückzuversetzen, kannst du versuchen, ob irgendetwas Rituelles dabei mit im Spiel war? Eine Art Kult, eine Art Gottesdienst?

EPPENDORFER Das ist natürlich jetzt schwierig, man kann natürlich die jetzigen Vorstellungen in das Damalige hineinprojizieren, aber irgendwie gab es eine Stille, daß plötzlich die Frau still war, ich still war, ich weiß nicht, wie lang das gedauert hat, dieses Sich-nicht-rühren-können, diese Stille im Blut, bevor man sich von ihr lösen konnte, mit diesen tropfenden Händen, alles abgefallen war, dieser Haß, die Furcht, eine unheimliche Ruhe, ich weiß nicht, ob das mit Ritualen zu tun hat.

FICHTE Wenn du dein Leben noch einmal leben müßtest, genauso, wie dus gelebt hast, und du wüßtest jetzt, an diesem Morgen gehe ich zu dieser Frau und bringe sie auf diese Weise um, würdest dus noch einmal tun?

EPPENDORFER Das ist natürlich eine ganz hypothetische Frage, die ich jetzt von vornherein mit nein beantworten könnte.

FICHTE Ich meine, mit andern Worten, stehst du dazu? Hieltst du es für notwendig? Würdest du jemanden abhalten, das zu tun, wenn du wüßtest, der ist in dieser Gefahr?

EPPENDORFER Ja, man müßte ihn abhalten, weil er einfach nicht mehr hundertprozentig er selbst ist, aber ich weiß nicht, irgendwie habe ich ... ich wäre wahrscheinlich verrückt geworden ...

FICHTE Wenn dus nicht getan hättest?

EPPENDORFER Ja.

FICHTE Du findest es also notwendig, daß du es getan hast?

EPPENDORFER Für meine heutige Entwicklung, ja.

FICHTE Wie ging es dann weiter? Dein Prozeß? Die Untersuchungshaft?

EPPENDORFER Irgendwann kam ich dann in die Nervenklinik, anfangs ... sie betrachteten mich ja alle wie ein Wundertier, sechsmal am Tag kam dann irgendjemand rein, mich einfach zu begaffen.

FICHTE Bewundernd?

EPPENDORFER Nicht bewundernd, mit dem Interesse, mit dem man ein giftiges, ein tödlich sein könnendes Insekt betrachtet und ein Ekelgefühl auch.

FICHTE Und du?

EPPENDORFER Oder mit einer plumpen Verständnislosigkeit, mit einem Nichtfassenkönnen, wie konnte er.

FICHTE Und genoßt du, daß du jetzt so ganz à part warst?

EPPENDORFER Nein.

FICHTE Du hättest lieber Kontakt gehabt, mit denen, die da kamen?

EPPENDORFER Nein, ich wollte gar keinen Kontakt, ich wollte in Ruhe gelassen werden, ich wollte auch keinen sehen, mir war der Aufschluß zu den Mahlzeiten schon lästig. Mir war dieser Hofgang wirklich eine ungeheure Strapaze, hat mich wahnsinnig erschöpft, diese halbe Stunde allein im Hofe. Enorm erschöpft.

FICHTE Behandelte man dich sehr schlecht?

EPPENDORFER Was heißt schlecht? Wie ein Tier.

FICHTE Wurdest du auch rumgestoßen?

EPPENDORFER Das nicht. Das ist schwierig, völlig unmündig, einfach als Kreatur. Kein Mensch, der irgendwelche Achtung genießt.

FICHTE Wer besuchte dich?

EPPENDORFER Meine Mutter kam.

FICHTE Ach?

EPPENDORFER Ja.

FICHTE Versuchte sie, dich zu trösten?

EPPENDORFER Ja.

FICHTE In welcher Weise?

EPPENDORFER Das ist doch alles nicht so schlimm, du bist krank, es wird schon alles wieder gut werden.

FICHTE Bist du sicher, daß sie begriffen hat, was da vorgegangen ist.

EPPENDORFER Nein. Das hat sie heute noch nicht begriffen.

FICHTE Auch nicht unbewußt?

EPPENDORFER Nein.

FICHTE Sie war froh, daß du hinter Gittern warst?

EPPENDORFER Das ist schwierig.

FICHTE Hattest du das Gefühl, daß sie Angst vor dir hatte?

EPPENDORFER Nein, oder vielleicht doch?

FICHTE Warum besuchte sie dich da, warum später nicht?

EPPENDORFER Sie besuchte mich auch später. Sie kam von dem Zeitpunkt an alle sechs Wochen. Die ganzen Jahre hindurch.

FICHTE Und als du sie jetzt wiedersahst, hatte sie da Angst?

EPPENDORFER Nein, gar nicht, sicherlich nicht.

FICHTE Wer kam noch außer deiner Mutter?

EPPENDORFER Niemand.

FICHTE Kein Pfarrer?

EPPENDORFER Doch, der kam erst nach Monaten.

FICHTE Du warst zwei Jahre in Untersuchungshaft?

EPPENDORFER Ja.

FICHTE Was machte der Pfarrer?

EPPENDORFER Ja, Gott, sprach mit mir.

FICHTE Hatte das Zweck?

EPPENDORFER Nein.

FICHTE Hast du da irgendeinen Nutzen von gehabt?

EPPENDORFER Nicht den geringsten.

FICHTE Kam ein Psychiater?

EPPENDORFER Nein.

FICHTE Du wurdest zur Beobachtung in eine psychiatrische Klinik gesteckt, und was hat man da mit dir angestellt?

EPPENDORFER Gespräche, nachts um zwölf unterhielten wir uns, meistens brachte er eine Tafel Schokolade mit.

FICHTE Waren das tiefgehende Gespräche?

EPPENDORFER Ja, doch, es drehte sich um das Warum, das Wie, meine Einstellung, um mein sexuelles Verhalten.

FICHTE Aber du hast nichts davon erzählt?

EPPENDORFER Nein.

FICHTE Apropos sexuelles Verhalten, als der Pressefotograf im Sportwagen mit dir fuhr, was hat der mit dir gemacht? Warst du da der passive Teil?

EPPENDORFER Ich war der völlig passive Teil, ja.

FICHTE Und der hat also wirklich alles bis ins Fäkalische gehende mit dir gemacht, was man zwischen anderen machen kann?

EPPENDORFER Nein, nicht, einfach eine Onanie auf mir.

FICHTE War dir das sehr ekelhaft?

EPPENDORFER Sehr ekelhaft.

FICHTE Und ist dir das immer noch ekelhaft, wenn du daran denkst?

EPPENDORFER Ja.

FICHTE Also das ist mit dem Mord nicht bereinigt worden?

EPPENDORFER Diese Ekelhaftigkeit, ich weiß nicht.

FICHTE Aber woher kam dieses Gefühl des Ekels, das ist doch im Grunde genommen gar nicht eklig?

EPPENDORFER Ich glaube, ich finds eklig.

FICHTE Was ist daran eklig?

EPPENDORFER Das ist eine widerliche Sache, dieser eigentümliche Geruch, dieser klebrige Schleim.

FICHTE Aber doch ein Geruch und eine Klebrigkeit, die der des Blutes sehr nahe ist.

EPPENDORFER Damit war auch sein schlechter Mundgeruch verbunden, und natürlich auch Furcht, weil ich überhaupt nicht wußte, was passieren konnte.

FICHTE Hat dich das sehr belastet?

EPPENDORFER Ja, ich glaub schon. Auf der anderen Seite hing

ich irgendwie an diesem Mann, es war ja der erste Mann praktisch, und ich hätte stundenlang in seinen Armen liegen können, von ihm liebkost werden mögen oder so.

FICHTE Trotz des schlechten Mundgeruchs?

EPPENDORFER Ja.

FICHTE Aber genau dieses Eklige tust du doch jetzt mit anderen?

EPPENDORFER Das ist nicht eklig.

FICHTE Vor dir selbst ekelst du dich nicht, vor deinem eigenen Geruch nicht?

EPPENDORFER Nein.

FICHTE Und ekelst du dich noch vor dem Geruch der anderen?

EPPENDORFER Nein, nicht mehr.

FICHTE Was kam bei dieser psychiatrischen Behandlung oder Beobachtung heraus?

EPPENDORFER Was ziemlich Irres. Erstmal ein mäßiges Gutachten.

FICHTE Hast du das gelesen?

EPPENDORFER Nee, aber mir haben sie davon erzählt. Ich glaube, 91 DIN A 4-Seiten Schreibmaschine, und da stand drin, im Augenblick der Tat 51, Absatz 2, im Augenblick der Tötung 51 Absatz 1, Wiederholungsgefahr, und damit Gefährdung der öffentlichen Sicherheit, 51 Absatz 2 ist verminderte Zurechnungsfähigkeit, 51 Absatz 1 ist völlige Unzurechnungsfähigkeit.

FICHTE Und wie begründeten sie diese Wiederholungsgefahr?

EPPENDORFER Ja, aggressiver Durchbruch und son Zeug.
Ich wollte das im Grunde genommen auch gar nicht.

FICHTE Man hielt dich also für unzurechnungsfähig im Augenblick der Tat. Aber du müßtest nach Urteil der Psychologen in Schutzhaft genommen werden?

EPPENDORFER Ja, sicher, in eine Heilanstalt eingewiesen werden.

FICHTE Und warum ist das nicht geschehen?

EPPENDORFER Vor dem Termin – die Verhandlung dauerte drei Tage – sagte mir irgendein Rechtsanwalt, den ich beigeordnet bekam – es war ein Verkehrsexperte, der mir gleich sagte: mit solchen Fällen habe ich überhaupt keine Erfahrung, und ich hatte auch gar keine Ahnung, daß ich ihn hätte ablehnen können usw. –, der sagte mir das: am zweiten Tag: also tun Sie was, erinnern Sie sich an irgendwas, machen Sie so eine Art Geständnis oder irgendwas Verrücktes, damit wir von diesem Paragraphen runterkommen. Sonst sitzen Sie mehr als zehn Jahre, und mehr als zehn Jahre können Ihnen ja ohnehin nicht blühen. Ich wußte ja nun schon eine ganze Reihe aus der Anamnese der Kriminalisten usw., wie dies alles stattgefunden haben sollte. Dann brachte ich eben so was wie ein Geständnis, eine Erinnerung zustande. Und dann nahm der Sachverständige am dritten Tag in seinen Ausführungen von der gefährdeten Sicherheit usw. Abstand, Abstand von der Einweisung in eine Heilanstalt, Abstand von dem § 51 Abs. 1, sagte aber, daß eine erheblich verminderte Zurechnungsfähigkeit nicht ausgeschlossen werden könne. Darauf erkannte dann das Gericht »zu meinem eigenen Wohle« usw. und um die Möglichkeit einer Umerziehung erreichen zu können usw. auf 10 Jahre Jugendstrafe.

FICHTE Das hieß praktisch?

EPPENDORFER Ja, der Richter besuchte mich anschließend im Gefängnis und sagte mir, daß er sich für mich einsetze, daß ich einen Beruf erlernen könne, und er wolle sich dafür einsetzen, daß ich nach Verbüßung der Hälfte der Strafzeit entlassen werden würde.

FICHTE Ich möchte nochmals auf das Vergessen zurückkommen. Du hast doch eben erinnert. Hast du nun wirklich erinnert oder hast du nur reproduziert, was allmählich in dein Bewußtsein oder Unterbewußtsein gedrungen ist an Berichten?

EPPENDORFER Nein, ich habe wirklich alles zusammengekratzt. Heute habe ich eine ganz andere Distanz zu der Geschichte. Ich habe das, was an wirklicher Erinnerung da war, zusammengekratzt. Mehr ist wirklich nicht da.

FICHTE Das hast du damals nicht reproduzieren können?

EPPENDORFER Ich konnte das einfach nicht.

FICHTE Wolltest auch nicht?

EPPENDORFER Ich wollte das wahrscheinlich auch nicht.

FICHTE Gut. Der Prozeß hat zwei Jahre gedauert?

EPPENDORFER Ja, 22 Monate.

FICHTE Was hat diese ungewöhnliche Länge verursacht?

EPPENDORFER Das Gutachten dauerte allein ein Jahr.

FICHTE Du warst ein Jahr in Beobachtung?

EPPENDORFER Nein. Aber die Fertigstellung des Gutachtens dauerte fast ein Jahr.

Fichte Und wie lange dauerte es, bis alle die Feststellungen des Gutachtens zurückgezogen wurden?

Eppendorfer Das geschah . . .

Fichte Also von einem Tag auf den anderen?

Eppendorfer Ja.

Fichte Und nun hattest du also Jugendstrafe.

Und was bedeutete das nun praktisch? Du kamst in ein Gefängnis?

Eppendorfer Ich kam in die Jugendstrafanstalt Neumünster und blieb dort erst mal ein gutes Jahr in der Einzelzelle und mußte Netze stricken, Fischereinetze.

Fichte Und wie begründete man diese Einzelzelle?

Eppendorfer Grundsätzlich. Das ist gang und gäbe dort.

Fichte Jugendstrafe heißt Einzelzelle?

Eppendorfer Nicht unbedingt. Aber für solche Fälle ja. Man sagte uns gleich – die Oberlehrer, die dort waren, vier Stück, die sagten uns gleich: hier habt ihr nur zu kuschen, die Musik machen wir. Und so in diesem Stil. Das war die erste Einführung.

Fichte Das war der Lehrer?

Eppendorfer Der Oberlehrer, der Oberlehrer Bächtler.

Fichte Und es gab keine weitere Begründung, warum man jemanden zehn Jahre lang in eine Einzelzelle sperrte?

Eppendorfer Na ja, es war dann die Rede davon von dieser dritten Stufe. Es war nachher die Geschichte mit dem Tagesraum. Da waren dann zehn Leute aus einem Saal zusammen, die hatten dann einen Tagesraum, wo ein Fernseher drinstand und ein Radio, eine Tischtennisplatte. Das war dann die High Society der Jugendstrafanstalt.

Fichte Zu der gehörtest du nicht?

Eppendorfer Noch nicht, ne. Die ersten Jahre jedenfalls nicht; eine Zeitlang – etwa ein halbes Jahr – wurde ich dann Mitglied dieser dritten Stufe, da die Oberlehrer meinten, ich übe einen negativen Einfluß auf meine Mitgefangenen aus und so. Ganz einfach: ich stellte mitunter, wenn einer der Oberlehrer aus der Zeitung vorlas oder über seine Familie was quatschte, ganz konkrete Fragen. Eine dieser Fragen war folgende: Es gab in dieser Anstalt in Neumünster eine Turnhalle. Die wurde aber als Holzschuppen für die Tischlerei benutzt, und wenn Besucher kamen, wurde sie ausgeräumt, wurde eine Tischtennnisplatte reingestellt, Tischtennisschläger, ein paar Turnschuhe, ein Turnhemd mit der Begründung: diese unordentlichen Jungens. Dann wurde diesen Besuchern diese Turnhalle vorgeführt mit der Begründung: hier turnen unsere Jungens bei schlechtem Wetter. Wir hatten natürlich noch nie in dieser Turnhalle geturnt.

FICHTE Wer war der Direktor dieser Anstalt?

EPPENDORFER Oberregierungsrat Patschi.

FICHTE Ist der jetzt noch Direktor dort?

EPPENDORFER Nein. Nicht mehr Direktor dort. Den nannten sie alle Fanny oder der Ochsenfrosch. Diesen Besuchern wurde dann die Turnhalle vorgestellt. Dann fragte ich den Oberlehrer mal, als er über Aufrichtigkeit und Wahrhaftigkeit sprach: Hören Sie mal zu, Herr Oberlehrer, wie sieht denn das aus: den Besuchern wird immer diese Turnhalle vorgeführt, obwohl wir in diesem Raum noch nie geturnt haben und so. Das ist doch eine offensichtliche Lüge. Dann sagte er doch zu mir: Was heißt denn »offensichtliche Lüge«? Der Generalstaatsanwalt in Schleswig weiß doch von dieser Geschichte. Und schließlich macht man es in anderen Anstalten genauso.

FICHTE Und du warst ein Jahr lang in Neumünster?

EPPENDORFER Nein. Ich war sechs Jahre in Neumünster.

FICHTE Wie sieht eine solche Zelle aus?

EPPENDORFER Ich war vier Jahre in einer sogenannten »Torpedozelle«. Das ist eine Zelle, die etwa 12 Schritte in der Länge und 3 Schritte in der Breite mißt, wenns hoch kommt.

FICHTE Also 2,50 Meter mal 10 Meter etwa.

EPPENDORFER Acht Meter mal zwei Meter.

FICHTE 16 Quadratmeter.

EPPENDORFER 15,2 Quadratmeter.

FICHTE Und wie hoch?

EPPENDORFER 2 Meter, wenn's hoch kommt.

FICHTE Das sind 37 Kubikmeter Luft.

EPPENDORFER Und ein Fenster von der Größe von zwei nebeneinandergestellten Schuhkartons.

FICHTE Hoch?

EPPENDORFER Ja.

FICHTE Und was an Licht sonst?

Eppendorfer Eine Lampe einer 20 – 40-Wattlampe.

Fichte Bettlampe oder ...

Eppendorfer Oben von der Decke. Mit einem weißen Schirm über einer Glühlampe.

Fichte Ein Schrank drin?

Eppendorfer Ja, ein kleiner Spind. In den vier Jahren, die ich in dieser Zelle wohnte, stand da dieser Kübel, ein Plastiknapf in einem runden Holzgestell und eine Wasserkanne, auf deren Grund sich lauter Wasserstein angesammelt hatte.

Fichte Und ein Waschbecken?

Eppendorfer Nein, kein Waschbecken.

Fichte Spiegel?

Eppendorfer Ein kleiner Blechspiegel und ein kleiner Zinnapf zum Waschen.

Fichte Sonst? Bild, Kreuz?

Eppendorfer Nichts.

Fichte Pritsche?

Eppendorfer Eine Holzpritsche mit Brettern, ja. Und ein Strohsack, eine Strohmatratze.

Fichte Und was zum Zudecken?

Eppendorfer Drei Wolldecken, solche Pferdedecken.

Fichte Wann wurdest du morgens geweckt?

Eppendorfer Um sechs.

Fichte Wie? Klingeln, Klopfen?

Eppendorfer Mit einer Klingel. Und dann mußte man gleich aufstehen, sonst bollerte irgendein Beamter gleich gegen die Tür.

Fichte Und ein Guckloch in der Tür?

Eppendorfer Hm.

Fichte Und was geschah dann? Ihr standet auf und wuscht euch?

Eppendorfer Sicher.

Fichte In dem Kübel?

Eppendorfer Ja ja. In diesem kleinen Zinnapf, und das Wasser gossen wir dann in den Kübel. Morgens, bei Aufschluß, wurde dann der Kübel rausgestellt und die Wasserkanne wurde vollgefüllt. Es stank natürlich immer ziemlich.

Fichte Der Kübel wurde geleert, den brauchtet ihr selbst nicht zu leeren?

Eppendorfer Der Kübel wurde geleert von Leuten ...

FICHTE ... die wiederum Gefängnisinsassen waren?

EPPENDORFER Ja.

FICHTE Gut, Dann mußtet ihr also den Kübel und die Wasserkanne rausstellen. Und was geschah dann? Wie lief der Tag ab?

EPPENDORFER Es gab dann Frühstück: Drei Schnitten Schwarzbrot, einen Stern von 30 Gramm Margarine, Muckefuck – 1/2 Liter. Das war alles.

FICHTE Um wieviel Uhr.

EPPENDORFER Um viertel nach sieben.

FICHTE Also ein und eine Viertelstunde zum Waschen?

EPPENDORFER Zwischen sieben und viertel nach sieben, ja.

FICHTE Und was geschah dann?

EPPENDORFER Dann, um halb acht, war Arbeitsbeginn. Dann rückten die Leute, die in Betrieben waren, in die Betriebe aus. Was man so sagt, »Betriebe«: es war die Schlosserei, Tischlerei, Holzbetrieb, Schneiderei, Polsterei. Dort blieb man dann bis um zwölf. Dann rückte man rüber.

FICHTE Du arbeitest dort auch?

EPPENDORFER Ja, ich wurde dann nach einem Jahr in einer Zelle, in der ich Netze strickte, kam ich in die Schneiderei rüber.

FICHTE Ein Jahr lang warst du völlig für dich allein?

EPPENDORFER Ja.

FICHTE Den ganzen Tag? Hast du nie jemanden gesehen?

EPPENDORFER Doch, ich bekam jeden Tag 40 Minuten sogen. »Freistunde«. Da mußte ich im Hof laufen. Immer so hintereinander.

FICHTE Durftest mit niemandem sprechen?

EPPENDORFER Hmh.

FICHTE Konntest du mit den Wärtern sprechen?

EPPENDORFER Selten.

FICHTE Also, ein Jahr hast du überhaupt mit niemandem gesprochen?

EPPENDORFER Ja.

FICHTE Gut. Und dann durftest du also ausrücken bis zwölf zum Arbeiten?

EPPENDORFER Ja.

FICHTE Dann ging's zurück?

EPPENDORFER Ja. Und dann Mittag. Um eins wurde dann wieder zum Arbeitsbeginn ausgerückt.

FICHTE Bis?

EPPENDORFER Bis um vier. Um vier oder viertel nach vier bis um fünf gab es noch einmal eine sogenannte »Freistunde«. Man lief im Hof rum. Die durften miteinander sprechen. Um fünf gab es dann Abendbrot.

FICHTE Sieben Stunden hast du gearbeitet am Tag?

EPPENDORFER Ja.

FICHTE Und was hast du dafür gekriegt?

EPPENDORFER Die ersten Jahre gab es als Tagesgeld 30 Pfennig.

FICHTE Für sieben Stunden Arbeit?

EPPENDORFER Jaja.

FICHTE War die Arbeit sehr hart? Wurdet ihr hart angefaßt dabei, oder?

EPPENDORFER Man mußte eine korrekte Arbeit ausführen. Ich war in der Beamtenschneiderei, und dort wurde natürlich Maßkonfektion hergestellt – Beamtenuniformen und Hosen usw. und die mußten natürlich picobello sein.

FICHTE Du hast also schneidern da gelernt?

EPPENDORFER Ja, angelernt. Bis 66, dann kam der Lehrbetrieb. Da war ich mit noch einem anderen Jugendlichen, auch einem »10jährigen«, also unter lauter Erwachsenen. Als Jugendstrafgefangener unter erwachsenen Strafgefangenen.

FICHTE Durftet ihr da sprechen bei der Arbeit?

EPPENDORFER Ja, das durften wir. Es war ein relativ gutes Betriebsklima; das lag natürlich an den Werkbeamten, die sehr freundlich uns gegenüber waren. Die erwachsenen Strafgefangenen machten sich natürllich eine Freude daraus, uns nach allen Regeln der Kunst zu versauen.

FICHTE Und was war das für ein »Versauen«?

EPPENDORFER Indem sie sich ein Vergnügen daraus machten, uns schweinische Geschichten zu erzählen, uns in Praktiken einzuweisen, von denen wir nicht die geringste Ahnung hatten.

FICHTE Welche Praktiken?

EPPENDORFER Beispielsweise »im Keller hocken« oder so. Wir hatten doch keine Ahnung, was es bedeutet, »bei einer Frau im Keller zu hocken«. Und diese Scherze. Es hat ihnen wahnsinnig Spaß gemacht, wenn wir rote Köpfe bekamen, wenn uns die Sachen peinlich waren. Natürlich erzählten sie uns dann von ihren

Straftaten, führten uns vor, wie man Schlösser, ohne sie zu beschädigen, öffnet. All solche Scherze, Sachen, von denen wir keine Ahnung hatten.

FICHTE Hat dich das interessiert?

EPPENDORFER Nicht im geringsten.

FICHTE Wie ging der Tag weiter?

EPPENDORFER Zwischen halb sechs und sechs war Einschluß. Da mußten wir das Besteck rausgeben. Dann klappten wir die Pritsche runter und dann legten wir uns meistens in die Falle, nahmen noch irgendein Buch aus der Bibliothek, lasen noch, und um acht Uhr ging das Licht aus. Im Laufe der Jahre wurden die Lichtstunden dann länger: von acht ging es auf neun und von neun ging es jetzt kurz vor Schluß bis zehn Uhr. Es gingen in den Strafanstalten Schleswig-Holsteins die Lampen erst um zehn Uhr aus.

FICHTE Und was für Bücher konntest du da lesen?

EPPENDORFER Von Karl May über Ganghofer bis zu Pearl S. Buck vielleicht.

FICHTE Also eine sehr schlecht bestellte Bibliothek?

EPPENDORFER Ja, zu Anfang ja.

FICHTE Konntest du dir Bücher wünschen?

EPPENDORFER Aus dieser Bibliothek, ja. Es gab einen sogenannten Wunschzettel, und da schrieb man sich aus dem Katalog die Bücher raus. Das war natürlich eine sehr korrupte Geschichte, wenn man sogenannten Tabak springen ließ, dann bekam man entsprechend gute Bücher.

FICHTE Was last du in der Gefängniszeit?

EPPENDORFER Wieder meine Russen.

FICHTE Die waren da?

EPPENDORFER Ja, ja, vor allem die Klassiker, Dostojewski, Tolstoi, Turgenjew ... Das waren ganz zerfledderte Ausgaben, die schon keiner mehr las, aber ich habe sie dennoch entdeckt und die waren mir natürlich sehr wertvoll. Und dann las ich eben die Klassiker durch, Franzosen, Deutsche.

FICHTE Die waren alle vorhanden? Racine, Corneille.

EPPENDORFER Ja, das waren alles Spenden aus Bibliotheken.

FICHTE Baudelaire?

EPPENDORFER Baudelaire war nicht da.

FICHTE Konntest du die im Original lesen?

EPPENDORFER Ja, es reichte zu französischen und englischen Gedichten, den Galsworthy konnte ich im Original lesen. Es war nicht allzuviel da. Die Heinrich-Schinken und solche Sachen, die waren in Hülle und Fülle vertreten. Sowas war natürlich auch bei den Jungs beliebt.

FICHTE Was gabs sonst für Unterhaltung?

EPPENDORFER Ja, sonst nichts. Einmal in der Woche gab es die sogenannte Gegenwartskunde, und dann holte uns der Oberlehrer für anderthalb Stunden runter in den Schulraum und las uns aus der Zeitung Sportberichte vor, und ein anderer Oberlehrer, der erzählte uns jede Woche von seiner Familie und was er für Prachtsöhne hätte. Und all solche Geschichten.

FICHTE Sonst Schulunterricht gab es nicht?

EPPENDORFER Nein, den gab es nicht.

FICHTE Konntet ihr Spiele spielen?

EPPENDORFER Es war ja ausgeschlossen, weil die meisten von uns in Einzelzellen waren, war es ja ausgeschlossen, daß wir Spiele machen konnten.

FICHTE Gab es Gefangenenfürsorge, kam ein Pastor, Psychiater?

EPPENDORFER Ja, ein Pastor kam, der Pastor Degenhardt, ich würde sagen der aufrichtigste Mensch in dem ganzen Knast, den wir erlebt haben. Der setzte sich für die Leute auch wirklich ein. Dadurch beispielsweise, daß ich sehr früh schon an Brecht rankam und daß er mir Tucholsky mitbrachte aus seiner Privatbibliothek.

FICHTE Das durfte er?

EPPENDORFER Ja, Gott, er machte das eigentlich inoffiziell, er lieh mir die Sachen einfach, dafür bin ich ihm auch heute noch sehr dankbar.

FICHTE Gabs Kino?

EPPENDORFER Ja, alle zwei Monate etwa gab es einen Spielfilm, das waren meistens irgendwelche alten abgedroschenen Schinken, »Zwölf Uhr mittags« und so.

FICHTE Gottesdienst?

EPPENDORFER Ja, jeden Sonntag und dann nur noch jeden zweiten Sonntag.

FICHTE Radio?

EPPENDORFER Nein.

FICHTE Kriegtet ihr Zeitungen?

EPPENDORFER Wir konnten uns von unserem verdienten Geld, das war nach den Tagessätzen natürlich minimal, wenn wir fünf oder sechs Mark hatten, fühlten wir uns wie die Könige, von diesem Geld hätten wir uns eine Zeitung kaufen können. Das konnten sich natürlich die wenigsten von uns leisten.

FICHTE Ne Zeitung kostet ja vierzig Pfennig, wenn ihr nur dreißig Pfennig bekamt.

Durftet ihr Briefe erhalten?

EPPENDORFER Briefe ziemlich unbegrenzt, dafür durften wir aber nur alle vierzehn Tage schreiben. Einen linierten Brief auf Anstaltspapier, einen DIN A 4-Bogen mit einem Briefkopf von gut zehn Zentimetern.

FICHTE Wie wars hygienisch? Konntet ihr baden, duschen?

EPPENDORFER Ja, einmal in der Woche fünf Minuten heißes Wasser.

FICHTE Kriegtet ihr genug Seife?

EPPENDORFER Ja, 76er nannten wir diese Seife, solche Kernseife, von der man fantastisch schnell Schuppen bekam.

FICHTE Und wie wars mit der Krankenpflege, wurdet ihr auch regelmäßig untersucht?

EPPENDORFER Ja, bei den Jugendlichen gaben sie sich noch etwas mehr Mühe, aber wenn man nicht von selber sich zum Revier meldete, dann kümmerte sich kaum jemand um einen. Wir wurden allerdings gewogen, und wer zuviel abnahm, der bekam dann mehr Speisen und wenn man Glück hatte, sogar etwas Milch.

FICHTE Milch kriegtet ihr sonst nicht?

EPPENDORFER Nein, mußten wir kaufen.

FICHTE Butter auch nicht, trotz des Butterberges?

EPPENDORFER Nein, nein.

FICHTE Und was kriegtet ihr mittags?

EPPENDORFER Das war unterschiedlich. Zweimal in der Woche oder dreimal in der Woche, wenns hochkam, gab es Fleisch, so eine Frikadelle oder ein Königsberger Klops, Sülze, dazu etwas Gemüse, Trockensoße ...

FICHTE Immer in dergleichen Reihenfolge?

Eppendorfer Ja, in der Regel. Das wechselte kaum. Ein- oder zweimal in der Woche diesen sogenannten »dicken Hund«. Das war eine Pampe aus Nudeln und Kartoffeln und Gemüse und so. Schmeckte fürchterlich, grauenhaft, das war eine dicke Geschichte, wir fanden sie alle widerlich, und alle, die einmal im Knast waren, die hassen den »dicken Hund«.

Fichte Gas Zigaretten?

Eppendorfer Nein.

Fichte Die Geschichte mit dem Rauschgift, was war das?

Eppendorfer Ach so. Bei uns wurde eigentlich seit Jahren mit so Tabletten gehandelt, überhaupt der Medikamentenmißbrauch ist sehr, sehr groß, unter anderem wurde dann auch Preludin und Pervitin gehandelt.

Fichte Von den Gesundheitsbeamten?

Eppendorfer Nicht von den Gesundheitsbeamten, sondern einfach, wie ich das weiß, unter den Gefangenen und natürlich auch reingebracht durch Beamte.

Fichte Aufsichtsbeamte?

Eppendorfer Ja, sicher.

Fichte Was bezeichnest du mit Medikamentenmißbrauch?

Eppendorfer Es wurden natürlich auch aus dem Lazarett enorme Medikamente geschoben?

Fichte Wer schob da mit?

Eppendorfer Die Lazarettkalfaktoren beispielsweise.

Fichte Was wurde da weitergegeben?

Eppendorfer Ja, alles. Schlaftabletten, reiner Alkohol, und was weiß nicht alles, alles son Zeug. Darüber hatten sie so gut wie keine Übersicht. Und 66 wars, als ein Österreicher, der bloß drei Monate in der Anstalt war, rauschgiftsüchtig war, und sich ein bißchen Geld eingeschmuggelt hatte und so. Und dann keinen Stoff mehr kriegen konnte, weil er kein Geld mehr hatte, der hängte sich dann auf und schrieb dann noch angeblich einen Abschiedsbrief an den Anstaltsleiter, den der Anstaltsleiter dann in der Bild-Zeitung veröffentlichte, wie sich der Gefangene für die gute Behandlung bedankt und all solche Scherzchen, und dann platzte noch irgendeine andere Geschichte mit Schiebung und dann meldete ich mich einfach als Zeuge, und sagte, ich finde, es ist wirklich an der Zeit, daß ihr jetzt endlich einmal mit dem Medikamentenmißbrauch aufhört. Seit Jahren, soweit ich das übersehen kann, seit 1961, wird mit Medikamenten geschoben u. a. auch mit Preludin und Pervitin, und diese Sachen sollten sie jetzt endlich unter Kontrolle kriegen und da haben die mich angeschrieen: Sie lügen, und das gibt es hier gar nicht. Und da habe ich gesagt: Wieviel Zeit lassen sie mir, da haben sie gesagt, drei Tage, dann habe ich gesagt, gut, aber nur gegen Quittung. Und ich besorgte mir das Zeug sehr rasch und kurz darauf ging ich dann runter in das Aufsichtsdienstzimmer, legte alles auf den Tisch und sagte, so, hier ist das Zeug, ich nehme es wieder mit hoch, damit sie nicht hinterher sagen können, das sind Kalktabletten. Ich möchte diese Quittung haben, und dann schrieben sie mir auf, soundsoviele Pervitin und Preludin ... und ich bekam diese Quittung, und dann sagte ich, ich halte sie natürlich für einen Ehrenmann, ich möchte sie doch bitten, zu beglaubigen. Ich bekam diese Quittung und ging sehr schnell raus und drei Tage später wurde mir ein Aktenstück aus meiner Zelle in meiner Abwesenheit gestohlen. Es war nicht mehr zu ermitteln, wer ... ich habe sofort Anzeige erstattet. Einer der verdächtigen Beamten wurde wenige Tage später mit einem 50-Mark-Schein, den er von einem Gefangenen erhalten hatte, bei Nacht und Nebel entlassen. Vierzehn Tage später machte der Lazarettkalfaktor einen Selbstmordversuch, Schlaftabletten und hochprozentigen Alkohol, der lag vier Tage und vier Nächte ohne Bewußtsein, kam ins Krankenhaus, das Blut mußte erneuert werden, weil er sonst abgekratzt wäre, und die Sache wurde dann propagiert als Liebeskummer und so.

FICHTE Also, die Lazarettbeamten setzten Gefängnisinsassen unter Druck, um an sie gewinnbringend Medikamente verkaufen zu können?

EPPENDORFER Nein, nicht so. Die Lazarettkalfaktoren wußten natürlich Bescheid über die Sache und machten natürlich selbst auch gute Geschäfte. Und es wäre ja immerhin eine Möglichkeit gewesen nach diesem Selbstmord, daß man den Jungen zum Sprechen gebracht hätte, aber das wurde nicht ermöglicht. Und da schrie der Generalstaatsanwalt, das sei nicht erforderlich. Der Gefangene wurde nicht verlegt. Er war kaum aus dem Krankenhaus zurück, da waren die ersten Lazarettbeamten anderthalb

Stunden und länger bei ihm in der Zelle. Er erinnerte sich nachher an nichts mehr, erzählte auch nichts. Zwei Monate nach dieser Anzeige kam das Landesrauschgiftdezernat zur Ermittlung, da waren irgendwelche Zeugen nicht mehr aufzutreiben, da erinnerte sich keiner mehr ... Und im Endeffekt wurde dann das Ermittlungsverfahren gegen Unbekannt wegen Verstoßes gegen das Rauschgiftgesetz eingestellt. Damals war das Zeug zwar da, weil einige Leute das Zeug auch noch gesehen hatten, aber man konnte nicht ermitteln von wem das Zeug stammte. Ich weiß heute, daß in der Kieler Strafanstalt in der Justizdruckerei Preludin-Rezepte gedruckt wurden, mit Gummistempeln versehen wurden mit den Namen von drei Ärzten, ich glaube, zwei Hamburger Ärzten ausgeschrieben wurden auf jeweils 2 x 20 Preludin, und die gingen dann wieder über die Hauskammer in Kiel an die Hauskammer nach Neumünster weiter. Und das wird wahrscheinlich die Quelle gewesen sein, daß die Leute immer diese Preludin-Rezepte einlösen konnten, und dann immer legalen Stoff bekamen.

FICHTE Das war aber nur, um Geld zu verdienen?

EPPENDORFER Zum Teil schon, um Geld zu verdienen, ja sicher. Ich weiß es nicht so genau. Damals gab es ja noch keine Transis usw. und ich weiß mit Sicherheit, daß einige Beamte die Transis mit reingebracht haben, zum Teil für den vierfachen Wert.

FICHTE Transistoren?

EPPENDORFER Ja. Ich weiß auch, daß ein Gefangener, der 18 Monate in Strafhaft zubrachte, daß der im Knast auf illegale Weise fast zweitausend Mark verdient hat. Oder 2 500 Mark sogar. Das Geschäft hat wirklich geblüht.

FICHTE Man erzählt sich so allerhand Sachen vom gefährlichen Tauschhandel beim Gottesdienst, von der Pendelei von Fenster zu Fenster. Was ist da dran?

EPPENDORFER Das ist alles zutreffend. Es ist natürlich so, jede Möglichkeit wurde ausgenützt, um zu schieben. Nämlich sogar ein Bleistiftstummel war ja kostbar. Ein Stückchen Papier war kostbar. Und für alles mußte man zahlen, und der gängige Wert war, außer natürlich Geldscheinen, natürlich Tabak. Und da wurde eben nun geschoben, wo man nur konnte. Ob es nun beim Duschen war oder beim Gottesdienst oder im Lazarett oder auf der Arbeit, irgendwo sonst in der Freistunde. Man versuchte es überall. Und abends wurde natürlich mit langen Leinen eine Socke drangebunden, beschwert durch ein Stück Seife oder eine Bürste oder ein Stück Holz oder irgendwas, wurde dann rübergependelt, Ware rangezogen. Es wurden, und das war nicht das Verwerfliche, uns ging es relativ schlecht, starke Raucher waren verdammt, für anderthalb Pakete Tabak ihren Trauring verkaufen zu müssen, oder beispielsweise für den Tabakwert von 15 Mark ihr ganzes Weihnachtspaket zu verkaufen, wenn sie irgendwie rauchen wollten. Das war da gang und gäbe.

FICHTE Welche sexuellen Möglichkeiten gibt es im Gefängnis?

EPPENDORFER Wenn man das so sehen will, an und für sich jede Spielregel der Homosexualität für die Leute, die nicht in der Einzelzelle leben müssen.

FICHTE Und auch wenn sie zu dritt in einer Zelle sind, geschieht es trotzdem?

EPPENDORFER Ja, zum Teil schon, doch ja. Muß man sagen. Ich weiß diese Sachen nur vom Hörensagen, ich weiß z. B. daß bei uns oben im Werkbetrieb, im Lager sich welche für zwei Pakete Tabak bumsen ließen und solche Scherze. Onanie auf den Toiletten, und eben in den Gemeinschaftszellen, daß man miteinander schlief.

FICHTE Wurde das mehr oder weniger toleriert von den ...

EPPENDORFER Nein, es wurde streng geahndet, es wurde sogar zur Anzeige gebracht, es gab Strafverfahren, jaja, sicher. Es gab auf der anderen Seite auch wieder leicht angeneigte Beamte, die diese Geschichte einfach genußvoll beobachteten und die Gefangenen etwas unter Druck setzten aufgrund ihres Wissens und so. Ich weiß aus Kiel beispielsweise einen Beamten, der ging einfach in die Zelle und sah sich an, wenn zwei sich bummsten oder ging auch runter in die Arrestzelle, um den Jungen einfach an den Schwanz zu fassen.

FICHTE Das war aber dennoch sehr häufig?

EPPENDORFER Ja.

FICHTE Von ausgesprochener Gefängnis-Prostitution hast du nichts gehört?

EPPENDORFER Soweit ich das beurteilen kann, sind diese Fälle ziemlich gering einzustufen.

Fichte Wie waren die Beschwerdemöglichkeiten? Konntest du dich über deine Behandlung beklagen?

Eppendorfer Nein. Es war eine ganz große Gefahr, sich über irgendetwas zu beschweren, nämlich den Leuten standen derartig viel Alltagsrepressalien zur Verfügung, daß sie die Leute einfach nervlich ruinieren konnten.

Fichte Was waren das für Repressalien?

Eppendorfer Scherzchen wie daß in der Jugendstrafanstalt der Beamte einfach reinkam, das Bett runterriß, es auf den Fußboden schmiß mit der Begründung, er filze die Zelle, den Spind runternahm, den ganzen Spind auskippte. Und nun räum mal wieder ein, in 20 Minuten bin ich wieder hier. Und so in dem Stil, das haben sie mit Genuß gemacht.

Fichte Was für Strafen gab es?

Eppendorfer Es gab Strafen von Einkaufsentzug über Büchersperre, über Freistundensperre bis zu hartem Lager, das heißt eine Nacht mit drei Wolldecken auf eine Pritsche, die nur aus Holzbrettern bestand unten im Keller. Oder eben Arrest. Auf einem Zementsockel mußte man tagsüber sein, abends bekam man dann drei Decken rein und lediglich Kaffee, Schwarzbrot. Dafür mußte man dann auch noch sechs Mark bezahlen extra, weil man ja eben den Fiskus durch seine Arrestverbüßung Arbeitsverdienst entzog.

Fichte Hat es Mißhandlungen gegeben?

Eppendorfer Ja. Es gab beispielsweise bis 64 noch diese ... die überall totgeschwiegen werden, die sogenannten Rollkommandos. Das waren etwa acht Beamte, die zogen nachts los, um in irgendwelche Zellen reinzugehen, um irgendwelche Gefangenen zusammenzuschlagen, die Treppen runterzuzerren, daß der Kopf von Stufe zu Stufe aufschlug und dann in die Beruhigungszelle hineingeschmissen. Am nächsten Abend oder so kam dann der Anstaltsarzt und guckte sich den an, ließ ihn dann auch liegen, und wenn der sich ernsthaft beschweren wollte bei irgendjemand, dann durfte er nach drei Tagen hin, und da gabs höchstens noch blaue Flecke, waren blaue Flecke noch zu sehen. Es hieß dann, er sei hingefallen, sei renitent gewesen, habe Beamte angegriffen oder so. Und alle hoben natürlich wie üblich mal wieder die Finger. Es war zwecklos, sich zu beschweren.

FICHTE Das gabs nur bis 64, dann nicht mehr.

EPPENDORFER Das Rollkommando kann ich bis 64 verfolgen, dann habe ichs nicht mehr bemerkt.

FICHTE Aufgrund welcher Tatsache, glaubst du, daß es eingestellt wurde?

EPPENDORFER Ich habe nachts nicht mehr Gefangene schreien gehört, ich hatte die Möglichkeit, denn mein Spion war kaputt, und so stand der nachts immer etwas auf, und ich hatte die Möglichkeit, eine Treppe zu bewachen, und da ich sehr schlecht schlief, bekam ich dann nachts mit, wenn sie in die sogenannten Querulanten-Zellen zogen, um Gefangene zusammenzuschlagen.

FICHTE Was waren das für Querulanten?

EPPENDORFER Ja, irgendeiner beispielsweise, der mit seiner Einzelzelle nicht mehr fertig wurde oder irgendwann mal gegen die Tür trat oder schrie oder laut sang oder irgend sowas. Das kam ja vor.

FICHTE Hat es viele Selbstmorde gegeben?

EPPENDORFER Das ist auch unterschiedlich. In mancher Woche gab es mehrere, dann wieder gab es einen ganzen Monat, wo nichts passiert ist bei uns. Es war ja auch so, man kümmerte sich so wenig um die Gefangenen, daß man wirklich Depressionen kriegen konnte. Weil man kaum die Möglichkeit hatte, sich abzulenken.

FICHTE Wieviel jugendliche Täter gab es in Neumünster?

EPPENDORFER Ich würde sagen, etwa 300 bis 400.

FICHTE Und wieviel Gefängnisinsassen im ganzen?

EPPENDORFER Mit den erwachsenen Strafgefangenen? Die Jugendstrafanstalt war ja etwas separat von der Erwachsenenstrafanstalt. Etwa 1 000 Mann in der ganzen Anstalt.

FICHTE Dachtest du oft an das, was du getan hast?

EPPENDORFER Ja sicher, die ersten Jahre macht man das natürlich. Man beschäftigt sich vor allem mit der Frage, warum das passieren konnte, und in seinem Hang einfach nach innerer Sauberkeit versucht man, seine ganzen Faulstellen auszumerzen. Man nimmt sich vor, nicht mehr zu schwindeln, sagt wirklich nur noch das, was man glaubt, man ist mit einem Fanatismus einfach ehrlich, und all sowas. Versucht freundlich zu sein, versucht keine krummen Dinge zu machen.

FICHTE Aber bereut hast du deinen Mord nie?

EPPENDORFER Nein.

FICHTE Aber es ist doch in deinem ganzen Wesen eine Art moralischer Besserung eingetroffen? Also das, was eine solche Anstalt ja eigentlich bezwecken soll, daß man ein anständiger Mensch wird, in der Vorstellung der Justiz, das ist doch eingetreten?

EPPENDORFER Ja, nicht durch die Justiz. Ich würde eher sagen, wenn ... Ich bin wirklich der Meinung, das ist wirklich meine ehrliche Überzeugung, daß Anstalten wie die Strafanstalten Neumünster oder Kiel Leute, die eine etwas brüchige Willensstruktur haben, daß sie diese Leute zu staatlich subventionierten Versagern erzieht. Ganz vorsätzlich erzieht. Daß sie alles tut, um diese Leute inaktiv zu machen, destruktiv anzuleiten und auf dem geistigen Niveau eines Tieffliegers niederzuhalten.

FICHTE Du kamst nach vier Jahren nach Kiel.

EPPENDORFER Nach sechs Jahren.

FICHTE Und bliebst die meiste Zeit in Kiel. Unterschied sich die Kieler Anstalt im wesentlichen von Neumünster.

EPPENDORFER Ja, die Kieler Anstalt war wesentlich brutaler, und sie taten auch wesentlich weniger für den Gefangenen. Ich erinnere mich noch an ein Gespräch mit dem damaligen Anstaltsfürsorger, der sagte zu mir mal wörtlich: Warum sollen wir uns für diese Ganoven bemühen, die kommen ja doch wieder. Und als ich ihn auf dieses Gespräch festnagelte, wand er sich wie ein Wurm und meinte, ich habe Sie ja nicht speziell gemeint. Aber es sah beispielsweise so aus: Ich mußte einen Paß haben, und um einen Paß zu besorgen, brauchte es zehn Anträge und etwa acht Monate. Das ist also seine Tätigkeit.

FICHTE Man war sehr brutal, gab es dort noch Rollkommandos?

EPPENDORFER In Kiel, ja, in den Arrestzellen wurden Gefangene zusammengeschlagen, ganz ernsthaft.

FICHTE Bis jetzt, bis zum März 1970?

EPPENDORFER Ja, bis zum März. Na nicht, das darf man nicht sagen. Es ist ein neuer Anstaltsleiter dorthin gekommen, und unter dem dürfte die Sache abgeflaut sein. Der ehemalige Anstaltsleiter, unter dem waren solche Sachen wirklich noch ziemlich beliebt.

FICHTE Man nannte Kiel das KZ des Nordens.

EPPENDORFER Ja, man nennt Kiel auch das Rattenloch. Mit einer unvorstellbaren Brutalität sind einige Leute dabei, Aufsichtsbeamte oder so, das sind Bauern, die kommen vom Land in die Anstalt, haben vielleicht grade von Viehzucht eine Ahnung, aber kaum von Menschenführung, und die haben nun das Regiment über eine Abteilung von 40 bis 60 Gefangenen übernommen, und das macht die Sache fürchterlich. Und wenn wirklich ein Gefangener mal die Nerven verliert, daß er vielleicht einen ganzen Tag krampfhaft versucht, einen Antrag zu bekommen, weil er irgendeinen wichtigen Brief braucht oder dringend zur Polizei möchte, da scheren die sich einen Dreck drum. Und wenn er dann mal gegen die Tür trommelt, dann kommen die sofort und dann gibts eben Dresche.

FICHTE Zu mehreren.

EPPENDORFER Ja, natürlich zu mehreren. Einzeln machen sie doch sowas nie.

FICHTE Die Todeszelle, hat es die gegeben? Ich meine Todeszelle auf Grund der Schläge?

EPPENDORFER Nein, soweit ich das erinnern kann nicht. Es wurden Leute gedroschen, das ist ganz klar, aber Todesfälle, soweit ich mich erinnern kann, gab es nicht.

FICHTE Selbstmorde waren häufig?

EPPENDORFER Selbstmorde waren häufig, auch Selbstmordversuche.

FICHTE Glaubst du, daß man einen jugendlichen Mörder bestrafen sollte?

EPPENDORFER Das ist eine Pauschalfrage, aber ich meine, auch ein junger Mensch darf nicht morden.

FICHTE Und wie würdest du einen jungen Menschen bestrafen?

EPPENDORFER Wenn man einen jungen Menschen für zehn Jahre, mehr gibt es ja nicht laut Strafrecht, in eine solche Strafanstalt sperrt, wie ich sie erlebt habe, wird er, wie man sich denken kann, zu einem Staatsverächter, wenn möglich sogar zu einem Menschenfeind. Oder zu einem Obrigkeitshasser, und das kann nicht der Zweck einer Strafe sein.

FICHTE Welche Strafen würden das vermeiden?

EPPENDORFER Indem man in Gemeinschaft mit dem Täter vielleicht versucht, überhaupt eine Verbindung und eine Überbrükkung der Tat zu finden. Es ist doch praktisch so, wenn der Gefangene, ein junger Mensch von 17 Jahren, in den Knast wandert, geschieht das meistens, weil er mit dem Leben draußen nicht fertig geworden ist, weil er meist ein lädiertes Selbstgefühl hat und was nicht alles. Und das, was dieser junge Mensch wirklich braucht, in erster Linie braucht, ist wahrscheinlich, ich kann das jetzt nur so pauschal sagen, ist wahrscheinlich wirklich Hilfe, Leute, die sich mal mit ihm auseinandersetzen, die mit ihm mal seine Probleme besprechen, die überhaupt zu diesem Kurzschluß geführt haben, ein Mord ist gewissermaßen doch ein Kurzschluß.

FICHTE Hast du an Selbstmord gedacht?

EPPENDORFER Ja, ich würde sagen, vier Jahre lang.

FICHTE In Neumünster.

EPPENDORFER Ja, ich würde sagen, vier Jahre lang. Ich habe mir einfach gesagt, versuch festzustellen, ob du irgendwelche Stärken in dir hast, und dann versuche zu prüfen, ob du davon leben kannst, wenn ich hätte als Schuster weiterleben wollen oder so, dann hätte ich diese zehn Jahre wirklich nicht auf mich genommen. Aber weil ich wirklich meine, noch mehr leisten zu können, meine, noch irgendetwas zu sagen zu haben, darum habe ich diese zehn Jahre auf mich genommen.

FICHTE Also um schreiben zu können.

EPPENDORFER Ja. Ich möchte im Grunde genommen – das ist nicht ... kein Beweggrund, ich möchte, indem ich beispielsweise hier über diese Geschichte ... andere Leute überhaupt davor bewahren, in eine ähnliche Situation zu kommen, die einen wirklich zerbrechen kann.

FICHTE Was, glaubst du, kann die Gesellschaft tun, um einen Mord, den ein Jugendlicher begeht, zu verhindern, den er begehen könnte, zu verhindern?

EPPENDORFER Das ist ziemlich schwierig, weil es eine Pauschalfrage ist. Wie verhindert man einen Mord? Weil dieser Mord das Resultat einer langen Entwicklung ist, gibt es Hoffnung ... in der augenblicklichen Gesellschaft halte ich es für ausgeschlossen, und daß sie wirklich etwas tun will.

FICHTE Du glaubst also, es könnte eine ideale Gesellschaft geben, in der es keinen Mord mehr gibt?

EPPENDORFER Theoretisch ja.

FICHTE Was hast du für eine Konstitution? Bist du oft krank, warst du oft krank?

EPPENDORFER Ich bin nie krank gewesen.

FICHTE Auch nicht im Gefängnis?

EPPENDORFER Ich bin im Gefängnis in den letzten Jahren nur mal erkältet gewesen. Ich habe keine Widerstandskräfte mehr. Ich bin, seitdem ich draußen bin, nur immer erkältet, die ganzen Wochen schon immer.

FICHTE Ist es die einzige Widerstandslosigkeit, die du hast?

EPPENDORFER Ich würde sagen ja.

FICHTE Wieviel Stunden schläfst du?

EPPENDORFER Das ist verschieden. Die ersten Wochen nach meiner Entlassung kaum mehr als drei Stunden.

FICHTE Und im Gefängnis?

EPPENDORFER Viel. Abends 18 Uhr bis morgens um sechs. Und das ganze Wochenende.

FICHTE Und als Kind, schliefst du viel oder wenig?

EPPENDORFER Ich glaube, nicht mehr als sechs Stunden.

FICHTE Träumst du viel?

EPPENDORFER Nein, ich träume überhaupt nicht mehr.

FICHTE Wann fing diese Traumlosigkeit an?

EPPENDORFER Bis 16 habe ich geträumt, das weiß ich sicher, und dann wars weg.

FICHTE Ein Jahr vor deinem Mord hast du noch geträumt.

EPPENDORFER Ja.

FICHTE Und dann nicht mehr.

EPPENDORFER Nein. Nie wieder.

FICHTE Und wie träumtest du damals, farbig?

EPPENDORFER Ja, sehr bewegt, sehr impulsiv, sehr wirr und sehr lebendig.

FICHTE Erinnerst du Träume, kamen Träume immer wieder?

EPPENDORFER Ja, ich weiß es nicht. Ich bin mal nachts aufgewacht, daß ich einfach schrie und zusammenzuckte und beim Mondlicht unruhig wurde und sowas.

FICHTE Du weißt aber nicht mehr, warum du schriest?

EPPENDORFER Nein.

FICHTE Hast du Angst vor Geschlechtskrankheiten?

EPPENDORFER Nein.

FICHTE Bedeutet dir Geld viel?

EPPENDORFER Nein.

FICHTE Hast du auch kein Verhältnis zur Materie Geld, zu Münzen, zu Geldscheinen?

EPPENDORFER Nein.

FICHTE Hast du ein starkes Ehrgefühl?

EPPENDORFER Ich weiß nicht, was ist Ehre?

FICHTE Bist du rachsüchtig?

EPPENDORFER Ich glaube ja.

FICHTE Wann?

EPPENDORFER Wenn jemand mich vorsätzlich verletzt hat.

FICHTE Und rächst du dich dann auch?

EPPENDORFER Ja.

FICHTE Und wie?

EPPENDORFER Das ist schwierig ... das muß von Fall zu Fall entschieden werden, aber ziemlich gründlich.

FICHTE Hast du ein starkes Schicklichkeitsempfinden? Gehst du gerne passend angezogen, oder ist dir das egal?

EPPENDORFER Ich lege darauf keinen allzu großen Wert. Ich kann mich, wenn ich will, in jeder Lage benehmen, aufgrund irgendwelcher beschissenen Erziehung. Aber ich brauche es auch nicht. Ich kann in Jeans und im Rollkragenpullover ebenso in die Staatsoper gehen.

FICHTE Das Gefühl der Peinlichkeit kennst du nicht?

EPPENDORFER Nein.

FICHTE Was erstrebst du?

EPPENDORFER Geistige Unabhängigkeit, ein gewisses finanzielles Fundament, das es mir gestattet, nicht möbliert leben zu müssen, sondern in eigenen Formen.

FICHTE Wünschst du dir einen Wagen?

EPPENDORFER Ich halte einen Wagen nicht für wichtig.

FICHTE Reisen?

EPPENDORFER Ich würde hin und wieder ganz gerne reisen, ja.

FICHTE Wohin? Hast du ein Traumland?

EPPENDORFER Ich mag Griechenland sehr gern.

FICHTE Was würdest du machen, wenn du unermeßlich viel Geld hättest?

EPPENDORFER Das ist eine Frage, auf die ich gar nicht vorbereitet bin. Ich weiß es einfach nicht.

FICHTE Möchtest du Familie haben?

Eppendorfer Nein.
Fichte Denkst du nie daran, ein Kind, einen Jungen zu haben?
Eppendorfer Ich will das nicht.
Fichte Warum nicht?
Eppendorfer Im Augenblick bin ich überhaupt nicht in der Lage ... ich mag sehr gerne Kinder, das ist richtig, aber ich möchte dennoch keine eigenen Kinder haben.
Fichte Möchtest du Kinder erziehen als Lehrer?
Eppendorfer Nein.
Fichte Machst dir auch keine Gedanken über Kindererziehung?
Eppendorfer Doch, wo ich jetzt wohne, sind zwei Kinder, die innerhalb dieser kurzen Zeit schon sehr an mir hängen. Die mag ich natürlich. Was heißt erziehen? Ich möchte einem Kind soviel Freiheit geben wie irgend möglich, damit es sehr früh auf eigenen Beinen steht, sehr früh zu sich selber findet, sehr früh sich für etwas engagiert, geistig wach wird, aktiv, und all das, was ich nicht gehabt habe, vielleicht.
Fichte Und wie, glaubst du, daß man das erreicht?
Eppendorfer Indem man ein Kind sehr früh zur Verantwortlichkeit heranzieht, es sich frei entscheiden läßt, indem man nur versteckte Andeutungen gibt, Anregungen, und das Kind sich dann aus diesen Anregungen heraus sich selbst entwickelt, ein Kind ist schon viel weiter, obwohl gewissermaßen natürlich unreif, aber es ist schon viel wacher, als man vielleicht immer meint. Ich finde, man darf Kindern nichts aufpfropfen, sie sollen sich mehr von innen heraus entwickeln.
Fichte Hast du Angstgefühle?
Eppendorfer Ich fürchte mich vor nichts.
Fichte Glaubst du an Gott?
Eppendorfer Nein.
Fichte Schämst du dich leicht?
Eppendorfer Nein.
Fichte Ekelst du dich vor vielem?
Eppendorfer Nein.
Fichte Also, du würdest alles essen, man könnte dir beim Essen die gräßlichsten Dinge erzählen?
Eppendorfer Das könnte man tun.
Fichte Und auch sexuell hast du keinerlei Widerstände?

EPPENDORFER Nein.

FICHTE Auch einer Frau gegenüber nicht?

EPPENDORFER Nein, ich will mit keiner Frau schlafen.

FICHTE Aber nicht aus Ekel vor ihr?

EPPENDORFER Nicht aus Ekel vor ihr, aus Desinteresse.

FICHTE Hast du Ticks?

EPPENDORFER Ja, vielleicht doch.

FICHTE Nämlich?

EPPENDORFER Ich gehe immer etwas krumm. Weil ich immer meine, ich bin etwas zu lang. Ich möchte nicht allzu gerne auffallen. Ich möchte immer lieber Chronist bleiben, jetzt jedenfalls.

FICHTE Glaubst du, daß du taktvoll bist?

EPPENDORFER Ich bin nicht taktvoll.

FICHTE Du willst es auch nicht sein?

EPPENDORFER Nein.

FICHTE Freunde hast du nur schwer?

EPPENDORFER Einige wenige jetzt.

FICHTE Und die bedeuten dir viel?

EPPENDORFER Viel, ja.

FICHTE Wann wirst du sagen, jemand ist dein Freund?

EPPENDORFER Wenn ich mich bei ihm wohlfühle. Wenn ich das Gefühl habe, daß er sich gewissermaßen auch bei mir wohlfühlt. Wenn wir uns etwas zu sagen haben, gegenseitig etwas zu sagen haben. Wenn wir uns auf das Wiedersehen freuen, aus Freude, wieder etwas voneinander zu hören, einfach so.

FICHTE Und wenn das alles zutrifft bei einem Freund, wünschest du dann, daß diese Freundschaft auch sexuell sei, oder ist das gar nicht wichtig?

EPPENDORFER Nein, das ist nicht so wichtig.

FICHTE Es ist aber andererseits nicht wichtig für einen sexuellen Kontakt, daß du mit diesem Menschen befreundet bist? Du kannst mit Menschen ins Bett gehen, die dir im übrigen Leben gleichgültig sind?

EPPENDORFER Nein, das kann ich nicht. Das will ich nicht.

FICHTE Bist du verspielt?

EPPENDORFER Ja.

FICHTE Würdest du dich eher als einen melancholischen Typen oder als einen fröhlichen Menschen bezeichnen?

EPPENDORFER Ich bin kein fröhlicher Mensch, ich lache beispielsweise sehr selten, aber idiotischerweise finden alle, daß ich viel netter bin, wenn ich lache. Aber ich muß mich erst an das Lachen wieder gewöhnen.

FICHTE Hast du früher viel gelacht?

EPPENDORFER Ich habe überhaupt sehr wenig gelacht.

FICHTE Hast auch keine Streiche gemacht, Blödsinn ...

EPPENDORFER Nein, sowas nicht.

FICHTE Witze erzählt?

EPPENDORFER Nein –

FICHTE Bist du abergläubisch?

EPPENDORFER Nein, ich glaube nicht.

FICHTE Übernimmst du gerne Pflichten? Kennst du Pflichtgefühl? Pünktlichkeit ...

EPPENDORFER Ja, doch, sehr. Ich hasse Unpünktlichkeit, Unzuverlässigkeit oder sowas.

FICHTE Arbeitest du gern?

EPPENDORFER Ich glaube, ja.

FICHTE Macht es dir Spaß, eine Arbeit angefangen zu haben, und die gut zuende geführt zu haben?

EPPENDORFER O ja, ja doch.

FICHTE Bist du hochmütig?

EPPENDORFER Ich bin ziemlich arrogant, ja.

FICHTE Neidisch?

EPPENDORFER Neidisch nicht, nein.

FICHTE Geizig?

EPPENDORFER Nee, geizig bestimmt nicht.

FICHTE Hast du was gegen Juden?

EPPENDORFER Nein, wieso? Ich habe überhaupt nichts gegen irgendwelche Rassen oder Minderheiten.

FICHTE Aber du magst doch nicht, wenn Hippies sich sehr verrückt anziehen.

EPPENDORFER Oh, das finde ich lustig.

FICHTE Was wärst du bereit für einen Freund zu geben?

EPPENDORFER Alles.

FICHTE Was heißt alles?

EPPENDORFER Um es zu präzisieren: Er hätte alles, was mir auch gehört.

FICHTE Der Zuhälter, ist das dein Freund?

EPPENDORFER Nein.

FICHTE Aber er ist doch der einzige, der dir wirklich geholfen hat.

EPPENDORFER Ja.

FICHTE Und trotzdem nicht dein Freund?

EPPENDORFER Nein.

FICHTE Wäre er nun dein Freund, und er würde verlangen, daß du jemanden umbringst, würdest du das tun?

EPPENDORFER Nein. Für eine Freundschaft aus irgendeinem nichtigen Grund einen Menschen umzubringen, würde ich nie tun.

FICHTE Und wenn das ein wichtiger Grund wäre?

EPPENDORFER Was wäre denn ein wichtiger Grund?

FICHTE Gefahr, der andere wird von jemandem bedroht?

EPPENDORFER Ja, das würde ich tun.

FICHTE Magst du Tiere gern?

EPPENDORFER Ja, die mag ich sehr gern.

FICHTE Welche?

EPPENDORFER Hunde sehr gern.

FICHTE Katzen?

EPPENDORFER Nicht so gern.

FICHTE Affen?

EPPENDORFER Die sind lustig, aber ich möchte sie nicht im Haus haben.

FICHTE Hunde vor allem?

EPPENDORFER Ja, Hunde, Pferde.

FICHTE Kühe?

EPPENDORFER Nein, Kühe nicht so gern.

FICHTE Ziegen?

EPPENDORFER Ne, Schafe finde ich nett.

FICHTE Gibts Tiere, vor denen du dich ekelst, die du haßt?

EPPENDORFER Schlangen.

FICHTE Würdest du gerne Fremdsprachen sprechen?

EPPENDORFER Ja, doch, Chinesisch, Russisch.

FICHTE Du sprichst Französisch und Englisch?

EPPENDORFER Ja.

FICHTE Lebst du gern?

EPPENDORFER Nein, ich glaube nicht.

FICHTE Aber du denkst nicht mehr an Selbstmord?

EPPENDORFER Nein. Ich versuche, mir zu suggerieren, daß das Leben wirklich schön ist, daß es mir gefällt.

FICHTE Was hältst du von Selbstmördern?

EPPENDORFER Ich kann sie verstehen.

FICHTE Würdest du ihnen helfen?

EPPENDORFER Ja.

FICHTE In dem Moment also, wo du jemand noch davor bewahren kannst, würdest du es tun?

EPPENDORFER Nein.

FICHTE Wenn du wüßtest, du müßtest in ein Zimmer gehen und jemanden vom Gashahn wegziehen, würdest du es nicht tun?

EPPENDORFER Wenn ich wüßte, warum er es tut, würde ich ihn lassen. Ich würde ihm helfen, das ist klar, wenn er will.

FICHTE Hast du Angst zu sterben?

EPPENDORFER Nein.

FICHTE Fürchtest du dich vor Toten?

EPPENDORFER Nein.

FICHTE Ist diese Faszination vor Toten und vorm Sterben geblieben?

EPPENDORFER Ja.

FICHTE Siehst du dir immer noch Bilder an von Toten?

EPPENDORFER Ja, Totenmasken beispielsweise.

FICHTE Nein, ich meine Darstellungen von Foltern, Hinrichtungen?

EPPENDORFER Ich hatte in der letzten Zeit nicht Gelegenheit dazu, aber doch ich würde mir sowas angucken.

FICHTE Würdest du sie auch sammeln?

EPPENDORFER Ich weiß nicht, sammeln vielleicht nicht.

FICHTE Was hältst du von alten Menschen?

EPPENDORFER Alte Menschen sind manchmal sehr faszinierend.

FICHTE Die weniger faszinierenden, denen es sehr schlecht geht, glaubst du, daß man ihnen helfen müsse, daß sie einsam sind?

EPPENDORFER Ja, doch.

FICHTE Bist du bereit, ihnen zu helfen?

EPPENDORFER Würde ich tun, ja. Aber lieber etwas stiller, nicht so offiziell, offiziell würde ich sowas nicht tun. Ich mag bei solchen Sachen nicht gesehen werden.

FICHTE Was war dein angenehmstes Erlebnis? Überhaupt, was war der schönste Tag deines Lebens?

Eppendorfer Ich weiß es nicht auf Anhieb. Weiß ich nicht, vielleicht wenn ich verliebt bin.

Fichte Also eine bestimmte Nacht? Nicht der Tag, an dem du aus dem Gefängnis kamst?

Eppendorfer Nein.

Fichte Also, eine Nacht, nachdem du aus dem Gefängnis kamst?

Eppendorfer Nein, ich glaube nicht.

Fichte Was war dein schönstes Erlebnis?

Eppendorfer Tja, ich weiß nicht.

Fichte Du teilst nicht so ein? Du teilst dein Leben nicht so ein?

Eppendorfer Nein, das würde ich nicht sagen.

Fichte Wie sollte ein Mann deiner Meinung nach sein?

Eppendorfer Er soll ein Mann sein.

Fichte Was heißt das?

Eppendorfer Das ist schwierig, ohne gleich wieder in Klischees abzurutschen. Er sollte wissen, was er will. Er sollte sehr intensiv leben. Und er sollte die Kontrolle über seine Gefühle haben.

Fichte Warum?

Eppendorfer Weil es sonst meistens Unheil gibt.

Fichte Ja, aber dieses Unheil kann doch sehr befreiend sein.

Eppendorfer Nicht immer.

Fichte Und wie sollte eine Frau deiner Meinung nach sein?

Eppendorfer Tja, wenn es meine Frau wäre, müßte sie eine gute Mutter sein.

Fichte Du denkst also doch irgendwie daran?

Eppendorfer Nein, ich denke eigentlich an die grundsätzliche Beschaffenheit, wie eine Frau sein sollte. Zu einer Familie gehören Kinder. Kinder brauchen mehr als einen guten Vater, sie brauchen eine gute Mutter.

Fichte Was nennst du eine gute Mutter?

Eppendorfer Was ich eine gute Mutter nenne? Fürsorglich, verständnisvoll, tolerant, offen, aufrichtig.

Fichte Du sagtest vorhin, ein Mann müsse intensiv leben, was verstehst du unter intensiv leben?

Eppendorfer Die maskuline Tendenz des Menschen, des Mannes, sollte zielgerichtet sein, er sollte sich nicht zersplittern in seinen Kräften, ich meine jetzt keine Managertypen, sondern einfach eine Intensität des Lebens. Verantwortlichkeit, insofern, ich finde, der Gammler ist interessant, vom Objekt her, der Gammler aber ist im Endeffekt auch nicht der richtige Mann.

FICHTE 1969 ist gewählt worden. Hast du wählen können?

EPPENDORFER Ja. Ich habe gewählt.

FICHTE Darf ich mal fragen, was du gewählt hast?

EPPENDORFER Die Erststimme der SPD, die Zweitstimme der FDP, es gab gar keine Alternative.

FICHTE Bist du jetzt enttäuscht von der Politik der Koalition?

EPPENDORFER Nein. Man muß ihr die Chance geben, daß sie beweisen kann, was in ihr steckt. Man sollte ihr auch die Chance geben, zwei oder drei Legislaturperioden zu überdauern.

FICHTE Glaubst du nicht, daß sie doch in vielen Dingen zurückgesteckt hat, in der Bildungspolitik, daß sie vielleicht nicht weit genug in der Ostpolitik geht?

EPPENDORFER Sie hat lange Jahre auf der Schattenseite gestanden, sie muß erst wieder gegen die Adenauer-Ära, die immer noch nicht abgeklungen ist, grade was Ostpolitik anbetrifft, antreten. Das wird eine Menge Zivilcourage erfordern, das durchzuboxen, was sie im Augenblick auf kleiner Flamme haben. Ich meine, man sollte ihr wirklich Erfolg wünschen, und man sollte ihr vertrauen.

FICHTE Bist du für die Anerkennung der DDR?

EPPENDORFER Natürlich.

FICHTE Bedingungslos?

EPPENDORFER Ja, was heißt bedingungslos? Die DDR ist nun mal ein selbständiger Staat.

FICHTE Bedeutet dir der Begriff Heimat etwas?

EPPENDORFER Nein.

FICHTE Fühlst du dich als Deutscher?

EPPENDORFER Na, ich weiß nicht, wir Deutsche sind, glaube ich, alle ein bißchen vorsichtig mit diesem Begriff Deutscher. Ich finde, es genügt wirklich, wenn wir uns alle als Europäer fühlen.

FICHTE Wie beurteilst du die Politik der Opposition?

EPPENDORFER Säuisch.

FICHTE Was hältst du von der DKP?

EPPENDORFER Ich hatte ja nun den Berührungspunkt mit DKP-Leuten aus Gesprächen und aus Interviews, aus Zeitschriften, die ich zwangsläufig lesen mußte! Ich halte eine Demokratie, wenn wir eine sein wollen, hier in der Bundesrepublik, einfach für verpflichtet, auch solche Strömungen frei gelten zu lassen, und ich habe nicht das Geringste dagegen, wenn sie in den Bundestag einziehen sollte. Woran natürlich zu zweifeln ist, gegenwärtig.

FICHTE Was hältst du von der APO?

EPPENDORFER Von der Idee her ausgezeichnet, von der Praxis leider etwas enttäuschend, weil sie ihre Kräfte durch so viele Splittergruppen wirklich zerfasert hat, und weil es einfach sinnlos ist, einen Wald anzubellen in der Hoffnung, daß er sich von allein entwurzelt. Sie hat berechtigte Chancen gehabt, zu verbessern, hat heute einiges geschafft, unbestritten, aber die ganze Unruhe der Jugend, wenn die konzentrierter eingesetzt worden wäre, hätte sie tiefgreifendere Reformen, Erfolge gezeitigt.

FICHTE Glaubst du, daß man diese Erfolge mit Gewalt herbeiführen sollte?

EPPENDORFER Ich halte Gewalt nicht unbedingt für ein legales Mittel. Es gibt manche Situationen, da muß man mit den eingefleischten Leuten, die einfach die Rudimente ihrer Macht mit allen Mitteln verteidigen, muß man einfach hin und wieder Fraktur reden.

FICHTE Bist du konkret dafür, daß man Gefangenenbefreiung, wie Ulrike Meinhof, begeht?

EPPENDORFER Wenn Wehrlose, beispielsweise dieser Bibliotheksdiener dort, ernsthaft zu Schaden kommen, halte ich es dann schon nicht mehr für tragbar.

FICHTE Was hältst du von der Entführung von Botschaftern? Findest du es richtig, daß von Holleben entführt wird?

EPPENDORFER Wir wissen ja, was das für ein faschistisches Regime in Brasilien ist, und dennoch schicken wir unsere Leute hin. Wir müssen uns nicht wundern, wenn die Leute, denen diese Sache wirklich unter den Nägeln brennt, die ihre Gefährten qualvoll leiden sehen, daß die dann zu diesen Mitteln greifen.

FICHTE Glaubst du, daß die Arbeiter in der Bundesrepublik ausgebeutet werden?

EPPENDORFER Na, ich weiß nicht, so schlimm mit der Ausbeutung wird es ja nicht mehr sein.

FICHTE Hältst du die Frauen hier für gleichberechtigt?

EPPENDORFER Nein.

FICHTE Warum nicht?

EPPENDORFER Es ist beispielsweise noch immer so, daß in den akademischen Berufen die Frau immer noch eine mindere Rolle spielt, das halte ich für lächerlich, weil das männliche Tier doch die Vorrangstellung behalten will, und vor allem auch für inkonsequent. Entweder haben wir nun die Emanzipation oder wir haben sie nicht. Allerdings, die Frau sollte auch genau wissen, was sie will. Es gibt heute viele Frauen, die nehmen einfach die völlige Gleichberechtigung an, und da müssen wir erstmal die Entscheidung treffen, entweder alles oder tatsächlich dann nichts, da kann man nicht von Gleichberechtigung sprechen.

FICHTE Glaubst du, daß man die Schülerrevolte, die Lehrlingsrevolte in der Bundesrepublik unterstützen sollte?

EPPENDORFER Ja, ich halte sie für sehr erfrischend. Gerade durch unser Manko an Bildungspolitik halte ichs endlich mal für wichtig, daß die Reform, daß die Revolte von innen her ausbricht, und dann hat sie wirklich eine Chance, daß endlich mal nach konkreten Wegen gesucht wird.

FICHTE Wie beurteilst du die Polizei hier, glaubst du, daß sie schlägt?

EPPENDORFER Ich glaube durchaus, daß sie schlägt.

FICHTE Sie foltert nicht?

EPPENDORFER Nein, ich glaube nicht, daß sie foltert, aber es gibt beispielsweise solche Praktiken, indem man eine Wollsocke mit Seifestücken füllt und damit Häftlinge schlägt, das gibt dann keine Schlagstellen und so weiter. Das sind Tricks, die ich bei unserer heutigen Polizei durchaus für möglich halte.

FICHTE Also ins Gesicht schlägt, daß die Augen dauernd brennen?

EPPENDORFER Ist möglich.

FICHTE Die Polizei wird bestochen, deiner Meinung nach?

EPPENDORFER Ich habe während meiner Zeit, als ich auf der Reeperbahn lebte, des öfteren Erfahrungen gemacht, daß, bevor irgendwelche Razzien stattfanden, irgendein Tip von irgendwelchen beamteten Polypen kam, daß die Leute also vorher gewarnt waren, bevor eine Razzia stattfand. Und ich habe mit einem Hauptkommissar diskutiert, den ich auf irgendeiner Gesellschaft traf, und der konnte aus seinem Erfahrungsschatz sprechen und meinte, die Sache sei doch heute noch sehr wahrscheinlich.

FICHTE Glaubst du, daß in der Polizei immer noch ein faschistischer Geist herrscht?

EPPENDORFER Ja.

FICHTE Wie drückt sich der aus?

EPPENDORFER Daß alle Demokratisierungsversuche im Polizeikader höheren Orts niedergewalzt werden.

FICHTE Was hältst du von der Wehrmacht?

EPPENDORFER Um es so zu formulieren: Ich halte die Wehrmacht nicht für die Schule der Nation. Ich finde überhaupt, daß die Wehrmacht beispielsweise in der Hand eines Strauß ein ungeheurer, nicht zu übersehender Aggressionsherd sein wird, sein kann, wenn der jemals die Chance haben sollte, dieses Instrument in die Hand zu bekommen. Insofern halte ichs für eine ungeheure Gefahr.

FICHTE Wie ist es überhaupt mit dir? Mußt du Wehrdienst nachleisten?

EPPENDORFER Nein.

FICHTE Warum nicht?

EPPENDORFER Mich wollen sie nicht.

FICHTE Du bist sozusagen wehruntüchtig.

EPPENDORFER Ja.

FICHTE Würdest du den Kriegsdienst verweigern?

EPPENDORFER Ja.

FICHTE Glaubst du, daß es in der Bundesrepublik noch sehr viel Antisemitismus gibt?

EPPENDORFER Ja, ne ganze Menge, doch.

FICHTE Und Voruteile gegen die Neger?

EPPENDORFER Ja, auch.

FICHTE Ausländer?

EPPENDORFER Sicher.

FICHTE Und gegen Homosexuelle?

EPPENDORFER Ja, auch, da hat sich nichts geändert. Der Deutsche ist überhaupt prädestiniert für die Diskriminierung irgendwelcher Minderheiten.

FICHTE Wie, glaubst du, daß man den Ländern der Dritten Welt helfen sollte?

EPPENDORFER Nicht indem man Entwicklungshelfer hinschickt. Nicht indem man Gelder flüssig macht, damit sich irgendwelche

Potentaten goldene Betten kaufen können, sondern daß man als Industriemacht hilft, ihre Länder auch zu industrialisieren, da sehe ich die einzige Chance, daß man Fachkräfte rüberschickt, um dort Fachkräfte im eigenen Land auszubilden, dann haben sie eine Chance. Mit Gerede und mit Ideologien ist da nichts zu wollen.

FICHTE Glaubst du, daß die Idee der Gewaltlosigkeit in der augenblicklichen politischen Situation eine Chance hat?

EPPENDORFER Es ist zu hoffen, daß sie eine Chance hat, aber im Augenblick ... faktisch ist doch niemand daran interessiert.

FICHTE Hast du dich je mit Gewaltlosigkeit, mit den Theorien Gandhis auseinandergesetzt?

EPPENDORFER Ja.

FICHTE Aber du befolgst sie nicht streng?

EPPENDORFER Aus denselben Gründen bin ich auch kein Christ. Ich liebe meine Feinde beispielsweise nicht.

FICHTE Glaubst du, daß es jemals eine Welt geben wird, in der Freiheit, Gleichheit und Brüderlichkeit ...

EPPENDORFER Nein.

FICHTE Warum nicht?

EPPENDORFER Weil der Mensch, wie ich ihn heute sehe, einfach zu egoistisch, zu intolerant, zu inhuman ist, um überhaupt der Garant zu sein für irgendeine Brüderlichkeit.

FICHTE Und du glaubst, daß diese Eigenschaften – Intoleranz, Inhumanität – dem einzelnen angeboren sind? Und nicht erst durch die Gesellschaft geschaffen werden?

EPPENDORFER Es ist ja nun mal so, eine Gesellschaft besteht aus Einzelwesen immer noch, und wird natürlich durch die Masse deformiert, aber die Einzelnen haben doch schließlich in die Gesellschaft grade Haltungen wie Intoleranz usw. hineingetragen.

FICHTE Du glaubst also, der Mensch ist böse?

EPPENDORFER Der Mensch ist böse.

FICHTE Möchtest du in einer Kommune leben?

EPPENDORFER Ich habe oft daran gedacht, in meiner gegenwärtigen Situation wäre das vielleicht gar nicht schlecht.

FICHTE Können dich deine Mitmenschen gut leiden oder nicht?

EPPENDORFER Das ist schwierig.

FICHTE Ist dir das wichtig?

Eppendorfer Nein.

Fichte Wir haben uns jetzt, mit Unterbrechungen, über sechs Stunden unterhalten. Glaubst du, daß meine Fragen ungefähr eine Annäherung an alles das, was du bist, haben geben können und fehlt da einiges sehr Wesentliche? Möchtest du noch einiges Wesentliche hinzufügen?

Eppendorfer Ich glaube, es ist ... die Konturen sind vielleicht umrissen, sicher gibt es hier und dort noch etwas auszuführen, ... aus der Erlebniswelt zehn Jahre aufzuzeichnen. Im Wesentlichen würde es nichts verändern. Es würde lediglich der Sache noch eine größere Dichte geben, aber was solls?

Fichte Hast du meine Fragen gerne beantwortet, oder hast du dich durch diese Situation – wir sitzen uns gegenüber mit ein bißchen was zu trinken und ein bißchen was zu essen –, auf dem Boden dreht sich dieses komische Ding, auf dem Tisch steht das Mikrophon, hast du dich in dieser Situation bedrängt, unterdrückt gefühlt oder hast du leicht und gern geantwortet?

Eppendorfer Ich habe weder gerne noch habe ich leicht geantwortet, weder gedrückt noch irgendwie durch Alkohol umnebelt oder so, sondern einfach aus einer gewissen Sympathie und aus einer gewissen, ich glaube, Notwendigkeit, das einfach nochmal auszusprechen, bevor ich dieser Sache völlig den Rücken kehre, darum haben wir dieses Gespräch begonnen und zuende geführt. Und ich meine, daß vielleicht irgend jemand für sich daraus einen Nutzen zieht, das wäre mein einziger Erfolg, bewahrt bleibt, in ein Gefängnis zu geraten und unter den Umständen, wie ich geraten bin, nicht ohne Schuld sicherlich, ja, dann ist dieses Interview, sind diese sechs Stunden wirklich ihre Mühe wert. Das ist alles.

September 1973

FICHTE Hans, du hast im August ein Ledertreffen organisiert. Warum?

EPPENDORFER Eine kleine Clique, die sich in der Lederbar in Hamburg, der »Loreley-Bar« trifft, besucht natürlich laufend die Ledertreffen in Amsterdam, Berlin, Köln, München und selbstverständlich hin und wieder auch in Amerika, in New York, San Francisco. Aber der Wunsch in Hamburg endlich auch mal sowas auf die Beine zu stellen, war natürlich groß und dann haben sie sich endlich mal zusammengetan und wollten so ein Ledertreffen aus der Erde stampfen.

FICHTE Ist die Lederszene in Hamburg sehr groß?

EPPENDORFER Nein, sie ist eigentlich auf eine kleine Clique begrenzt. Ein bißchen Sadomasochismus, ein bißchen Koketterie mit Leder, ein bißchen Fetischismus, mehr ist da eigentlich nicht.

FICHTE Wieviel Leute sind ungefähr in Hamburg daran interessiert?

EPPENDORFER 50 bis 100 und natürlich eine Menge Sympathisanten, eine Mischung von Leuten, die gerne Jeans tragen, die gerne Stiefel tragen und dann eben eine Lederjacke dazu.

FICHTE Ist die »Loreley« die einzige Lederbar in Hamburg?

EPPENDORFER Es ist die einzige Bar in Hamburg, wo man sich überhaupt treffen kann, wo man Kontaktpersonen findet. Aber auch das ist eigentlich nur auf die Wochenenden beschränkt. Wir haben in Hamburg eigentlich nicht soviel Motorradleute, die mit Ledermonturen und Motorrad in die »Loreley« kommen. Wir haben eine spezielle Gruppe von Sadomasochisten, die in der Auspeitschung irgendwelcher gefesselter Körper eine Faszination sehen oder wenn sie ein Opfer auf eine Streckbank gebunden haben, eine Vergewaltigung des Opfers simulieren und daran ihre Freude haben oder – es sind hier in Hamburg zwei Leute, die haben sich die Brustwarzen mit kleinen Silberstiften durchbohrt oder die jagen sich dann solche Rouladennadeln durch den Hodensack und haben dabei ihren Orgasmus, das ist nur diese ganz enge Gruppe. Die andre Gruppe ist eben auf Faust-Fucking und diese Dinge spezialisiert, Binden der Opfer, Auspeitschung.

FICHTE Werden in der Szene hier regelrechte Rituale begangen, wie zum Beispiel in Amerika?

EPPENDORFER Diese Clique, auf die ich vorhin zu sprechen kam, sieht es als sogenannte Pflichtübung an, und es wird tatsächlich zu solchen Pflichtübungen eingeladen und wenn dann Leute aus Berlin oder Frankfurt oder Amerika und England da sind, dann werden die zu solchen Pflichtübungen eingeladen, dann wird praktisch eine Art von Sadismus und Masochismus zelebriert, indem man den einen der Jungen auf diese Streckbank schnallt und mit dem passiert eben dieser ganze Vorgang der Geißelung, der Überschwemmung mit Urin, der Vergewaltigung, des Mundverkehrs und eben diesen ganzen Spielregeln.

FICHTE Hast du den Eindruck, daß auf Grund einer allgemeinen Brutalisierung unserer Gesellschaft, diese sexuellen Spiellaster besondere Verbreitung finden?

EPPENDORFER Das, was man von der Hamburger Szene so sehen kann, das sind alles zahnlose Hunde, die woanders was gesehen haben.

FICHTE Würdest du das Hamburger Ledertreffen als gelungen bezeichnen?

EPPENDORFER Würde ich sagen. Von allen Ledertreffen, an denen ich teilgenommen habe, war es hier in Hamburg das umfangreichste, wir haben ungefähr 470 Gäste gehabt. Es war wohl das intensivste und das lautstärkste Ledertreffen, das wir hier in Europa haben stattfinden lassen können.

FICHTE Du hattest den Platz an der Kasse. Wie würdest du den ganzen Verlauf schildern?

EPPENDORFER Selbstverständlich haben wir echte Lederleute dabei gehabt, selbstverständlich haben wir verkappte Tunten dabeigehabt, für die Leder nichts weiter war als eine Maskerade, und natürlich haben wir viele sogenannte Sehleute dabei gehabt, einfach Leute, die eine gewisse Neugier angezogen hat, der Ruch der Perversion, die Gier nach Sensation und es wurde ja vorher ungeheuer viel gemunkelt. Man wollte einfach dabei sein.

Um halb neun standen – obwohl um neun die Öffnung sein sollte – um halb neun standen die ersten vor der Tür und begehrten Einlaß. Wir hatten innen drinnen natürlich alle Sachen gerichtet, Poster an der Wand und Liegeräume und Filmzimmer und

Swimming Pool, die Bar war gerichtet, das Trockeneis war eingelagert. Um neun kam dann wie eine riesige Ameisenherde der Besucherstrom, das ging ja konstant bis um elf in vollen Zügen, so daß wir also kaum nachkamen mit Eintrittsbons und Getränkemarkenausgabe. Die Stimmung war natürlich sehr gut. Die Leute waren gespannt. Man harrte der Dinge die da kommen sollten. Eine gewisse Übersteigerung war natürlich da, eine gewisse Wunschvorstellung von einer Orgie der Maskulinität, der Männlichkeit schlechthin. Man hoffte eben da diese Traumtiere, die man sonst nirgends finden konnte, dort zu entdecken.

Und es kamen schon einige irre Typen, das muß man sagen. Wir hatten Leute aus Amerika, aus Australien, aus der Schweiz, aus Frankreich, aus England, viele Leute aus Brüssel, aus Holland, aus Österreich, aus Schweden, aus Dänemark, es war eigentlich alles da.

Es war eigentlich eine Art von anfänglicher Musterung. Niemand war ganz sicher, was wird da nun eigentlich stattfinden. Würde ich das, was ich mir vorstellte, würde ich das auch bekommen. Die erste halbe Stunde war steif. Freunde trafen sich, o. k. Man musterte unverhohlen Schenkel und Brustkorb. Man zeigte viel Haut. Man zeigte verdrängtes Genital, hochgezogen in der Lederjeans, in der normalen, verwaschenen Jeans mit kleinen Löchern und dann liefen die ersten Spielfilme an. Amerikanische Filme, die von drüben mitgebracht worden waren und die einfach sehr viele maskuline Kerle zeigten. Es war eben dieser Touch der Zeichnungen des Tom of Finnland. Dann ging es eigentlich los. Die Erstarrung war gefallen. Man ließ seine Hemmungen einfach fallen wie die Hose und man zog sich teilweise schon sehr früh in die hinteren Räume zurück, auf den sogenannten Bummsboden oder in den kleinen Garten. Und dann ging es eigentlich los – eine Orgie in Raten, würde ich sagen. Zuerst waren einige Zuschauer da, in einer gewissen Skepsis, in einer gewissen Furchthaltung und dann warf man sich wild ins Getümmel.

FICHTE Wie erklärst du dir, daß es unter den Lederleuten so einfach zu einer Orgie kam?

EPPENDORFER In den Parks geschieht eine Art anonymer Sex. Es ist wenig Licht da. Die Örtlichkeit ist begrenzt. In den Saunen zieht man sich in eine Kabine zurück. Orgien finden eigentlich nie echt statt. Das war nun einmal was ganz andres. Das war ein Ledertreffen, das waren Kellerräume, in denen man sich frei bewegen konnte, das war eine geschlossene Gesellschaft, man war gewissermaßen entre nous, man konnte tun und lassen, was man wollte. In dem Augenblick, wo die Leute nicht das Gefühl hatten, beobachtet zu werden, ließen sie einfach ihr Visier fallen und wurden selbst aktiv. Die sogenannten Voyeure ließen ihre Hemmungen einfach fahren und in der Dunkelheit der Räumlichkeiten, das Licht war schon in den ersten 15 Minuten ausgeschaltet, beziehungsweise die Glühbirnen waren rausgedreht worden, und dann geschah eigentlich etwas, daß in der Anonymität der Nacht, der Dunkelheit, die Körper ihre Gesichter, ihre Stimmen verloren und einfach nur noch Körper waren, Gesäß, Genital, Hand, Fuß, Atem, Pulsschlag. Sonst nichts. Man wußte nicht mehr, wer berührt dich, wen berühre ich. Man gab sich einfach nur noch hin, man lieferte sich nur noch aus, die Konventionsschranken waren einfach zerbrochen. Man war nur noch Körper unter Körpern, eine brünstige, dampfende Masse.

Einfach aus einer imaginären Hoffnung, Fleisch zu erleben, Gier zu erleben, Hemmungslosigkeit zu erleben.

Wir sind ja gewissermaßen im Alltag genormt, programmiert, viele Leute aus irgendwelchen Büros, Kanzleien und aus irgendwelchen Verkäuferschichten, Beamtenschichten. Und da war möglicherweise dies Ledertreffen die Chance zu einem Ausbruch auf Zeit.

Man dürfte sicher sein, daß artverwandte Seelen sich treffen würden, daß Sympathisanten aufeinanderstoßen würden, daß dieses ganze Konvolut von Hoffnungen in einem abgesperrten Raum, in einer geschlossenen Gesellschaft stattfinden würde. Und daß einfach dies Gefühl einer privaten Szene aufkam, die nie in einer Sauna anzutreffen ist, die nie in einem Park existent sein wird, und die auch nie auf irgendwelchen Pissoirs stattfinden kann.

Und diese Abgeschlossenheit ... Für diese Leute war diese Sache eine Art von, nennen wir es mal, Tempel.

FICHTE Du glaubst also, daß dies Religiöse das ausgelöst hat?

EPPENDORFER Ja, möglicherweise, ich glaube, wir waren in diesem

Augenblick, als wir eine mit Boys und mit Ketten gesicherte Tür hatten, waren wir plötzlich eine Art Arche Noah aus dem Alltag heraus. Man trat durch die Tür und war in einer andren Welt. Man konnte plötzlich Wünsche des Unterbewußten, verdrängte Wünsche, Hoffnungen, Assoziationen, die man irgendwo aufgefangen hatte, konnte man plötzlich frei artikulieren, in dieser Abgeschlossenheit des Raumes. Man war geschützt. Man war wie in einem Ei. Umgeben von einer Schale aus Sicherheit. Man war zu uns gekommen, weil man Vertrauen hatte, daß wir die Sache nach außen hin, Unbefugten gegenüber, abschirmen würden. Diese Sicherheit, eine relative Sicherheit, richtig, gab den Leuten plötzlich die Hoffnung, sich wirklich frei ausleben zu können und das haben sie dann getan.

FICHTE Was geschah?

EPPENDORFER Nun, wir müssen es teilen. Die Vorlieben der Leute sind unterschiedlich. Sie haben einen größeren Spielraum. Die Leute, die Urin trinken. Leute, die sich vollurinieren lassen. Auf den nackten Körper, auf das Leder, auf die aufgerissene Ledermontur. Hinein. Wie auch immer. Andre Leute, die einfach Genuß daran haben, von vielen Leuten bespien zu werden, gebummst zu werden, die es lieben, besudelt zu werden, im Schmutz sich zu suhlen, einfach diese, diese, diese, diese Vorliebe für den Schmutz, der Erniedrigung, des Gequältseins, des sich selbst Ausradierens, einfach nur noch Ware, nur noch Fleisch, nur noch Körper, nur noch hechelnder Leib zu sein.

Gewiß gehört natürlich auch dazu, daß sich einige Leute mit der Faust ficken ließen, einfach, und das mit einer ungeheuren Vehemenz. Wo man einfach meint, es ginge nicht. Es geht. Das fand natürlich dann statt, daß sich Leute mit der Faust bummsen ließen und daß Leute sich anboten, als Sklaven benutzt und maltraitiert zu werden.

Es ist ein Schwede dagewesen, der wurde nicht nur ausgepeitscht, nicht nur angepißt, der wurde mit der Faust gebummst, der wurde geschlagen, der wurde einfach nach allen Regeln der Kunst maltraitiert, dem wurden die Brustwarzen ebenfalls mit silbernen Stiften durchbohrt. Die waren durchbohrt. Aber man kann sie, aber diese Silberstäbchen kann man ja wie einen Knebel benutzen. Und manchmal war es so, daß fünf Leute sich nur mit diesem Jungen beschäftigten und ihn mit den sogenannten Sackringen, mit denen man sich das Genital abschnürt, um mit dem Blutstau eine Erektion hinauszuzögern und daß man, wie gesagt, alle diese Geschichten mit dem Mann machte.

FICHTE Hat es auf dem Ledertreffen noch schwerere Mißhandlungen gegeben?

EPPENDORFER Ich glaube nicht. Ganz einfach aus dem Grund, für alle Leute war es etwas Neues. Diese Art der freien Artikulation von Wünschen und Hoffnungen, war für die Leute durch die Bank weg neu, und Freiheit ist eine Sache, die man auch erst üben muß, und insofern sind die weitergehenden Geschichten ... Man muß sehen wie es bei dem nächsten Ledertreffen aussehen wird, wenn die Leute sich ein bißchen an eine Freizügigkeit gewöhnt haben. Die Leute sind ja auch mißtrauisch. Es ist eine Art von Vertrauen, wenn die Leute sich aus der Defensive, in der sich alle Lederleute praktisch befinden, heraus ans Licht wagen, ihre Wünsche und ihre Begierden plötzlich artikulieren sollen vor quasi fremden Leuten, die aufeinanderprallen. Das ist eine Sache des Vertrauens und das braucht seine Zeit.

FICHTE Wie war der szenische Ablauf?

EPPENDORFER Ich habe einige Rundgänge gemacht und fand eigentlich heraus, daß von neun bis elf eine Phase von normalem Sex stattfand, also: Mundverkehr, Analverkehr, gegenseitige Onanie. O. K. Da war gewissermaßen das Vorfeld eingeheizt. Zwischen elf und Mitternacht begann dann die Urinphase. Es hing auch mittelbar mit dem Abspielen der verschiedenen Filme zusammen, ich glaube in der zweiten Phase des Abends kam dieser Film über die Fickerei mit der Faust beispielsweise, über das Auslecken des Afters und all diese Geschichten, gewisse sadistische Spielereien, mit Nadeln durch den Hodensack, mit Knebeln von Brustwarzen mit Abschnüren des Genitals usw. und das war gewissermaßen eine Steigerung zu einer größeren erotischen Streuung. Und das war dann ganz bemerkenswert, daß sich die Leute dann zurückzogen in den kleinen Garten, jemanden an den Baum gebunden hatten und dann mit einer Auspeitschung anfingen, dann mit Fäusten agierten und dann mit Knebelung von Brustwarzen, mit Urinieren und all diesen Sachen. Der Abend hob sich eigentlich an. Die erste Geilheit, die erste Gier war weg. Es ging dann zu subtileren Formen von Sexualität. Verwundungen sind keine beigebracht worden. Hin und wieder eine ausgedrückte Zigarette, auf einem After, auf einem Genital, auf einer Brustwarze, an einem Oberarm, an einem Oberschenkel. Das ist natürlich vorgekommen. Aber das war auch nur bei kleinen Gruppen, wo man wußte, der Masocharakter dieses Jungen ist so groß, daß ders gern hat usw., usw.

FICHTE Also hat es keine echten Vergewaltigungen gegeben?

EPPENDORFER Nein. Das wäre nicht möglich gewesen, weil wir diese Art von Spielregeleinhaltung eigentlich durchgesetzt haben durch unseren Ordnungsdienst, der immer durch die Räume patrouillierte, ohne natürlich von den Leuten erkannt zu werden. Das geschah schon aus Sicherheitsgründen, weil es ja durchaus hätte möglich sein können, daß ein Fremder, ein sogenannter »Nur-Neugieriger« darunter gewesen wäre.

FICHTE Gab es Rauschgift?

EPPENDORFER Das sogenannte Popperszeug, das wurde sehr heftig angewandt, dieses Asthmamittel, auf chemischer Grundlage, das durch die Nase eingeatmet wird und eine Steigerung der erotischen Reizbarkeit herbeiführt.

FICHTE Welche anderen Ledertreffen hast du mitgemacht?

EPPENDORFER Ledertreffen eigentlich in Frankfurt, in Köln, in München, in Berlin, in Amsterdam.

FICHTE Du erzähltest mal von einer sehr weitgehenden Veranstaltung.

EPPENDORFER Das war eine Privatparty gewissermaßen. In einem Lagerhaus hatte man einen Keller, es waren Betonwände eigentlich nur und es hing da nur eine einfache Glühbirne von der Decke herunter und es war eine Eisentür, die dann von innen verschlossen wurde und es war ein Tisch dort und Fesselungsgeräte, Ketten in eine Wand eingelassen, es war ein Strecktisch da und es waren eigentlich einige Leute, ich würde sagen, zwischen 25 und 30, die denn plötzlich gepackt wurden von der Meute, ihnen wurde das Zeug heruntergerissen, sie wurden auf diesen Strecktisch geschnallt und an diese Wand angekettet und sie wurden dann eben nach allen Regeln der Kunst mit Lederriemen, mit Peitschen, mit einer Kette ausgepeitscht und es wurde ihnen das heiße Wachs von großen Kerzen in den After geträufelt auf die Brustwarzen, auf die Eichel des Genitals, auf die gespannte Bauchdecke, weil dieser Körper ja nun gespannt auf dieser Streckbank gefesselt war, dieser Körper wurde dann einfach mit heißem Wachs übergossen.

FICHTE Hast du Motorräder gern?

EPPENDORFER Ich habe Motorräder gern.

FICHTE Möchtest du ein Motorrad besitzen?

EPPENDORFER Ja.

FICHTE Sparst du darauf?

EPPENDORFER Nein. Ich hab die Möglichkeit immer mitzufahren. Aus diesem Grund habe ich natürlich auch eine Motorradkluft. Wenn ich in Amsterdam bin oder so, dann rasen wir natürlich mit den Motorrädern durch die Stadt und raus an den Strand und über die Betonpisten. Das ist natürlich eine schöne Sache, das ist ein eigenartiges, tierhaftes Gefühl das Vibrieren dieser schweren, kräftigen Maschine unter sich, unter den Schenkeln zu fühlen, sich dagegen zu pressen und von ihr über das Land getragen zu werden. Das hat schon eine gewisse Faszination.

FICHTE Warum fasziniert dich Leder?

EPPENDORFER Leder ist wie eine atmende Haut. Leder ist einerseits eine Art von Schutz und zweitens eine Art von Überhaut. Es hat wohl etwas von Tier an sich. Es ist, glaube ich etwas Animalisches, was uns mit Leder verbindet. Einfach Schweiß unter Leder, und bei jeder Bewegung sich das Leder spannt, sich über den Brustkorb wölbt, mit dem Oberschenkel beutelt, in den Stiefeln. Das ist eine Art von Schärfe, ein scharfer Geruch von Schweiß und Leder und Körper. Manche Leute schätzen Parfum. Ich glaube dieser Geruch aus Schweiß und Leder und Körper ist eine Art von Parfum. Das ist eine Art von Droge. Man hat vielleicht das Gefühl, als hätte man mit dieser Kleidung, mit dieser zweiten Haut eine Art von Leben in der Faust.

FICHTE Aber eigentlich hat dich doch die Kleidung. Du wirst doch vom Leder umspannt.

EPPENDORFER Manche Leute meinen, Leder sei nur die Rüstung oder das Handwerkszeug. Für mich hat Leder eine Art von Fell.
Ich habe als kleiner Junge schon immer eine Vorliebe gehabt für Panther. Ich liebte einfach Panther. Die Geschmeidigkeit,

die Strenge der Form. Trotzdem eine fließende Linie. Diese spielerische Kraft, die Geschmeidigkeit. Das ist etwas, was Leder auch hat. Diese Pantherillusion. Ich habe ... als ich dann älter wurde, bin ich im Zirkus jedesmal gewesen und habe versucht, mit dem Dompteur mich anzufreunden. In einem Zirkus ist es mir dann auch gelungen, mit ihm in den Käfig zu dürfen und den Panther, natürlich einer, der im Zirkus geboren war und mit der Flasche aufgezogen war und für den der Dompteur einfach der Meister war, den einfach auf den Schultern aus der Manege tragen zu dürfen in seinen Käfig. Das war ein ungeheurer Höhepunkt. Das habe ich unwahrscheinlich genossen.

FICHTE Also du schlüpfst in den Panther hinein, wenn du Leder anziehst?

EPPENDORFER Ich würde fast sagen, ja. Das ist keine Wesensflucht. Es ist eine Art von Freude.

FICHTE Wirst du vom Panther aufgefressen?

EPPENDORFER Es ist eine Art von Bruderschaft. Ich habe Lust mit ihm ... Ich habe nie Angst vor ihm. Ich finde es einfach schön, mit ihm zu spielen, mit ihm rumzutoben.

FICHTE Ist das Leder nun in dieser Szene für dich das allerwichtigste?

EPPENDORFER Nein. Nicht das Leder ist das Wichtigste, sondern was sich mit diesem Leder identifiziert. Was als Komplex existent sein sollte. Leder gibt auch einer Tunte die Chance, ein Mann zu sein. Und erst der nähere Umgang mit diesen Ledermaskierten kann uns erst auf die Sprünge bringen, daß es eben eine Tunte ist und nicht, was es darstellt: eine Clique, eine Zusammengehörigkeit, keine Edelkaste, eine Art von schwarzer Liga.
Was man in dieser Clique gemein hat ... Ich finde, daß der echte Charakter von vielen aus dieser Gruppe einfach so ist, daß sie gespalten sind, daß sie fähig sind zum Sadismus, daß sie fähig sind zum Masochismus, daß es sich nicht immer die Waage hält, das ist richtig und daß es auf die agierenden Partner ankommt, was daraus wird. Aber daß man sich einfach, das ist auch die Chance, daß man sich frei hält für etwas Neues, für etwas Andres, daß man sowohl der Vergewaltigende sein kann wie auch der Vergewaltigte.

FICHTE Das ist auch bei dir so?

Eppendorfer Das ist möglich. Ich bin überhaupt nicht festgelegt. Es kommt auf die Art der Fantasie an. Es kommt auf die Art des Fingerspitzengefühls an. Die Lederszene hier in Hamburg leidet natürlich unter einer Profilneurose.
Wir sind gerade dabei durch dieses Ledertreffen aus unserem Sandkasten herauszukommen, und uns selbst ein bißchen zu artikulieren. Man muß Erfahrungen sammeln. Viele von uns sind ja noch überhaupt nicht lange auf dieser schwulen Szene, viele von uns sind noch nicht lange auf dieser Lederszene. Für uns ist es ein Neuland des Entdeckens. Mir persönlich geht es so. Ich kenne diese Lederszene nicht länger als zwei, drei Jahre.

Fichte Was ist mit dem Urin? Hast du an solchen Urinszenen teilgenommen?

Eppendorfer Ich habe daran teilgenommen. Sie sind für mich persönlich nicht wichtig, weil ich für mich den Gebrauch oder auch den Mißbrauch von Exkrementen ablehne. Aber ich glaube, daß Urin die Vorstufe von Blut sein kann. Daß für mich Urin keine Faszination ausübt, sondern Widerwillen auslöst, daß ich nichts dabei empfinde, wenn jemand Urin trinkt oder man jemanden vollpißt und er ... aber ich weiß, daß Blut, frisches dampfendes Blut eine ungeheure Faszination hat, von Leben, von Leib, von Erde, von Ewigkeit.

Fichte Für dich ist also Urin eine Vorstufe des Blutes?

Eppendorfer Ja, eine Form von zerfließendem Körper.

Fichte Spielt der Kot in der Lederszene eine Rolle oder ist die Beschmutzung immer nur durch Urin?

Eppendorfer Natürlich spielt Kot eine Rolle. Natürlich sind Leute dabei, die Kot fressen, die sich mit dem Kot beschmieren lassen, die einen kotigen Hintern auslecken, wie Leute dreckige Stiefel ablecken.

Fichte Hat es solche Kotriten bei dem Ledertreffen hier gegeben?

Eppendorfer Auch Kotorgien hat es gegeben, es hat im Park also mehrmals sehr heftig nach Scheiße gestunken. Daß man sich dann mit dieser kotigen Faust, diesem kotigen Arm, dieser kotigen Hand wieder den Körper, die Brustwarzen beschmieren ließ. Daß sie sich den Lederoverall aufmachten und sich den Körper mit diesem Kot einseifen ließen.

FICHTE Glaubst du, daß die Kotriten genau so häufig sind wie die Urinriten in der Lederszene?

EPPENDORFER Die Urinriten werden vorrangig sein.

FICHTE Haben diese Ketten, Gewichte, das Aufhängen für dich eine Bedeutung?

EPPENDORFER Ja, ich gucke es mir an.

Ich schätze es nicht. Das ist ein bißchen Talmi, es ist ein bißchen Dekoration. Ich würde sagen, Dekoration persönlichen Unvermögens.

FICHTE Tätowierungen sind wichtig?

EPPENDORFER Tätowierungen sind eine Art Symbol für Kraft, für Schmerz und sie haben natürlich eine gewisse Form der Stimulanz. Ein tätowierter Körper, wenn er gut gewachsen ist und einfach etwas von Manntier ausstrahlt, hat natürlich eine ungeheure Faszination, sicher.

FICHTE Ist es eine neue Haut oder ist es das Durchbrechen einer Haut?

EPPENDORFER Es ist näher ans Blut ran. Es ist ein Zerbrechen von Haut, eine Öffnung, eine Art von Transparenz.

FICHTE Hast du an sehr schweren Szenen teilgenommen?

EPPENDORFER Ich habe selbst ... Das waren meine ersten Fingerübungen. Ich werde in diesem Jahr noch nach Amerika fahren, um mir die weitere Szene anzuschauen. Ich habe in Paris das erste mal jemanden mit einer Faust gefickt. Einen amerikanischen Tänzer aus den Folies Bergères und es war eine so große Faszination, dieser Augenblick, wir waren in seiner Wohnung auf einem riesigen Bett von Stierfell, umgeben von lauter Spiegeln und ich behielt meine Jeans an und er zog sich splitternackt aus, ein sehr guter Körper, ein Tänzer, muskulös in der richtigen Proportion und, sauber, einfach ein sauberer Körper und er bat mich, meine Faust nach oben zu strecken, ich lag auf diesem Stierfell und harrte der Dinge, die da kommen sollten und er hatte meine Faust eingefettet und mir die Sache erklärt und ich hielt dann die Faust gestreckt nach oben und er ließ sich langsam auf meine Faust runterrutschen und meine Faust ging also in seinen After bis etwa zur Höhe des Handgelenks, ein Stückchen drüber hinaus vielleicht und dann drehte er sich über meiner Faust und ich spürte natürlich seine Schleimhäute an meinen Fingerknöcheln und drehte dann auch meine Faust und merkte wie der ganze Körper dieses jungen Mannes vibrierte, wie die Muskeln zuckten, wie der Schweiß die Rückenmuskeln runterlief, von den Schenkeln perlte, über die Behaarung lief und wie er sich auf die Zehenspitzen stellte und alles zuckte angespannt und dann anfing zu onanieren und sein Orgasmus ungeheuer weit in den Raum sprühte. Das war eigentlich der Schluß und ich muß zugeben, es war eine ungeheure Faszination für mich. Es war das erste Mal und dieser Körper war so schön und die Kraft, man merkte ja das Zusammendrücken der Schließmuskeln, der Schleimhäute. Dieser Kampf dieses warmen Körpers, der auf der Faust wie auf einem Riesenphallus saß, kämpfte, sich dagegen wehrte und gleichzeitig daran Genuß fand und sich dann in einen Orgasmus hineintrieb.

FICHTE Hast du dich mit einer Faust ficken lassen?

EPPENDORFER Noch nie.

FICHTE Interessiert dich das?

EPPENDORFER Ich glaube, gegenwärtig nicht.

FICHTE Bei Larry Townsend kann man lesen, wie bei einer sehr schweren Szene einem Mann die Hoden herausgeschnitten werden, er muß sie ansehen und dann werden sie ihm wieder eingesetzt. Glaubst du, daß solche fürchterlichen Szenen tatsächlich vorkommen?

EPPENDORFER Ja, und zwar zwei Medizinstudenten in Kiel, ich habe die Sache miterlebt, haben einem alten Penner, der seinen Rausch auf einer Bank ausschlief, dem haben sie die Hoden rausgeschält und neben ihn auf die Bank gelegt. Der ist nicht aufgewacht. Sie haben irgend etwas gemacht, um ihn gegen Schmerzen unempfindlich zu machen, oder der war einfach weggetreten in seinem Suff, den haben sie also echt amputiert. Ich habe es gesehen. Ich wußte nicht, was da vor sich ging. Ich war nur entsetzt. Aber andrerseits war ich ungeheuer fasziniert von diesem Vorgang.

FICHTE Wärst du bereit, eine solche Szene auszuüben?

EPPENDORFER Auszuüben, würde ich wohl nicht sagen, weil dazu eine ganze Menge medizinischer Vorkenntnisse nötig sein würden. Aber ich würde sie mir angucken. Das ist eine Art von Opferung.

FICHTE Opferung von Leuten, die sich opfern lassen wollen?

EPPENDORFER Ja. Ich bin gegen jede Form von Gewalt. Jemanden zu etwas zu zwingen, daß er mit freiem Einverständnis nicht tun würde, weil das sofort in die kriminelle Sphäre ginge und ich kein Interesse habe, in diese Sphäre abzurutschen. Aber ich glaube durchaus, daß es Leute gibt, die sich zu dieser Opferung bereitfinden würden, genau wie es Leute gibt, die sich dir als Sklaven andienen und von dir geschlagen werden wollen, die sich splitternackt um deine Stiefel herumringeln und wenn du sie schlägst nur noch »Papa! Papa!« rufen. Das habe ich selbst mitgemacht.

FICHTE Was bedeutet die Opferung?

EPPENDORFER Die Opferung ist ein sakraler Akt. Und wie die Azteken, beispielsweise, Opfer fanden, die ihr Herz opferten, ihren Edelstein – so gibt es doch für einen Mann durchaus das Opfer, seine Hoden zur Verfügung zu stellen.

FICHTE Warum Opfer überhaupt? Ist das Opfer eine Flucht oder ist es eine Steigerung?

EPPENDORFER Es ist eine Steigerung, es ist ein Sichtbarmachen von Kraft, von verströmender Kraft. Wenn du deine Adern öffnen läßt und das Blut über den Tisch, über den Opferstein fließt, ist es eine Art von verströmender Kraft, es ist eine Art von sakralem Akt.

FICHTE Würdest du dich auch opfern lassen?

EPPENDORFER Ich glaube nicht.

Für mich ist es noch zu sehr Neuland. Ich schließe es nicht aus. Man kann sich in diese Art von Opferkult hineinsteigern. Ich bin durchaus dazu in der Lage. Es ist eine Art von Ekstase, genau wie es die Ekstase gibt der Selbstentleibung. Diesen systematischen Zusammenbruch der eigenen Person miterleben zu wollen, die Sucht, die Lust an der Selbstzerstörung durch Drogen, durch Exzesse jeglicher Art, das Auskosten von Schmerz, die Lust und die Freude, sich selbst zu vernichten, sich selbst auszuradieren, der Wunsch, sich selbst zerfleischen zu wollen, abzunagen bis auf die Knochen, das ist nicht fremd.

FICHTE Ist es nicht doch eine Flucht?

EPPENDORFER Nicht unbedingt. Es kann auch eine Form von Übersättigung sein.

FICHTE Glaubst du nicht, daß es neben dieser hohen Literarisierung unserer Komplexe eine Verpflichtung gibt, im Alltag weiterzuleben?
Oder willst du ganz auf diesen Opfertrip gehen?

EPPENDORFER Das weiß ich nicht. Es ist auf jeden Fall weit ab von jeder Literarisierung. Es ist einfach eine Auseinandersetzung mit Leben an sich. Dabei ist es nicht wichtig, ob ich mich der Konsequenz entziehe oder der Konsequenz stelle, im Alltag leben zu müssen. Das ist klar. Das tu ich, solang ich es will. Aber es wird für mich gegenstandslos, wenn ich sage: »O. K. Hier stop, jetzt ist es genug, ich will nicht mehr.« Wenn ich plötzlich Lust verspüre, diesen Leib zertrümmern zu wollen oder zertrümmern zu lassen, alles auseinander zu reißen.

FICHTE Fändest du es nicht verantwortungslos, wenn dich jemand benützte, um sich zerstören zu lassen?

EPPENDORFER Das ist eine Art von willenloser Vergewaltigung. Das finde ich nicht richtig. Der andre darf nur Medium sein, wenn er es aus seiner innersten Überzeugung heraus sein will. Das ist die Grundbedingung. Es soll niemand gegen seinen Willen gezwungen werden, etwas zu tun, was er bei wachem Verstand nie tun würde. Ich meine, die Opferung darf nur auf einer freiwilligen Basis geschehen. Ich glaube nicht, daß eine Selbstaufgabe in einem kranken Zustand erfolgen sollte. Ich halte es also durchaus für möglich, daß jemand wissentlich in sein Unglück, oder wie man das immer nennen soll, das ist ja nicht für ihn ein Unglück, aber die anderen würden es vielleicht als Unglück bezeichnen, bewußt in sein Unglück rennt, bewußt diese Konsequenzen der Selbstaufgabe in Kauf nimmt und die Freude dabei an der Selbstauslöschung empfindet.

FICHTE Aber kannst du dir nicht denken, daß es Leute gibt, die sich einen Schlächter erziehen, einen Opferer manipulieren und der andre steht dann da und hat geopfert?

EPPENDORFER Man kann sich natürlich Kreaturen schaffen. Aber sie haben die Funktion eines Homunkulus.

FICHTE Ein solcher Homunkulus willst du nie werden?

EPPENDORFER Nie!

FICHTE Bist du auch sicher, daß es nicht gegen deinen Willen geschieht?

Eppendorfer Ganz sicher.

Fichte Wann hast du angefangen, dich für die Lederszene zu interessieren?

Eppendorfer Vor drei Jahren.

Ich war praktisch relativ normal. Ich war vielleicht neurotisch, nennen wir es mal so. Ich war einsam und erlebte dann in einer Nacht plötzlich eine Vergewaltigung durch einen amerikanischen Seemann. Jemand der größer war als ich, stärker war als ich.

Ich wohnte in einer Absteige auf dem Kiez, kannte niemand, hatte niemand, keine Freunde, wenig Geld. Ich hatte meinen Job, das war eigentlich alles. Und war eigentlich nur allein und war durch viele Kneipen gegangen. Ich kannte keine Schwulen-Kneipen und diese Dinge. Als dann morgens um 4 die Kneipen schlossen, war ich in einer dieser Kneipen an diesen Seemann geraten, ein Abbild von einem Mann. Tätowiert, T-Shirt, Jeans, Stiefel, wie man sich eine dieser Gestalten von Tom of Finland leibhaftig vorstellt. Ich hatte damals von diesen Sachen gar keine Ahnung. Er war nett, verstand kein Deutsch. Wir sprachen also nur Englisch. Das machte Spaß, Englisch mit jemandem zu sprechen, seine Schulkenntnisse einfach mal in die Praxis umzusetzen. Er war einfach nett, sympathisch und es regnete draußen, es war kühl und ich sagte: Du also wenn du Lust hast ... könne man bei mir einen Kaffee trinken. Sein Schiff ging morgens gegen acht und das waren also praktisch vier Stunden, die zu überbrücken waren und ich sagte: O. K. komm mit, wenn du Lust hast. Nun, er hatte Lust. Wir gingen zu mir und er warf sich aufs Bett und gähnte. Ich machte einen Kaffee und ... Wir setzten uns zusammen auf dieses riesige französische Bett und dann machte er den Vorschlag, man könnte vielleicht den Wecker stellen und ein bißchen schlafen. Worauf ich dann einwilligte, und man zog sich einfach aus bis auf seinen Slip, und er zog sich völlig aus, weil er überhaupt keinen Slip anhatte, und man kroch unter die Decke und löschte das Licht und dachte an nichts Böses. Der witternde Instinkt, nicht alleine zu sein, jemanden bei sich zu haben, auch das Gefühl von irgendwelcher Geborgenheit und vielleicht auch ein Anflug von Zärtlichkeit einfach die Sympathie, eine fremde Hand auf der Schulter zu spüren, alles neue Dinge, die einfach interessant und wichtig schienen. Und plötzlich fiel dieser Mensch, von dem ich ja nichts weiter als seinen Vornamen, ein John, und weder Nachname, noch Alter, noch Woher, noch Wohin ... man wußte nicht viel voneinander. Dieser Typ fiel plötzlich über mich her und es war Verdutzung, es war Hilflosigkeit, es war auch Angst, einfach die Angst: Jetzt killt er dich! und es war einfach ein Kampf und das Bett war riesig, man fiel einfach nicht runter, man blieb immer oben. Ja, und dann hielt er mich so fest, daß einfach nichts mehr möglich war und fickte. Zum ersten Mal überhaupt in meinem Leben, irrsinnig und rammte das Ding trocken rein und es tat irrsinnig weh und ... als sei dahinten glühende Kohle gehäuft. Er schnaufte wie ein Tier und als er dann fertig war, und ich also – ich dachte die ganze Zeit, er kommt vorne durch – oder er rammt dir irgendwas kaputt oder zerreißt dir die Därme oder ... dann ... jetzt bringt er dich um oder irgendetwas, hielt einfach nur still in der Angst, hoffentlich ist er bald fertig. Das wars. Dann war er fertig und plötzlich – hinten war alles blutig. Ich hatte natürlich Hämorrhoiden und deshalb blutete das fürchterlich. Das war natürlich erst später zu bemerken. Aber als er dann fertig war, wurde er sowas von zärtlich. Das war etwas, was ich in meinem ganzen Leben noch nie erlebt hatte und mich in den Arm nahm. Natürlich hatte ich geheult. Einfach mich streichelte, mich im Arm hielt bis morgens um acht. Dies war einfach das erste Mal von Zärtlichkeitsgefühl von einem Mann, der alles sein konnte: Bruder, Geliebter, Vater, weiß der Geier! Alle diese Mischung aus Sehnsucht, nach einem Menschen. Man war einfach ausgehungert nach einem Menschen, man war einfach ausgehungert nach irgendwelcher Zweisamkeit und das kam plötzlich nach dieser irrsinnigen Anspannung von Gewalt und Angst und Schmerz, kam plötzlich diese Stille. Ohne ein Wort einfach die Geste einer liebkosenden Hand. Einfach eines atmenden Körpers an deiner Seite, der dich festhielt, der dich im Arm hielt, der dir die Tränen runterwischte, der dir übers Haar strich, der dir über die Brust strich, der einfach nett zu dir war. Ja, und dann um acht ging er aus dem Haus. Ich sah ihn nie wieder. Er hat nie geschrieben.

Es war damit zuende. Ich ging zu einem Arzt, weil ich das Blut sah und dachte, irgendwelche Därme sind kaputt oder irgendwas andres. Das Bettlaken war gesprenkelt mit Blut, in der Toilette war alles rot von Blut nachher. Ich ging also zu einem Doktor und der sagte, das sind nur geplatzte Hämorrhoiden und gab denn Zäpfchen und Salbe und nach ein paar Tagen war es wieder gut. Da dachte ich, was war denn das, war der nun schwul? Sicher war der schwul, weiß der Geier! Was ist denn überhaupt schwul? Natürlich, Männer schlafen mit Männern. Es geht. Nun ging ich schwule Kneipen suchen. Es war wohl mehr die Suche nach der Zärtlichkeit, diesen Typ wiederzufinden. Im Augenblick der Vergewaltigung, das war eine Art von psychologischer Schranke, die war immer noch da, Bummsen wäre nie möglich gewesen nach dem, kurz nach dem. Aber es war die Suche nach Zärtlichkeit, es war die Suche nach diesem Körper, es war die Suche nach dieser Hand, nach diesem Atem, nach diesem Lächeln – es war einfach diese Gestalt. Nun ich fand die »Loreley«. Seitdem ist es meine Stammkneipe.

FICHTE Dort fandst du ähnliche Typen?

EPPENDORFER Ja, mit großen Abstrichen. Ich habe so einen Jungen eigentlich nie wieder getroffen. Es ist eigentlich immer noch die Suche nach dieser Illusion. Natürlich sieht man jetzt alles idealisiert, man sieht alles verfremdet und heroisiert. In dieser »Lore« lernte ich dann die ersten Schwulen kennen. Diese Lederleute, die aussahen wie ein Mann und die hab ich dann gefickt. Reihenweise, jede Nacht einen anderen, auf einer ungeheuren Suche, einfach sehen, bin ich nun schwul oder bin ich nun nicht schwul. Das war für mich eigentlich sehr wichtig zu wissen.

FICHTE Diese Idee der Liebe zwischen Männern war aber schon verbunden mit der Vorstellung von Blut, Vergewaltigung und Leder?

EPPENDORFER Ja.

FICHTE Hast du irgendwelche Erlebnisse aus deiner Kindheit bei den Riten der Lederszene wiedergefunden?

EPPENDORFER Einfach nur das Problem der Einsamkeit und vielleicht das Extrem von Blut. Und daß dir einfach Blut über die Hände läuft, über die Arme trieft, einfach eine irrsinnige Menge von Blut, die man nicht genau klar sehen kann. Es ist wie durch eine ... man kann nicht mehr gut sehen, man braucht eine Brille, um klar, scharf sehen zu können, und hat diese Brille in dem Moment nicht und dann kommt ein Schwall von Blut und deine Hände sind völlig zerschnitten, triefen von Blut und du atmest halb blind, du atmest den Dunst von frischem, warmem, dampfendem Blut. Das ist eine ungeheure Faszination.

FICHTE Das ist dein Erlebnis mit siebzehn Jahren und dieses Erlebnis tauchte jetzt wieder auf, als du die Begegnung mit dem Seemann hattest.

EPPENDORFER Ja. Ich habe viele Jahre überhaupt nichts begriffen über Blut. Ich habe vielleicht das auch verdrängt. Aber rückschauend weiß ich plötzlich, daß es wie ein Strudel war, dieses Blut zu atmen, diesen Blutdunst oder -dampf oder was das immer sein mag, körperwarmes Blut, das über deine Hände und dich überzieht wie ein Film und du kannst es nicht abschütteln, weil es aus dir heraustropft, von außen an dich herantritt und du dieses Blut an dir erstarren fühlst wie Tomatenketchup.

FICHTE Ist das Leder auch erstarrtes Blut?

EPPENDORFER Ich weiß nicht. Ich habe nicht darüber nachgedacht.

FICHTE Oder blutige Haut?

EPPENDORFER Ich weiß nicht.

FICHTE Riecht es wie Blut?

EPPENDORFER Die Kombination zwischen schweißigem Körper und Leder und Urin, das ist eine Mischung, die dem Geruch von Blut ähnlich kommt.

FICHTE Aber Urin hat dir in deiner Kindheit oder vor dem Mord nichts bedeutet?

EPPENDORFER Ich weiß nicht.

FICHTE Habt ihr nie Urin getrunken als Kinder oder euch in Urin gewaschen?

EPPENDORFER Ich war sehr lange, sehr lange Bettnässer. Also mindestens bis ins achte Lebensjahr hinein.

FICHTE War es dir angenehm?

EPPENDORFER Es war eine Art von Widerstand.

FICHTE Gegen?

EPPENDORFER Gegen alle Personen, die mich umgaben, die mich dressierten, die mich gefangenhielten. Ein Protest. Sie haßten Urin und ich klammerte mich an diesen Urin. Ich glaube ja, daß ich das aus Protest gemacht habe.

FICHTE Hatte das Blut was von Urin?

EPPENDORFER Es hatte nichts von Urin, aber, es war merkwürdig, eine Art von aufgerissener Verzweiflung, auch von Glück, auch von Entladung. Einfach auch eine Form von Befreiung.

FICHTE Du lagst gerne in nassen Laken?

EPPENDORFER Es kann sogar durchaus sein, daß ich mich freute.

FICHTE Du hattest doch immer Angst vor deiner Mutter.

EPPENDORFER Das ist richtig. Es war eine Art von Haßliebe. Ich habe sie auch gehaßt. Ich glaube manchmal war mein Haß stärker als meine Zuneigung, wobei diese Zuneigung aus Rudimenten von Träumen und von Wünschen, von Illusionen zusammengesetzt war.

FICHTE Warum hattest du Angst vor ihr?

EPPENDORFER Ich hatte mit fünf Jahren zum ersten Mal erfahren, daß sie vor meiner Geburt versucht hatte mich abzutreiben. Das hat sich in mich hineingefressen wie Säure, wie ein Stachel, den man nicht herausbekommt.

FICHTE Wie stelltest du dir diese Abtreibung vor?

EPPENDORFER Ein Messer. Mir spielte ein Messer immer eine große Rolle. Ein Messer, wo sie versucht, in sich hineinzustechen. Das ist natürlich Unsinn, aber ich hatte den Eindruck immer von einem riesigen Messer, das immer nach mir zu stechen versucht, und mich nicht traf. Und ich freute mich, daß es mich nicht traf, voller Haß und voller Genugtuung, auf der einen Seite und auf der anderen Seite – es war ein Kippverhältnis – aus der Verzweiflung und aus dem Gefühl, einfach überflüssig zu sein, von niemandem gewünscht, von niemandem gebraucht, einfach überflüssig, eine Art von körperhaftem Mißverständnis. Ja, ich würde sagen, so wars.

FICHTE Nichts mit Blut.

EPPENDORFER Ich weiß nicht, ob da Blut eine Rolle spielte. Es war so, jedesmal, wenn ich als kleiner Junge Blut sah, mich verletzt hatte, einfach nur ein Blutstropfen, da wurde ich ohnmächtig, da wurde mir schlecht.

FICHTE War das bevor du fünf Jahre geworden warst oder danach?

EPPENDORFER Ich glaube danach.

FICHTE Das Blut war immer dein eignes?

EPPENDORFER Ja, das ist vielleicht noch wichtig. Ich hatte auch erfahren, daß meine Mutter, die versucht hatte, mich abzutreiben, mich dennoch mit ihrem Blut genährt hat. Das hat eigentlich ein körperliches Unwohlsein bei mir ausgelöst. Wenn ich daran dachte, wurde mir echt schlecht. Ich hatte wirklich den Wunsch, mich zu erbrechen, dieses Blut wieder auszukotzen.

FICHTE Du willst ihr das Blut zurückgeben?

EPPENDORFER Ich will sie nicht in mir haben.

FICHTE Warum wurdest du nicht ohnmächtig, als du sahst, daß der Seemann Blut aus dir herausgeholt hatte?

EPPENDORFER Das war viel ... Das war eine andre Situation. Mit diesem Mord geschah eine ungeheure Entladung, war dieses Muttertrauma zerschlagen, zerfetzt, zertrümmert. Ausgeblutet. Dieser Junge, bei diesem Mann hab ich überhaupt zum ersten Mal einen echten Schmerz gefühlt. Diese völlig zerschnittenen Hände zum Teil haben mich dem Schmerz nicht nahe gebracht. Dieser Schmerz hat mir überhaupt nichts bedeutet, er war eine Art von, von, von Porto an dieser Entladung. Überall waren riesige Wunden, es hingen Adern heraus, die mußten genäht werden. Es hat also Spritzen gegeben, die ganzen medizinischen Geschichten und Haut wurde abgeschnitten – das hat mich überhaupt nicht interessiert. Es tat überhaupt nicht weh, weder vorher noch nachher. Es war überhaupt kein Schmerz. Dieser Mann hat mich das erste Mal in den Schmerz fallen lassen, eine unfaßbare Art von Schmerz, eine unfaßbare Art von Zertrümmerung.

FICHTE Du warst jetzt das Opfer?

EPPENDORFER Ja.

FICHTE Und nach dem Opfer war er zärtlich zu dir?

EPPENDORFER Ja.

FICHTE War die Abtreibung auch eine Art von Geopfertwerden?

EPPENDORFER Das habe, ich glaube, ich nie so empfunden, weil ich, es war als Foetus, als Menschlein, als heranwachsendes Kind eine Art von Opfer war, das man eigentlich nicht leben lassen wollte. Dieser Mann hat mich das erste Mal an den Schmerz geführt, auf der anderen Seite ließ er mich aber leben.

FICHTE Als du diese ältere Frau umbrachtest, war das nun ein Opfer oder war das Rache?

EPPENDORFER Ich glaube nicht, daß es nur Rache war. Ich glaube auch nicht, daß sie nur Opfer war. Sie war einfach der ganze zusammengekratzte Widerstand, der krümelhafte Mut, alles, was so da war, was sich auflehnen konnte überhaupt gegen diesen Terror der siebzehn Jahre lang auf offener Szene mit einem Lächeln zelebriert wurde, auch dieser Haß und diese Angst und diese Verzweiflung und dieses Nichtmehrwollen und dieses Gefühl des Überflüssigseins, das hat sich da alles zusammengeballt, das sprudelte plötzlich über, das hackte und stach und schlug und fetzte und entlud sich und befreite sich dadurch, ich hatte wirklich unmittelbar danach das Gefühl, befreit zu sein, fühlte irgendwo das Gefühl von einer irrsinnigen Leere, von einer irrsinnigen Ausgeglühtheit, aber auf der anderen Seite die Spur von Glück, die Spur von Befriedigung, alles war natürlich da, sicher.

FICHTE War das mit dem Seemann ähnlich?

EPPENDORFER Die Zeit vorher war natürlich ein Tanz um sich selber, ein Nichtwissenwohin, ein Herumgestrudele, eine Treibholzsituation. Kaum Freunde, eigentlich keine Situation in der man wirklich leben konnte, einfach eine Suche, aber nicht das Wissen, wonach man suchen sollte. Und dann kam dieser Mann plötzlich dieses Gefühl von einer Zärtlichkeit, für die es sich lohnt dazubleiben, sein zu wollen, existent sein zu wollen.

FICHTE Dieses Blut auf dem Laken hatte nicht den gleichen Geruch wie das andre.

EPPENDORFER Nein, es war völlig geruchsfrei. Es war auch nicht das Blut, das mit Ekel behaftet war, mit Abscheu und Widerwillen, das Blut war einfach eine Art von Dreingabe, von gegenseitigem Einverständnis, das war eine Art von Blut, das man nicht zurückhaben wollte, weil es einem ja gehörte, das man bereit war, geben zu wollen, da lassen zu wollen, verschütt gehen zu lassen.

FICHTE Der Geruch der Abtreibung und des Mordes hat nichts mit Leder zu tun?

EPPENDORFER Ich glaube nicht. – Es ist etwas Merkwürdiges, daß man das Blut in einem Körper riechen kann.

FICHTE Und wie ist es mit Urin?

EPPENDORFER Urin an und für sich alleine nicht. – Ich habe ja auch Experimente mit LSD gemacht.

Ich habe dieses Geruchsbild in der Nase. Ich kann sagen, wenn es kommt: Das ist es. Das war es. Aber ich kann es dir nicht sagen, wie es sich zusammensetzt.

FICHTE Und das war es nicht mit dem Seemann?

EPPENDORFER Nein, ich glaube nicht. Ich bin nicht sicher. Ich habe nicht darüber nachgedacht. Das ist jetzt schwierig, auf Anhieb zu sagen.

FICHTE Und so gegenwärtig ist der Geruch von Urin nicht.

EPPENDORFER Etwas andres ist noch passiert. Ich habe jemanden mit der Faust gefickt in Amsterdam und der hatte auch die vernarbten Hämorrhoidenknoten im Darm und durch diese Reibung fing das plötzlich an zu bluten und mir lief das Blut den Arm runter und tropfte über das Ellenbogengelenk. Da war dies irre, nicht faßbare Gefühl von Blut, von Dunst und da ich unter ihm, wieder unter ihm lag, tropfte das Blut auch auf mein Gesicht, tropfte es auch auf die Lippe und ich habe es abgeleckt und es war eine Art von unheimlicher Faszination, man kann nicht richtig beschreiben, aber, ein Gefühl, das dich zittern läßt. Es sind keine Angstschauer und man weiß auch nicht wovor ... warum man zittert, warum man vielleicht friert, warum man eine Gänsehaut bekommt. Aber es ist diese Art von fleischwarmem Blut, das dir auf die Haut tropft.

FICHTE Die Versuchung, diesen Menschen zu zerstören, kam dir nicht?

EPPENDORFER Ich will keinen Menschen zerstören. Ich kann es ohne weiteres. Ich könnte es sofort, weil ich weiß, daß die Grenze so minimal schmal ist und verschiebbar. Es ist überhaupt nichts, jemanden zu töten, jemanden zu zerstören, zu zerfetzen, auszuradieren, das ist überhaupt nichts. Aber ich will das nicht.

FICHTE Diese Grenze ist ganz hart?

EPPENDORFER Ja.

FICHTE Wie hast du dir das erarbeitet?

EPPENDORFER Durch Willen. Durch Kontrolle. Einfach durch eine Art von Disziplin. Ich will nie wieder, daß mir die Zügel aus der Hand gehen.

FICHTE Und wo hast du dir diese Sicherheit erworben?

EPPENDORFER Was heißt Sicherheit. Indem ich einfach mir sagte: Zehn Jahre, zwölf Jahre. Nie, nie, nie, nie wieder! In diese Ohnmacht getreten zu werden. Nie wieder einfach nicht mehr man selber sein zu können, einfach nur ein Aktenzeichen, eine Nummer an der Tür. Nie wieder das! Es ist keine Angst, zurückgeworfen zu werden in dieses Ghetto. Es ist einfach der unbeugsame Wille, das nie wieder mit sich geschehen zu lassen. Das wird mich davor mit Sicherheit bewahren.

FICHTE Und diese Sicherheit ist während der Gefängniszeit entstanden.

EPPENDORFER Ja. Natürlich. Nie wieder diese Art von Entmenschlichung, diese Art von Entwürdigung. Jeden Tag, jede Nacht, daß man glaubt, ersticken zu müssen.

FICHTE Und du würdest dich auch von niemandem mißbrauchen lassen, daß er dich zwingt, einen Mord zu begehen?

EPPENDORFER Nie! Nie! Das würde an den Festen meiner Existenz rütteln. Das würde ich nie machen. Wenn er mich dazu zwingen würde, einen Mord zu begehn, würde ich ihn vielleicht umbringen.

FICHTE Wenn er dich zwingt, würdest du es tun?

EPPENDORFER Ziemlich sicher, wenn es darum geht: Ich oder der andre.

FICHTE Also aus Notwehr, das ist was andres.

EPPENDORFER Wenn er mich zwingen würde, würde ich versuchen ihn abzuschütteln, ihn zum Schweigen zu bringen.
Ich habe keine Lust jemanden zu ermorden. Ich will keinen ermorden.

FICHTE Glaubst du, daß dein Interesse an Sadomasochismus durch die Rollkommandos in den Gefängnissen enstanden sein könnte?

EPPENDORFER Gut, ich habe einige Sachen erlebt, wo man Gefangene einfach zusammengeschlagen hat und dann die Treppen hinunterzerrte, so daß ihr Kopf von Stufe zu Stufe aufschlug und sie dann in die Beruhigungszellen warf. Das ist richtig. Aber ich weiß nicht, ob ich mir darüber Gedanken gemacht habe. Natürlich habe ich mir Gedanken gemacht. Aber ich weiß nicht, ob das irgendwelche sadomasochistischen Impulse ausgelöst hat.

FICHTE Hast du diese Szenen mit Interesse beobachtet?

EPPENDORFER Mit einer Form von Lüsternheit, vielleicht, jemand bei dieser Zusammenprügelung sich vorzustellen oder Sachen, die schon ganz stimulierend waren, einige Beamte, die natürlich relativ gut aussahen, in Stiefeln und in Reithosen auftraten, wo von einem bekannt war, daß er bei Leuten, die in der Arrestzelle waren, seinen Schwanz durch die Gitter steckte und sich eins blasen ließ und den Jungen dann dafür ein paar Zigaretten reinwarf. Daran hat man vielleicht manchmal bei der Onanie abends gedacht.

FICHTE War das in Kiel?

EPPENDORFER Das war in Kiel, ja.

FICHTE Du hast gesagt, als du aus dem Gefängnis kamst, hättest du Lachen lernen müssen.

EPPENDORFER Ja, ich glaube, ich bin sehr fröhlich und es macht mir einfach Spaß zu leben. Es macht mir auch Freude, einige sympathische Menschen um mich zu wissen.

FICHTE Die S-Typen haben ein besonderes Lachen.

EPPENDORFER Ja, eigentlich gar kein Lachen. Es ist verkrampft. Es wirkt knotig. Es wirkt eckig. Ein Lachen, das eigentlich sehr böse ist. Ein Lachen, das keine Augen hat. Es ist ein sehr stummes Lachen. Es ist praktisch mehr eine Grimasse.

FICHTE Benützt du auch dieses Lachen?

EPPENDORFER Das ist unterschiedlich. Im Augenblick genieße ich es selber zu sehr, leben zu dürfen, Spaß am Leben zu haben, Menschen kennenzulernen. Ich spiele manchmal dann diese Regel mit, wenn ich auf einem, auf eines dieser Ledertreffen gehe, dann lache ich beispielsweise überhaupt nicht. Dann habe ich einen sehr, sehr kalten, sehr abschätzenden, sehr reservierten Blick, daß man mich durch die Bank also für einen Sadisten hält, das ist aber eine Sache, die ich vom Verstand her lenke und die einen Anflug von Zynismus haben könnte, Sarkasmus sicherlich auch, sicher.

FICHTE Es gibt als Entsprechung auch ein Lachen der Masochisten.

EPPENDORFER Ein ängstliches Lachen, ein andienendes Lachen, ein Lachen der Anbiederung, ein Lachen der Kniefälligkeit, ein Lachen mit der Hoffnung des Genommenwerdens.

FICHTE Aber du hast ein drittes Lachen gelernt.

EPPENDORFER Ich würde sagen. Ich habe noch eine gewisse Objektivität diesen Sachen gegenüber, weil ein gewisses Mißtrauen ... Ich bin ein Mensch, der das rechte Vertrauen noch nicht gelernt hat, der sich nicht so häufig richtig aufschließt, der dem Outsiderverhalten, dem Lederkult, dem Klischeeverhalten eine gewisse Skepsis entgegenhält. Ich muß ehrlich sagen, ich habe immer leicht den Ruch von einer Operette in Leder in der Nase.

FICHTE Als du damals aus dem Gefängnis kamst, sehntest du dich nach Zärtlichkeit und einem festen Freund. Du verabscheutest Servilität. Jetzt schilderst du Szenen, in denen Menschen zur Servilität gebracht werden als etwas Faszinierendes. Wie hat sich das entwickelt?

EPPENDORFER Servilität ist für mich gleichzusetzen mit dieser Ohnmacht, die man Tag für Tag, Morgen für Morgen serviert bekam wie einen geballten Block aus Macht, dem man also demütig und ohnmächtig gegenüberzustehen hatte und wenn nicht, wurde man einfach zerbrochen, versuchte man das Aktenzeichen auszuradieren, das Gesicht auszuradieren, die Knochen einfach aus ihrer Substanz zu reißen, die Muskeln zu zerfetzen, den Widerstandsgeist zu zermalmen und das meine ich: Nie wieder Servilität! Oder nie wieder Servilität, um eines besseren Arbeitsplatzes willen, um eines frischeren Stückes Brot, eines halben Schlags mehr Suppe.

FICHTE Aber du hast mir geschildert, wie du einen Sklaven hältst, der dich anfleht. Das ist doch gerade die Situation, unter der du gelitten hast. Warum fügst du das jetzt anderen zu?

EPPENDORFER Ich finde natürlich ein Gefühl von einer gewissen Verachtung Sklaven gegenüber. Ich will eigentlich keine Sklaven haben, weil ich es entwürdigend finde. Es gibt viele Leute, die sich wünschen, sich mir als Sklave andienen zu können. Ich verbiete ihnen das. Ich brülle sie zusammen, um ihnen klar zu machen, wie entwürdigend es für einen Menschen ist, jemandem die Stiefel abzulecken.

FICHTE Aber trotzdem hast du einen Jungen angemacht und er schrie:

EPPENDORFER Pappa, Pappa! – Ich habe mich geschämt. Ich war entsetzt. Ich war angewidert und auf der anderen Seite mit einem echten Bedauern für diesen Jungen. Ich habe ihn erst dann geprügelt, als er mir durch die Jeans so in die Eichel biß, daß sie anfing einen riesigen Blutfleck auf die Hose zu zeichnen. Aus Wut, aus Schmerz und für Bruchteile von Sekunden vielleicht aus dem Vergessen heraus, daß es ein Mensch war.

FICHTE Willst du damit etwas vergelten?

EPPENDORFER Ich glaube nicht, daß ich irgendjemand büßen lassen will. Es gibt eine Servilität des Geistes und es gibt eine

Dienstbarkeit des Körpers. Ich glaube, es gibt auch eine Bereitschaft des Körpers, die nicht vom Geist gesteuert wird. Es gibt eine Aufrichtigkeit, eine Mannbarkeit des Geistes, die es vereinbar macht, auch seinen Körper auszuliefern, ohne dabei servil zu sein.

FICHTE Kennst du im Augenblick diese Zustände der Abwesenheit, »bei denen du fast dein Bewußtsein verlierst, daß nur noch ein untergründiges Zittern der Hände überbleibt«?

EPPENDORFER Ich habe diese Erfahrungen natürlich alle gemacht, weil ich selbst versucht habe, mich umzubringen, weil ich mich überflüssig fühlte.

FICHTE Wann?

EPPENDORFER Vor dieser Geschichte, vor diesem Mord und etwa sechs Jahre nachher, während der Gefängniszeit. Und erst in der letzten Hälfte begann ich dann, Widerstand zu leisten, einfach erwachsen zu werden, einfach Kräfte zu sammeln, Substanzen zusammenzutragen, Bestandsaufnahmen zu machen und dann konsequenten Widerstand zu leisten.

Leder ist für mich nicht unbedingt die Religion. Es macht mir einfach Spaß, mit der Freiheit, diesen Spaß, wenn ich will, zu beenden.

FICHTE Und es ist nicht Gefahr, daß du durch diese Riten deine Sicherheit verlierst?

EPPENDORFER Mein Wille ist so komplex, daß ich diese winzige Brücke, diesen Trennungsstrich einfach nicht überschreiten will. Ich werde also nie zugeben, meinen Willen so außer Kontrolle zu geben, daß nur noch ein Zittern der Hände übrigbleibt und ich meinen Willen nicht mehr steuern kann. Das wird nicht passieren, weil ich es nicht will.

FICHTE Gibt es bei dir auch ein Moment, wo du den andren in seiner Integrität bestehen lassen willst?

EPPENDORFER Ja. Unbedingt. Unbedingt ja. Ich möchte nur, daß der andre mit sich machen läßt oder das erfüllt bekommt, was er will, was er ganz bewußt will mit seinem Willen.

FICHTE Das scheint eine Grundregel der sadomasochistischen Szene zu sein, daß nur der vergewaltigt wird, der vergewaltigt werden will.

EPPENDORFER Ja. Es muß unter Kontrolle bleiben. Es ist eine

Freiheit, der man sich freiwillig begibt. Natürlich ist es eine Faszination jemand von der Straße zu fangen wie ein streunendes Tier, ihn in einen Keller zu schleppen und ihn vielleicht von 15 oder 20 Leuten vergewaltigen zu lassen, ihn auszuziehen. Natürlich, jeder hat diese Wunschvorstellung gehabt und jeder würde auch eine ungeheure Faszination dabei empfinden, jemanden zu quälen, jemanden zu vergewaltigen, meinetwegen sogar noch mit Kunstschwänzen zu bummsen. Sicherlich kennen wir alle dieses Gefühl. Aber man begibt sich einfach dieser Wunschvorstellung, indem man sagt: Das wird einfach nicht gemacht. Man kann sich nicht so steuerlos mit diesen Wünschen treiben lassen, weil man in unserer Gesellschaft, die uns zu gewissen Verhaltensnormen zwingt, diese Wunschvorstellungen einfach nicht ausleben kann.

FICHTE Was hast du heute getan?

EPPENDORFER Ich bin sehr früh aufgestanden. Ich bin um sieben aufgestanden. Und fing an, die Reisevorbereitungen für den bevorstehenden Urlaub zu planen.

FICHTE Was tust du an einem gewöhnlichen Alltag?

EPPENDORFER Dann stehe ich vielleicht so um zehn auf, weil ich erst um halb fünf oder so schlafen gegangen bin. Frühstück. Waschen! Rasieren. Wenn Arbeit anliegt, wird diese Arbeit erledigt und wenn keine anliegt, passiert es tagelang, daß ich auf die Pirsch gehe, durch die Stadt streife, um nach Gesichtern und Körpern Ausschau zu halten.

FICHTE Was für Arbeit liegt an.

EPPENDORFER Wenn ich einen Job habe, gehe ich morgens zur Arbeit.

FICHTE Du ißt gerne. Nach der Entlassung aus der Gefängniszeit hast du viel gegessen.

EPPENDORFER Ungeheuer viel.

FICHTE Was ißt du gern?

EPPENDORFER Eher sehr subtile Formen von Geschmacksträgern, sei es französischer Käse, sei es ein sehr gut abgehangenes Stück Fleisch.

Mit verschiedenen Kräutern zubereitet.

FICHTE Du kochst gerne?

EPPENDORFER Wahnsinnig gerne.

FICHTE Trinkst du gern?

EPPENDORFER Einen sehr guten Wein. Einen sehr guten Sekt und ich mag sehr gern den Calvados, guten alten Calvados finde ich schon sehr lecker.

FICHTE Nimmst du Rauschgift?

EPPENDORFER Nein. Ich habe einige Experimente mit Rauschgift gemacht.

FICHTE Was ergab das?

EPPENDORFER Ungeheure Sachen. Ich habe einen Trip gemacht. Da habe ich einen genauen Zeitplan festgelegt, bin dann in die Sauna gegangen und in den Park, in meine Stammkneipe und in einem Wagen über die Elbchaussee gefahren und am nächsten Tag habe ich einige Leute gefragt. Ich hatte selbst ungeheure Halluzinationen. Beispielsweise in der Sauna, daß die Holzmaserungen der Türen, wo man sein Zeug weghing, plötzlich an zu wabern fingen und auf mich zu kamen, die verschiedenen Holzmaserungen plastisch hervortraten und hin und zurück zuckten oder ich hörte wie von Ferne die Musik der Stereoanlage, als käme sie von ganz oben aus irgendeiner Ecke und sei sehr blumig, wie in Wolle. Eine Musik, die wie in Wolle auf mich zukam. Dann ging ich in die Kabinen und machte Sex und merkte meinen Schweiß über mich herunterrinnen wie einen Bach, wie viele, viele Bäche und die Poren fühlte ich aufgehen wie Blumen, sich öffnen wie Augen und ich hatte eine ungeheure Sensibilität in den Fingerkuppen, beim Betasten der anderen Haut, das Transpirieren der anderen Haut, den Penis, als käme er aus den Nasenlöchern des anderen heraus, beim Auslecken des Afters, als stülpe sich das Gedärm nach außen, ließe sich nach außen saugen durch die Zunge und gäbe die ganze Innerei. Der Mensch würde sich durch seinen After aufklappen und die Spiele, die kleinen Bisse in den Nacken des anderen ließen Assoziationen auftauchen, als sei ich plötzlich ein Araberhengst mit irrsinnig großen weißen Zähnen und einem großen Maul und würde mich liebkosend in den Nacken des anderen graben. Der Schweiß brach aus den Augenbrauen. Alles öffnete sich, saugte sich auf, war der Liebe empfänglich, der Zärtlichkeit, dem Sentiment. Einfach die Bewegung der Fingerkuppen auf der anderen Haut, über die Brustwarzen, über die Bauchmuskeln, über dem Genital, und die

Schmerzimpulse, den anderen in sich zu fühlen, explodierten im Gehirn. Schmerzimpulse, die plötzlich Farbe wurden, wie ein Feuerwerk und der Körper gab sich plötzlich in Positionen, die man normalerweise mit seinen Bandscheiben gar nicht erreichen kann. Es ist alles eine schlüpfrige Masse von Fleisch, von Schweiß und Atem und Pulsschlag, der Pulsschlag wird zu einem Gong, der Herzschlag zuckt dir über deine Zunge hinaus. Und dann später im Park, als man das Gefühl hatte, Bäume umarmen zu wollen, wie überdimensionierte Phalli, die man liebkosen wollte, die man mit den Armen und Beinen umschlang und der Wald waberte plötzlich um einen herum und war plötzlich Gestalt und nichts Steifes mehr und alles fließende Linien und der Mond hatte ein unheimliches Gesicht, wie Rasierschaum, als würde er einen zu sich hinaufsaugen. Man wollte singen, man wollte jubeln, man hörte nachts Vögel. Man hörte die Nacht singen, wispern, stöhnen, ächzen und man spürte plötzlich den Pulsschlag der Erde unter seinen Füßen. Die Sohlen waren plötzlich nicht mehr da, man fühlte einfach den Grund, man hörte das Knirschen unter der Hacke. Alles war unheimlich sensibel. Man hörte alles. Wenn einer fünfzig Meter auf einen zukam, hörte man den Sand knirschen.

Die Bäume waren keine Menschen, aber Leiber. Menschen haben ja ein Gesicht. Menschen haben eine Stimme. Aber Bäume haben kein Gesicht, Bäume haben keine Stimme.

Es waren Leiber, an die man sich schmiegen konnte.

FICHTE Männer?

EPPENDORFER Ich glaube, ja ... Man war auf seine Wichtigkeit in der Natur zurückgeschraubt. Wenn man die Bäume Menschen gleichsetzt, war man vielleicht ein kleiner Schimpanse, ein kleiner Klammeraffe, der sich einfach festhalten wollte, der sich einfach anschmiegen wollte, wie ein Buschbaby, das Wärme haben will, das Geborgenheit haben will, das einfach eine Hand haben möchte, die über sein Haar faßt, über seinen Rücken streicht.

Ich hatte das Gefühl, die Bäume kämen mir entgegen.

FICHTE Hattest du Federn?

EPPENDORFER Federn glaube ich nicht, aber ich hatte kein Zeug. Ich fühlte die Nacht auf meiner Haut. Meine Haut saugte sie auf, meine Haut saugte sich an, an diese Stämme.

FICHTE Hatten die Stämme Haut?

EPPENDORFER Ja. Die Stämme hatten Poren. Die Stämme atmeten auch. Es war zu fühlen.

FICHTE Und wie rochen sie?

EPPENDORFER Nach Körper.

Viel zu groß. Sie hatten Pulsschlag, etwas Vibrierendes. Manchmal hatte man das Gefühl, es waren riesige aufgerichtete Schwänze, deren Eicheln bis rauf, ganz weit, ganz weit zum Mond ragten.

FICHTE Weiß oder schwarz?

EPPENDORFER Schwarz. Alles schwarz. Schwarz. Schwarz.

FICHTE Du ziehst dich gerne hübsch an?

EPPENDORFER Ach, ja. Wenn man zehn Jahre lang diese Knastmontur getragen hat, die den Körper völlig entstellt, die also faltig wie ein Sack an einem herunterhängt, hat man natürlich Freude auch an schönen Dingen, an einem gutgeschnittenen Hemd, an einer gutgeschnittenen Hose, an vernünftigen bequemen Schuhen. Aber es hat natürlich auch einen erotischen Touch, weil sie vor allen Dingen vorhandene Formen unterstreichen sollen, etwas zu kurz gekommenes vielleicht auch mehr noch unterstreichen sollen, damit es dieses Reizklima schafft.

FICHTE Wie ziehst du dich an?

EPPENDORFER Auf keinen Fall irgendwie grell oder schrill.

FICHTE Welche Gerüche liebst du außer dem Geruch des Leders?

EPPENDORFER Merkwürdigerweise den Geruch von Schweiß. Erstaunlicherweise den Geruch von Fäulnis. Ich liebe ja Blumen zwischen Verwelken und ganz gammelig sein. Geschnittenes Gras nach dem Regen ist auch sehr schön.

FICHTE Verfaulende Äpfel, wie Schiller?

EPPENDORFER Ja, verfaulende Äpfel sind sehr faszinierend.

FICHTE Und Parfum?

EPPENDORFER Wenig. Ein Parfum ist für mich nicht wie eine Krawatte oder wie ein Hemd. Es ist schön, es unterstreicht und ich liebe es, manchmal zu wechseln. Ich bevorzuge eigentlich die etwas herberen Nuancen. Ich mag sehr gerne dies Chiaro.

FICHTE Treibst du Sport?

EPPENDORFER Wenig. Ich schwimme ganz gern.

FICHTE Liest du?

EPPENDORFER Nun ja, eigentlich sehr viel. Ich habe von Timothy Leary »Politik der Ekstase« und von Kerouac eine Menge gelesen. Und ich lese gerne Sachen von Leuten, die ich kenne.

FICHTE Liest du regelmäßig Zeitungen?

EPPENDORFER Ja.

FICHTE Welche?

EPPENDORFER Regelmäßig den »Spiegel«, regelmäßig die »Morgenpost«, regelmäßig »Bild«.
Die hol ich mir also gleich morgens, wenn ich aufgewacht bin. Das ist das erste, ehe ich frühstücke.

FICHTE Du warst früher sehr musikalisch. Spielst du jetzt ein Instrument.

EPPENDORFER Nein. Aber ich sammle Chansons. Schallplatten.

FICHTE Klassische Musik?

EPPENDORFER Ja. Chopin, Claude Debussy. Aber gespielt von Pollini.

FICHTE Gehst du viel ins Kino?

EPPENDORFER Ja. Manchmal habe ich ganze Kinoorgien. Vier Filme an einem Tag. Manchmal bin ich herzlich mit Genuß kitschig und sehe mir dann solche Monsterschinken an, mit Volksaufmärschen, Gladiatoren und wilden Tieren. Dann wieder sind es nostalgische Schinken, diese Viscontimonster. Ich schluchze dann manchmal, ironisch blinzelnd. Und dann natürlich sehr gute Kriminalfilme.

FICHTE Du hattest eine Zeitlang eine Vorliebe für die japanischen ...

EPPENDORFER Das ist richtig. Die habe ich als erstes in Hongkong entdeckt und als sie hier in Hamburg anliefen, ging ich auch hin. Weil ich diese Überdrehung von Brutalität, von Blut, nicht nur in Litern, sondern in Tonnen, finde ich sowas von köstlich, weil es eine ganz andre Mentalität ist. Schöne Kämpfe, wie Leute zerhackt werden. Karate, eine Karatefaust durch den Brustkorb eines Angreifers dringt, finde ich also schon sehr amüsant.

FICHTE Du bist in diesen vier Jahren, seit deiner Entlassung, viel gereist.

EPPENDORFER Ja, Ferner Osten, Naher Osten, Hongkong Bangkok, Singapur, Bombay, Teheran, und Naher Osten: Beirut,

Damaskus, Sidon, Tiros, Byblos. Marokko, Frankreich. England, Holland und weiß der Geier, dann so ein bißchen.

FICHTE Und warum reist du soviel?

EPPENDORFER Weil es mir irrsinnig viel Spaß macht, Menschen kennenzulernen, Situationen kennenzulernen, einfach ein bißchen von der Welt zu sehen. Das ist einfach eine Wunschvorstellung bei mir, einfach mich zu öffnen, mich vollzusaugen wie ein Schwamm, Eindrücke zu sammeln, zu sehen, zu sehen, zu sehen, zu sehen.

FICHTE Ist es sehr indiskret zu fragen, wie du deine Reisen finanzierst?

EPPENDORFER Durch das Testament meiner Großmutter mußte ich, bevor ich dreißig wurde, verheiratet sein, um in den Genuß eines Erbteils zu kommen. Das habe ich gemacht. Die Reisen finanziere ich einfach aus Erspartem und aus den Zinsen eines angelegten Kapitals.

FICHTE Gehst du gerne auf Parties?

EPPENDORFER Manchmal kann es ganz witzig sein, aber durch die Bank finde ich sie echt langweilig.

FICHTE Wer lädt dich ein?

EPPENDORFER Grafiker, Fotografen, Journalisten.

FICHTE Und wen lädst du auf deine Parties ein?

EPPENDORFER Ich finde es einfach gut, eine lustige Menschenmischung zu haben. Von allem etwas. Leute, die ich mag. Den Direktor einer Kunsthochschule, einen sehr bekannten Professor, befreundete Schriftstellerkollegen, einen Zuhälter oder eine Prostituierte aus dem Eros-Center oder mein Fensterputzer, die sind einfach dabei oder eine Rechtsanwältin oder einen Hamburger Richter.

FICHTE Du hast deine geregelte Arbeit bei einer Hamburger Zeitung aufgegeben, warum?

EPPENDORFER Zuerst war es natürlich eine fabelhafte Starthilfe, sie ging vom Lagerarbeiter, als der ich anfing, bis zum Redaktionsassistenten. Das habe ich ungefähr drei Jahre ausgeübt. Ich versuchte mich ein bißchen zu profilieren und ich merkte, daß alles ungeheuer auf Drill hinauslief. Hunderte von Kleinigkeiten, die diesen sogenannten »Stil« ausmachten und die überhaupt keine Chance ließen zu einer eigenständigen Entfaltung.

Man war praktisch nichts weiter als ein Roboter. Dann wollte ich nicht mehr, weil es alle Leute innerlich echt verkrüppelt, ihre eigenen Aktivitäten lähmt und Persönlichkeiten ausradiert. Die Leute sind praktisch nur noch die Schematisierung eines Konzepts und dazu will ich einfach nicht dasein.

FICHTE Du hast im Gefängnis eine journalistische Ausbildung mit Auszeichnung zuende gebracht. Warum arbeitest du nicht weiter als Journalist?

EPPENDORFER Im seriösen Journalismus hätte ich ohne ein Studium nie eine Chance gehabt.

Ich habe für einige St.-Pauli-Blätter geschrieben, und das hat mir einen irrsinnigen Spaß gemacht. Ich habe manchmal die halbe Zeitung selbst geschrieben und das noch neben dem anderen Job. Solche Sachen sind Sumpfgewächse, die keine Zukunft haben. Diese Zeitungen, für die ich damals mit Vehemenz geschrieben habe, die existieren praktisch nicht mehr ...

FICHTE Du hast sehr viel Literarisches geschrieben. Schreibst du weiter?

EPPENDORFER Ich mache mir Notizen. Fragmentarische Sachen Gedankengänge, Aufzeichnungen, die ich sammle.

FICHTE Hast du etwas über deine LSD-Erlebnisse geschrieben.

EPPENDORFER Einige Sachen sind davon vorhanden ...

FICHTE Wer sind deine besten Freunde?

EPPENDORFER Meine Frau und ein Schriftsteller.

FICHTE Hast du deine Verbindung zu deiner Mutter wieder aufgenommen?

EPPENDORFER Nein. Das heißt meine Mutter hat die Verbindung mit mir aufgenommen und meldet sich nur, wenn sie mir eine Rechnung rüberschicken möchte, ein Teppichboden für 1 000 Mark, ein neuer Schrank für 800, Zähne für ein paar hundert Mark.

Ich habe sie drei vier Mal gesehen. Aber immer nur für eine Mahlzeit. Wir haben uns nichts zu sagen. Ich hoffe eigentlich, daß sie bald stirbt.

FICHTE Hast du zu anderen Verwandten ein Verhältnis?

EPPENDORFER Ja, es ist noch eine Tante da, aber die sehe ich auch sehr selten.

FICHTE Hat sie dir von der Abtreibung erzählt?

EPPENDORFER Ja. Zwischen den beiden Schwestern ist es nur noch blanker Haß.

FICHTE Bist du ihr eigentlich sehr dankbar, daß sie dir das von deiner mißglückten Abtreibung erzählt hat?

EPPENDORFER Ich glaube nicht.

FICHTE Sie wollte sich an ihrer Schwester rächen?

EPPENDORFER Ja. Es war natürlich eine Art von Machtkampf zwischen diesen beiden um mich.

FICHTE Siehst du die Freunde aus deiner Kindheit wieder?

EPPENDORFER Ich hatte nie Freunde.

FICHTE Hast du den Gefängnispastor Degenhardt gelegentlich aufgesucht?

EPPENDORFER Ich habe ihn aufgesucht. Er ist heute ein sehr alter Mann schon, achtzig oder so, schwerkrank, seine Frau ist gestorben. Ich schreibe ihm hin und wieder Ansichtskarten von unterwegs. Er schreibt mir zu meinem Geburtstag jedesmal einen sehr rührenden Brief. Ich bin ihm eigentlich sehr dankbar. Er hat in seiner knorrigen, holzschnitthaften Art mir zum ersten Mal in meinem Leben eine Art von Vorbild gegeben.

FICHTE Glaubst du nicht, daß er deine Hilfe brauchen könnte?

EPPENDORFER Er lebt ja bei seinen Kindern.

FICHTE Hast du Freundschaften mit Kindern.

EPPENDORFER Wahnsinnige. Kinder mögen mich sehr gern. Ich mag Kinder sehr gern. Einfach, weil Kinder natürliche Reaktionen haben und weil ich empfänglich bin für natürliche Reaktionen. Ich bin nicht der sogenannte Onkel, sondern ich bin Kumpel. Wenn irgendeins geprügelt wird im Park, dann kommt sie zu mir und sagt: Hau sie mal! – Dann gehen wir in den Park und das geht in der Regel dann alles sehr gütlich aus.

Da ist ein kleines Mädchen, das auf meinen Ratschlag hin von einem Fachmann operiert wurde, das ein Beinleiden hatte und wieder gesund wurde und dies Mädchen hat mich eigentlich sehr gern und ich habe dies Mädchen sehr gern.

Die Eltern trauten sich nicht. 99 von Hundert dieser Operationen gehen schief. Aber ich kannte einen ähnlichen Fall und habe dann auch mit dem Professor gesprochen, der sich die Röntgenbilder vorher besorgt hatte und der meinte, man könnte das riskieren, und dann habe ich auf die Eltern und die Großeltern eingewirkt, und dann haben sie es sozusagen in blindem Vertrauen oder auf Grund der Überzeugungskraft nach drei Monaten dann doch erlaubt, und das Kind kann heute wieder ganz normal laufen.

FICHTE Möchtest du gerne ein Auto haben?

EPPENDORFER Ach, nee. Wir haben ein Auto, aber ich mag nicht Auto fahren, ich will nicht Auto fahren.

FICHTE Bist du ein Snob?

EPPENDORFER Ach doch, ja. Ich glaube, ich koste hin und wieder davon.

FICHTE Du liebst, wie wir alle, ein gewisses Name-dropping.

EPPENDORFER Ach, das sind so gewisse Spielregeln, die ich ja noch nicht lange übe. Es macht natürlich hin und wieder irgendwann Spaß, mit irgendwelchen Bekanntschaften aufzutischen, eine Zeche zu bezahlen oder eine Zeche schmackhaft zu machen. Das ist richtig, aber es macht mich nicht farbenblind, es macht mich nicht taub. Ich weiß sehr gut, was da passiert. Zum Teil finde ich es auch blöd. Ich glaube, wenn ich es satt habe, dann lasse ich es auch wieder.

FICHTE Ist Reichtum für dich wichtig.

EPPENDORFER Ich glaube, Reichtum ist für mich nicht primär.

FICHTE Bist du in Freundschaften sehr behutsam?

EPPENDORFER Was heißt behutsam. Ich bin ein ziemlicher Elefant und sehr impulsiv aber eigentlich sehr treu, relativ treu, den wenigen, denen ich mich auf ..., denen ich mich anvertraut habe.

FICHTE Du hast einen Freund von dir neulich mit einer Kneifzange gekniffen. Glaubst du, daß das sehr bekömmlich ist?

EPPENDORFER Das war ein Spaß. Ich habe auch schon auf ihn geschossen, mit einer Gaspistole.

FICHTE Da war nichts drin.

EPPENDORFER Klar, sonst würde ich ja nicht schießen. Es tut mir natürlich fürchterlich leid hinterher, auch weil ich ihn mit der Kneifzange in den Hintern gekniffen habe. Wir haben uns wieder vertragen, er hat ja auch die Vorliebe für den masochistischen Touch. Ich hab ihm auch schon mal jemanden verschafft, der mit ihm so einen Gang angetreten ist.

FICHTE Beim Lederfestival hast du einen Mann nicht reingelassen, weil er die 13 Mark Eintritt nicht hatte.

EPPENDORFER Natürlich hätte ich ihn auch umsonst reingelassen, so ist es ja durchaus nicht. Aber als er kam, waren unsre Jungs alle dagegen, ihn reinzulassen. Ich ließ ihn rein, weil ich ihn mir erst ansehen wollte und stellte dann fest, daß er hochgradig betrunken war und schon völlig verhascht und da ich das als ein Gefahrenmoment für unsere Veranstaltung ansah, machte ich das nun relativ elegant, indem ich ihm den Preis nannte, weil ich wußte, daß er immer relativ knapp bei Kasse ist. Ich habe andre Leute, von denen ich wußte, daß sie kein Geld hatten, reingelassen für einen Getränkebon und drei Mark Eintritt, für fünf Mark also.

FICHTE Ich glaube auch nicht, daß du geizig bist. Ich meine nur, daß du dich da einer Geste bedient hast ...

EPPENDORFER Die unfein ist.

FICHTE Die mehr als unfein ist.

EPPENDORFER Aber ich hätte ihn noch mehr verletzt, wenn ich gesagt hätte: Du, wir wollen dich hier nicht haben, du bist hier unerwünscht!

FICHTE Du bist rachsüchtig.

EPPENDORFER Manchmal schon.

FICHTE Ich bin noch mal unfair: Du kennst einen Angestellten an einer der großen Hamburger Banken. Du sagtest, man könnte eine Auskunft von ihm über die Kontostände gegen seine Feinde benützen.

EPPENDORFER Das sollte man natürlich nicht machen. Aber es hat einen gewissen perfiden Reiz, mit diesen Möglichkeiten zu spielen. Ich würde diese Beziehung nie in Anwendung bringen.

FICHTE Lügst du gern?

EPPENDORFER Ich lüge nie.

FICHTE Was bist du bereit, für einen Freund zu tun?

EPPENDORFER Mich soweit in den anderen hinein zu vertiefen, daß ich versuche, ihn zu verstehen, daß ich versuche, auch für ihn mit zu denken, um Entscheidungen dann auch gemeinsam zu überlegen und auszuführen, mich für den anderen zu öffnen, frei zu schaufeln.

FICHTE Vertraust du deinen Lederfreunden?

EPPENDORFER Ich habe keine Lederfreunde. Das ist eine Form von Dressur und Peitsche.

FICHTE Du kennst auch ihren Klatsch über dich?

EPPENDORFER Sicherlich.

FICHTE Viele, auch ältere Homosexuelle, halten dich für arrogant.

EPPENDORFER Ich würde sagen, das ist eine Art von Selbstschutz. Diese Leute sind natürlich nicht bereit, einen Neuen zu sich stoßen zu lassen, den sie nicht benutzen können. Und da ich schon verhältnismäßig früh eine gewisse Eigenständigkeit entwickelt habe, war es natürlich doppelt schwer, zu diesen Cliquen Zugang zu finden. Ich habe mich dann nicht beworben, zu einer dieser Cliquen zugelassen zu werden. Ich habe dann faktisch eine Solonummer abgezogen, natürlich ein bißchen abgesichert nach allen Seiten, mit dem Rücken zur Wand. Freundlich zu den Leuten, die ich mochte, arrogant zu den Leuten, die ich nicht leiden konnte und mich anfeindeten, neidisch, gehässig. Das ist ja alles drin. Das sind ja alles Spielregeln der schwulen Szene, Indiskretionen usw., usw. Ich habe mich erstmal bemüht, einen Erfolg auf die Beine zu stellen und da das jetzt geglückt ist, öffnen sich mir plötzlich gewisse Kreise. Aber ich vergesse natürlich nicht, daß mich diese Kreise zu Anfang nicht aufnehmen wollten, mich einfach isolieren wollten, ganz bewußt. Das weiß ich heute und das vergeß ich auch nicht.

FICHTE Ich habe dich einmal gefragt, warum du zeitweilig so wenig arbeitest und da sagtest du: Meine Gier ist so groß. – Ist diese Gier immer noch so groß?

EPPENDORFER Sie ist etwas abgeflaut, aber sie ist immer noch da, sie poltert immer noch sehr heftig.

FICHTE Früher war das Sexuelle nicht das Ausschlaggebende für dich bei einer Begegnung.

EPPENDORFER Es ist fabelhaft, es ist irrsinnig schön, es macht wahnsinnig viel Spaß. Ich bin natürlich an menschlichen Kontakten in erster Linie immer noch interessiert.

FICHTE Stoßen dich Exkremente immer noch ab?

EPPENDORFER Kot ist beispielsweise mit Geruch behaftet und das ist ein Geruch, den ich nicht leiden kann. Ich habe eine gewisse Aversion gegen Schmutz.

FICHTE Suchst du immer noch einen festen Freund?

EPPENDORFER Nein. Ich habe einige wenige Freunde und ich habe meine Frau. Ich liebe meine Frau. Sie braucht mich und gibt mir das Gefühl, gebraucht zu werden und das finde ich phantastisch. Ich habe nicht die Absicht, sie jemals zu verlassen und ...

FICHTE Mit wievielen Menschen hast du seit deiner Entlassung aus dem Gefängnis, in den vier Jahren geschlafen?

EPPENDORFER Das ist überhaupt nicht zu zählen. Zu Anfang habe natürlich ich mich immer heftig verliebt und das wurde dann nichts, nur die Leute waren wahnsinnig gierig, mit einem Mörder ins Bett zu gehen. Das öffnete mir natürlich jedes Bett. Das habe ich natürlich nie gemerkt und ich verliebte mich dann immer sehr heftig und das flaute dann immer sehr schnell ab, weil bei vielen Leuten unsrer schwulen Szene die Drangvorstellung herrscht, nur mit keinem ein zweites Mal ins Bett, das begriff ich überhaupt nicht.

FICHTE Du hast diese Vorstellung nicht?

EPPENDORFER Natürlich nicht. Ich finde es sogar fantastisch ... Ich gehe beispielsweise nur mit Menschen ins Bett, mit denen ich auch am nächsten Morgen wieder aufwachen möchte, und das bedeutet, daß zwischen diesen beiden in dieser Nacht einfach etwas entsteht, das nur diesen beiden gehört, wenn sie dafür offen sind, wenn sie hören können, wenn sie fühlen können. Dann ist da plötzlich eine Geschichte, die gehört nur ihnen beiden ganz allein. Und wenn sie das nicht begreifen und meinen, am nächsten Morgen sei alles zu Ende, dann haben sie die Nacht überhaupt nicht begriffen. Für mich ist Sex keine automatische Tätigkeit, sondern für mich ist er ein ungeheures Erlebnis von einer immensen Intensität.

FICHTE Du hast über einen ehemaligen Partner von dir überaus abfällig gesprochen.

EPPENDORFER Weil wir an die Sache herangegangen sind von vorneherein aus einem großen Mißverständnis heraus. Ich fand den Jungen sympathisch und er hat sich in mich verliebt, ein Gefühl, das bei mir erst mal von Anfang an nicht da war, das sich vielleicht hätte bilden können, was ich ihm aber auf Grund meines Mißtrauens nicht geglaubt habe. Es geht nicht an, daß man einem Menschen, mit dem man ein paar Tage verreist, alle fünf Minuten sagt: Ich liebe dich! Ich liebe dich! Ich liebe dich! nur um Sex mit ihm haben zu wollen. Der einen eifersüchtig bewacht, wie eine Glucke ihr Küken und der wirklich meint, man sei persönliches Eigentum. Das ist eine Sache, die nicht geht und die auch niemals für mich gehen wird. Das brachte die ersten Wasserstreifen in diesen gemeinsamen Kuchen. Es ist so. Ich habe dann mit ihm geschlafen, zweimal hintereinander, um dann festzustellen, daß ich dann nichts weiter vor mir hatte als einen wimmernden Haufen, der dann sofort den nächsten Morgen über Migräne klagte, im Bett bleiben wollte, dann zum Wasserski fahren wollte und der sich dann am Nachmittag wieder bereitfand, Sex machen zu wollen, der in das Social Life einer gewissen High Society vollen Einstand gezahlt hatte und der seinen Lover überall rumzeigen wollte. Und wenn dieser in Anführungsstrichen Lover sich etwas andres ansehen wollte, gab es einen Riesenskandal: »Das kannst du mir doch nicht antun, denn alle Leute kennen mich hier.« – Das ist dann nicht nur lästig, es ist auch gewissermaßen komisch und wenn man dann ein männliches Babydoll aufzieht mit Schmollmund und von einem Mann dann meilenweit nichts mehr zu sehen ist, ist es einfach nur noch penetrant und für mich eigentlich nur noch der Grund abzureisen. Ich bin völlig sicher, daß er zu dem Gefühl echter Liebe, echter Zuneigung, echter Hingabe überhaupt nicht fähig ist.

FICHTE Du hast den teuren Aufenthalt in dem modischen Seebad selbst bezahlt?

EPPENDORFER Ja.

FICHTE Aber du warst doch einige Tage mit ihm zusammen.

EPPENDORFER Vier.

FICHTE Warum gibst du ihn so preis?

EPPENDORFER Ich weiß gar nicht, ob ich ihn preisgeben will. Ich habe versucht, nachher eine Art freundschaftlicher Verbindung herzustellen, eine Sache, die einfach nicht ging und der Junge hat sich gleich darauf mit anderen getröstet, öffentlich getröstet, unter anderem mit einem stadtbekannten Betrüger, mit einem Jungen, mit dem ich vor Gerichten lag, weil er mich wiederum beschissen hatte.

FICHTE Hast du nie einen Partner bezahlt?

EPPENDORFER Nie. Ein Stricher kriegt von mir keine müde Mark. Er kann von mir eine neue Hose haben.

FICHTE Gibt es nicht eine Art indirekter Bezahlung?

EPPENDORFER Ich will die Leute überhaupt nicht bezahlen. Ein

Geschenk ist eine gute Sache, ein gutes Essen oder irgendetwas Andres, man nimmt jemanden mit auf eine Reise. Das ist alles drin.

FICHTE Hast du in diesen vier Jahren Geschlechtskrankheiten gehabt?

EPPENDORFER Tripper.

FICHTE Keine Syphilis?

EPPENDORFER Nie. Ich achte da sehr genau drauf, weil ich einen guten Hautarzt habe, der das alle vier Wochen abcheckt. Aber Tripper habe ich schon viermal gehabt oder schon fünfmal. Ich weiß es nicht genau.

FICHTE Warum hast du geheiratet? Oder willst du darüber nicht sprechen?

EPPENDORFER Das kann man ruhig sagen, natürlich. Ich liebe meine Frau, weil sie einfach der erste Mensch ist in meinem Leben, der mir das Gefühl gibt, daß er mich braucht. Der mir das Gefühl auch nimmt, überflüssig zu sein und das finde ich wahnsinnig wichtig und wahnsinnig wertvoll. Das ist eine Sache, die man mit nichts bezahlen kann. Und da meine Frau etwas älter ist als ich und da sie mit mir zusammenbleiben wollte und ich mit ihr zusammenbleiben wollte und da dieses komische Testament noch vorlag, fand ich es auch ihr gegenüber fair, sie ehelich an mich zu binden, um ihr die Sicherheit zu geben, daß jemand, der mit ihr zusammenlebt, auch zu ihr steht, wenn es kritisch wird. Ich wollte es öffentlich demonstrieren, sie gehört zu mir. Und ich haue jedem aufs Maul, der versucht, ihr ans Bein zu pinkeln.

FICHTE Versucht deine Frau dich anzuregen, beeinflußt sie dich?

EPPENDORFER Es ist eine wechselseitige Beziehung, es ist eine echte Symbiose, eine Lebensgemeinschaft zu beiderseitigem Nutzen. Sie, kreativ, ich auch kreativ. Wir verstehen einander. Wir haben eine ähnliche Wellenlänge, wir sprechen über Sachen, wir machen gemeinsam Sachen zusammen, wir haben gemeinsam unsre ersten Erfolge. Sie hat manchmal einige Schwierigkeiten mit Entscheidungen, die nehme ich ihr, weil ich für sie mitdenke.

FICHTE Was sagt deine Frau zu dem Lederfetischismus?

EPPENDORFER Sie mag's nicht ... Ich meine, das ist für eine Frau normal. Sie ist wahnsinnig tolerant. Sie hat ein gewisses ironisches Schmunzeln um die Mundwinkel, sonst eigentlich nichts. Da ich weiß, daß sie es nicht besonders gern sieht, halte ich ihr alle diese Erscheinungsformen fern.

FICHTE Ist es eine Verbindung, die dir die Möglichkeit gibt, etwas zartere Reaktion zu lernen?

EPPENDORFER Sie weckt natürlich in mir das Gefühl einer ungeheuren Sensibilität, einer ungeheuren Zärtlichkeit. Sie gibt mir das Gefühl, beschützt werden zu müssen und sie weckt einfach in mir diese Instinkte, auch beschützen zu wollen.

FICHTE Als du aus dem Gefängnis entlassen wurdest, wie kam dir diese Gesellschaft vor?

EPPENDORFER Schwierig, weil es die erste Gesellschaft war, die ich wirklich bewußt kennenlernte, kam sie mir sehr hastig, sehr oberflächlich, sehr leichtlebig vor, sehr schnellebig, sehr hektisch. Ein Leben auf einer Rundumleinwand.

FICHTE Was fiel dir an den Kollegen in der Redaktion besonders auf?

EPPENDORFER Ein sehr kühler Intellekt, eine seltsame Verhaltensform, eine Art von überkompensierter Herrenrasse, die sich zu Gefühlen aufstapelte, über »Menschlein zu gebieten« – das ist wörtlich. Und das hat mich natürlich ein bißchen belustigt und ich dachte, wenn du meinst, ich bin eines deiner Menschlein, dann trete ich dir eines Tages unverhofft in die Eier, dann wirst du dich umgucken. Sie haben mir eine Art Starthilfe gegeben, die ich nicht erwarten durfte von vorneherein. Insofern bin ich diesen Leuten echt zu Dank verpflichtet, was mich natürlich nie gehindert hat, sie so zu sehen, wie sie sind – überheblich und auch verstiegen, von einer ungeheuren, heraufstilisierten Arroganz, die man aus einer Mischung aus Finanzbasis und Intellekt herangezüchtet hat.

Wenn man meint, Erfolg sei die Basis für Arroganz, könnte man meinen, die Arroganz sei gerechtfertigt. Finanzielle Unabhängigkeit, Wissen, wer ist wer, viele Leute zu kennen; bei vielen im Gehirntrust des Verlags eine Art von analytischer Erotik, die sogar aus der körperlichen Erscheinungsform – Traumtiere sind das da oben ja alles nicht – sich irgendwo abreagieren, auf Ruhebänken in irgendwelchen Chefetagen, an dem Auswurf, den solche Redaktionen an Sekretärinnen jederzeit zu bieten haben, das Frischfleisch wird da sehr teuer eingekauft und dazwischen gibt es so kleine Frettchen der Macht, die den einen gegen den anderen ausspielen, einfach eine Art von Verunsicherung ausstreuen und alle Posten in einem gewissen Wackelkontakt halten, wo alle Leute wie in einem Rundbett agieren, das von allen Seiten angreifbar bleibt, und diese Art von Unsicherheit, die wird dort echt gezüchtet.

Man weiß selbstverständlich genau um die einzelnen Schwächen der Mitarbeiter und genau da setzt man ein. Weil man meint, das sei Spitzenjournalismus, der dort artikuliert wird, man sei gewissermaßen in einer Art von Edelkaste, man sei avanciert zu einem Herrenreiterclub, wer meint, daß er an einem guten Milcheuter zapfen könnte, der irrt sich, weil das Cliquenbewußtsein der Alten sehr stark ist, weil die natürlich um Schwächen und Fehler und Faux Pas' wissen und so zusammenhalten, den festen Kern, den inneren Ring bilden, während die Neuen natürlich die sind, die geduckt werden sollen, um ihnen immer wieder klar zu machen: Der deutsche Markt ist riesig, der Nachwuchs immens, ihr seid alle auswechselbar und wenn ihr nicht spurt, können wir unsre Zeitung drei Wochen lang aus der Schublade machen. So viele Sachen sind ja da. Es ist eine Art von Entmündigung der Individualität.

FICHTE Welche Genüsse leistet man sich in diesem Haus?

EPPENDORFER Genüsse? Man spielt Golf. Man spielt Tennis. Man läßt sich durchkneten. Man schwitzt einige Pfunde in der Sauna ab. Man schwimmt einige Runden. Man hält sich vielleicht einen Sportwagen. Man ißt nicht schlecht. Man erscheint sehr gerne mit der neuesten Sekretärin, was eigentlich normal ist. Man tratscht ungeheuer viel, jeder über jeden und alle über alle.

FICHTE Hat dir dieser Lebensstil nicht sehr imponiert.

EPPENDORFER Ich fand ihn ungeheuer interessant. Nachahmenswert fand ich ihn eigentlich nie, weil einfach ungeheuer viel gesoffen wird, weil im Suff dann merkwürdige Sachen zutage kommen, daß einer dann heulend neben mir auf der Treppe saß und alle seine Schwierigkeiten ausbreitete, sein ganzer satirischer Geist sei völlig verklumpt, aus purer Verzweiflung schrieb er nur hin und wieder einige Gedichte, die er an seine Toilettentür heften würde, um zu sagen, ich bin immer noch da, ich bin immer noch eine kleine Kerze, gewissermaßen als Spargroschen einer Persönlichkeit. Ein Mann, der einfach in einem Schwemmsand saß. Ich glaube nicht nur, daß die Leute aus dem Führungsgremium im Klassenkampf fett geworden sind. Sie sind auch blind geworden.

FICHTE Trotzdem wurdest du akzeptiert. Du durftest bis in die Chefetage hinaufsteigen. Dientest du den einzelnen Etagen als Alibi?

EPPENDORFER Ich will niemandem Unrecht tun. Aber ich glaube heute, daß man sich mich als eine Art von besserem Hofnarren hielt, den man sich meinte leisten zu können.

FICHTE Du hattest zehn Jahre Jugendstrafanstalt hinter dir. Sind dir noch immer Ticks, Angst, Manien geblieben?

EPPENDORFER Es hat sich vieles abgebaut. Es sind noch viele Sachen da. Dieser ungeheure Lebenshunger, diese ungeheure Gier nach allem, was atmet, ist natürlich noch existent. Ich kann heute noch keine geschlossenen Türen leiden in meiner Wohnung. Ich brauche den Blick der Weite einfach.

FICHTE Was hast du beruflich vor?

EPPENDORFER Ich werde einfach noch beobachten, bis die letzten Zuckungen dieser Isolation, dieses Ghettodaseins sich beruhigt haben, dann werde ich anfangen, die Sachen die ich in mich aufgenommen habe, sprachlich zu verarbeiten, schriftlich zu verarbeiten und mit klaren Bildern erzählen, was ich glaube, wovon ich überzeugt bin, was ich erfahren habe.

Vielleicht als eine Art von Seismograph, vielleicht als jemand, der in der Lage ist, die Schwächen und Schwierigkeiten von andern, die nicht in der Lage sind, zu artikulieren, ihnen als Sprachrohr zur Verfügung zu stehen.

FICHTE Warum studierst du nicht.

EPPENDORFER Ich wüßte nicht wozu. Ich glaube, daß ich auch als Praktiker eine ganze Menge sagen kann, weil ich heute das Leben lebe und auch die Chance habe, mich in einer gewissen Individualität zu entwickeln.

FICHTE Du bist heute 32. Du bist für einige Junge schon ein ganz alter Mann. Neulich sagte dir jemand: Mit alten Leuten gehe ich nur für Geld.

EPPENDORFER Ich bin erst 31. Aber Altern spielt für mich keine Rolle. Wenn Älterwerden mit Reiferwerden zusammenhängt, dann möchte ich sehr gerne, sehr schnell alt werden, weil ich finde, daß in unserer homosexuellen Sphäre sich fast jeder gegen das Altern stemmt. Das finde ich widernatürlich. Mein Gott, wie wäre es denn, wenn wir die Welt voller Dorian-Gray-Typen hätten. Das wäre doch nicht auszuhalten.

Es ist auch für die innere Wahrhaftigkeit wichtig, sich seinem Altern zu stellen. O. K., hier bin ich, das bin ich und ich will auch nichts andres sein, was ich heute bin und morgen oder übermorgen sein werde. Wir müssen einfach Schritt halten mit unserm Altern.

FICHTE Wie beurteilst du dich selbst.

EPPENDORFER Manchmal als Eichhörnchen mit vielen Nüssen, das raffen, raffen, raffen möchte und dann wieder wie jemand, der eine Suppe gekocht hat und an einer Suppe herumwürzt und diese Suppe, viel, viel Suppe dann auch Leuten verteilen möchte. Ich habe ein Vorbild gesucht und ich fand, dieser Pastor Herbert Degenhard, der jetzt bald sterben wird, das war ein Mensch, das war einfach ein Vorbild, verkrüppelt, hatte ein steifes Bein, sah unwahrscheinlich häßlich aus, mit riesigen Segelohren wie eine Fledermaus, mit einem trüben Blick, wo die Iris immer wieder verschwamm und einer übergroßen Nase, mit einem faltigen Gesicht, aber er war ein Mensch und hatte ein Ohr zum Zuhören, obwohl er manchmal recht zickig war und wie ein wurmstichiger Säulenheiliger durch den Alltag ging, manchmal zwischen der Zeit stand, nur auf seinen Gott orientiert, mit dem wir wenig anzufangen wußten. Das war aber ein Mensch. Den habe ich mir eigentlich als Idealbild genommen. Ich bin überhaupt kein Christ. Ich denke auch überhaupt nicht daran, es zu werden. Dieser Mann hat uns einfach das Gefühl gegeben, Menschen zu sein, Persönlichkeiten zu sein, Individuen zu sein, Einzelwesen mit einem Gesicht.

Das können wir doch alle erreichen, daß wir den Leuten, die uns begegnen und denen es vielleicht dreckiger geht, ein Gesicht zuerkennen, ein Leben zuerkennen, eine Stimme zuerkennen.

FICHTE Glaubst du, daß jemand durch eine Jugendstrafe gebessert wird?

EPPENDORFER Im theoretischen Sinne wäre es möglich.

FICHTE Hat eine solche Jugendstrafe eine abschreckende Wirkung?

EPPENDORFER Überhaupt nicht. Im Gegenteil. Sie verbiegt den anderen, entweder macht sie ihn zum staatlich subventionierten Versager oder sie härtet ihn so ab, sie erzieht einen echten, nennen wir es mal Klassenfeind, Gesellschaftsfeind. Da züchtet sich die Gesellschaft echte Krebsgeschwüre heran und wenn die dann wirklich mal die Chance haben, in freier Wildbahn leben zu können – man rechnet ja immer damit, daß sie wieder zurückkommen – dann wird es ein echter Feind der Gesellschaft. Die Gesellschaft als Masse ist manipulierbar, ist feige, ist heimtükkisch und maßlos gleichgültig.

FICHTE Warum willst du kein Sozialpfleger werden und an der Resozialisierung Jugendlicher mitarbeiten?

EPPENDORFER Weil es in unserer Gesellschaft unmöglich ist, daß ein ehemaliger Straffälliger, ein ehemaliger Mörder nicht Gestrauchelten helfen darf. Weil das nicht geht.

FICHTE Du wolltest immer »Quatschen satt«. War das jetzt hier »Quatschen satt«?

EPPENDORFER Als ich damals diesen Wunsch aussprach, ging es darum, daß ich einfach diese ganzen Jahre kaum mit jemand sprechen konnte, daß ich die ersten Wochen die ich draußen war, stotterte, weil ich den Dialog mit einem anderen Menschen einfach noch nicht wieder beherrschte. Das waren Sachen, die man üben mußte. Und dann gab es natürlich wahnsinnig viel. Jeder neue Eindruck, alles Neue, was auf einen einstürmte – und darüber wollte man mit jemandem reden.

FICHTE Du sagtest »Sprache«. Was für eine Sprache hast du im Gefängnis gesprochen?

EPPENDORFER Das Intelligenzniveau vieler Insassen ist natürlich begrenzt, also auch ihre Sprache. Gassendialekt, wo eigentlich kaum noch etwas umschrieben wird, ist eigentlich vorherrschend. Insofern ist das Sprachniveau relativ niedrig.

FICHTE In welcher Sprache drücktest du dich vor dir selbst aus?

EPPENDORFER In der Sprache, die ich eigentlich gelernt hatte, mit der ich aufgewachsen war, die eigentlich manieriert war, die aufgesetzt war, die andressiert war.

FICHTE Und die veränderte sich nicht im Gefängnis?

EPPENDORFER Wenig. Sie mischte sich mit manchen Platitüden,

sie mischte sich mit Slangworten, die da aufkamen und ebenso wieder vergingen, die einfach gerade in Mode gekommen waren. Die Sprache bildete sich ein bißchen zurück. Sie hatte ja keinen Auslauf, da wir wirklich erst in den letzten Jahren Zeitung lesen konnten und vorher nur die Möglichkeit hatten, aus einer schlecht sortierten Bibliothek Lesestoff zu bekommen. Und dann zwang ich mich, mir jeden Tag laut etwas vorzulesen. Und da ich mir hauptsächlich klassische Literatur holte – Frank Jerby liest man vielleicht ein, zwei Mal und auch von Angelique liest man vielleicht einen Band – las ich eben die gesamte russische Literatur durch.

FICHTE Und last sie dir laut vor?

EPPENDORFER Ja.

FICHTE Fing deine Sprache an zu wuchern?

EPPENDORFER Meine Fantasie war ohnehin schon immer ziemlich stark.

FICHTE Drückte deine Fantasie sich in Worten aus oder in Bildern?

EPPENDORFER Da ich wenig sprach und mehr dachte, waren es eigentlich mehr Bilder.

FICHTE Was bedeutet dir jetzt die Sprache in der Freiheit? Welche Sprache kam auf dich zu?

EPPENDORFER Ich hatte in den letzten Jahren im Gefängnis schon relativ viel geschrieben und natürlich hat mein Sprachvolumen in diesen letzten Jahren schon sehr stark zugenommen, durch die Lektüre und einfach auch aus der Freude, mit der Sprache zu hantieren, neue Wortschöpfungen zu schaffen.

FICHTE Erfuhr deine Sprache in der Zeitungsredaktion eine Verengung?

EPPENDORFER Sehr stark. Das war auch einer der Gründe meines Ausscheidens, daß meine Sprache zu verkrüppeln begann, daß die Sprache in Klischees erkaltete, daß plötzlich alles, was ich anfaßte, was ich las, diesen Stil hatte, daß dieser Stil auch in meinen Fantasien stark wurde.

FICHTE Und wie willst du dich daraus wieder befreien?

EPPENDORFER Ich habe mich daraus wieder befreit.

FICHTE Und wie soll sich deine Sprache weiterentwickeln?

EPPENDORFER Einfach sehr wach. Einfach sehr aufmerksam. Einfach sehr intensiv. Einfach sehr hautnah am Menschen.

Ich habe eine gewisse Schwäche für den Arno Schmidt.

FICHTE Der gerade den Goethepreis bekommen hat.

EPPENDORFER Der mit der Sprache ungeheuer skuril, aber auch ungeheuer herzhaft arbeitet.

FICHTE Du sagtest, daß du »natürlich« in die Chefredaktion heraufgerufen wurdest, um mit den Chefredakteuren der großen Hamburger Zeitungen, dein Weihnachtsgeschenk abzuholen.
Was meintest du mit diesem »natürlich«?

EPPENDORFER Es war praktisch das Vorzimmer des Herausgebers, wo Weihnachten dann merkwürdige Gaben verteilt wurden, Alkoholika, Schallplatten, Bücher und alles solche merkwürdigen Sachen. Und da ich eigentlich befreundet war mit der ersten Chefsekretärin, die mir gegenüber Wohlwollen zeigte, erhielt ich von Anfang an, seit ich in der Redaktion war, ein Weihnachtsgeschenk, ich wußte nicht, wie ich dazu kam, aber es hat mich natürlich sehr gefreut. Und ich hielt das überhaupt nicht für unnormal, wie es mich ohnehin nicht sonderlich beeindruckt hatte, da oben in die Nervenzentrale vorzudringen und von den Leuten angesprochen zu werden, vom Herausgeber oder . . .
Ich habe mich also von dem Aufmarsch der Gladiatoren nicht im geringsten beeindrucken lassen.

März 1976

Fichte Seit unserem letzten Gespräch hast du mehrere Reisen gemacht. Eine nach New York, eine nach Kairo. Warum bist du nach New York gefahren?

Eppendorfer Ich wollte mir in New York eigentlich gründlich noch die Lederszene ansehen, weil ich bei meinem ersten Besuch in New York einige Bekanntschaften angeknüpft hatte, die ich intensivieren wollte, weil ich New York nun schon besser kannte und mich heimischer fühlte und New York mich ungeheuer faszinierte.

New York, das muß man vielleicht noch etwas spezifizieren, wenn du das erste Mal nach New York kommst und durch diese irrsinnigen Häuserschluchten gehst mit den Wolkenkratzern, schaust du immer nach oben und fühlst dich ganz verloren in diesen unheimlichen Steinwällen, fühlst dich ein bißchen alleine gelassen, fühlst dich ein bißchen hilflos, fühlst dich ein bißchen ohne Steuerung. Du strudelst durch die Straßen. Du wirst in den Sog der Rushhours gespült. Du wirst einfach hingetrieben durch diese ungeheuren Straßenzüge. Und beim 2. Mal ist dir New York plötzlich vertrauter. Du hast nicht immer diese Genickkipptechnik, diese ... die ein Tourist beim ersten Mal an sich hat und immer nach oben stiert, sondern alles ist plötzlich vertraut. Die Straßenzüge haben ein Gesicht. Du findest Häuserfronten wieder. Du findest dich im Metrosystem zurecht. Du weißt Bescheid über die verschiedenen Straßenzüge. Eastside. Westside. Du hast Erinnerungspunkte. Du hast einfach die Möglichkeit ... Es ist so eine Art von Wir-Beziehung entstanden. Es ist nicht nur ein Egotrip. Du bist nicht mehr so alleine gelassen in dieser Stadt. Plötzlich ... Du bist angezündet von dieser Stadt und ... und ... fühlst du dich heimisch dort. Du sagst innerlich: Guten Tag, Empire-State-Building! – Das Plaza. Time Square. Bloomingdales. Central Park. Alle diese Geschichten sind dir plötzlich so ungeheuer vertraut. Du fühlst dich zurückgenommen zu einem guten Freund. Du hast keine Furcht mehr, daß diese Stadt dich zertreten kann. Du hast keine Furcht mehr, daß diese Stadt dich hinstrudelt in eine Richtung, in die du nicht willst, keine Furcht mehr, daß du dich verlieren kannst, daß du dich verlaufen kannst. Es ist eine Art Vertrauensverhältnis hergestellt. So ist es mir jedenfalls gegangen.

FICHTE Wie lange warst du das zweite Mal in New York?

EPPENDORFER Sieben Wochen. Das erste Mal war ich auch sieben Wochen. Zuerst fand ich diese Stadt eiskalt, unbarmherzig, mitleidlos. Eine Wohltätigkeit, die nur über die Scheckbücher ging, die man von Konten abrufen konnte. Eine Stadt, die keinen Platz hatte für Alte, Kranke, Sozialhilfeempfänger. Eine Stadt, die alte Leute unbarmherzig beiseite stieß, die sie in den Häusernischen in den Wintermonaten erfrieren ließ, zusammengekauert im Schatten der Lastwagen, die Alte dazu brachte, auf den Luftschächten, wo die Wärme aus den Metrostationen draußen auf die Straße drang, sich zusammenzukauern unter alten Dekken und alten Zeitungen ... und verbrachten dort die Nacht – oder unter Mengen von Papier, Wellpappe hingekauert in einer Hausnische versuchten sie dem nächsten Morgen entgegenzudämmern.

Diese Unbarmherzigkeit ... Wenn du in dieser Stadt aus dem Tritt gerietst, würdest du einfach nicht mehr Fuß fassen können, würde es dich zur Seite schleudern und du könntest einfach nicht mehr in diesem Strom mitlaufen. Diesen Eindruck hatte ich das erste Mal. Beim zweiten Mal waren natürlich diese Penner diese Alten, diese Hilflosen, diese Blinden, alle diese Leute, die der Hilfe andrer bedurften, natürlich selbstverständlich noch da, aber es war dennoch etwas Menschliches in dieser Stadt, das sich nicht im Gespräch entlud oder in Freundlichkeit. Du siehst kaum ein Lächeln. Du siehst kaum eine sehr höfliche Geste. Du siehst kaum einen Schritt zur Seite, um dir Platz zu machen. Du siehst kaum jemanden, der darauf Rücksicht nimmt, wenn du mit zwei Tragetaschen beladen aus einem der Kaufhäuser kommst, der nächsten Metrostation zuzueilen, wenn gerade die Hauptverkehrszeiten sind. Sondern jeder versucht, mit Hilfe seiner Ellbogen, mit Hilfe seiner Knie, sich Platz zu schaffen. Sich den besten Sitz zu ergattern. Man tritt dir also hemmungslos auf die Füße oder stößt dich in die Seite oder schlägt gegen deine Tragetasche, ganz gleich, ob da zerbrechliche Dinge drin sind.

Das interessiert überhaupt niemanden. Es ist ein ungeheurer Egotrip dieser Leute, die nicht miteinander reden. Man haßt einander. Man rast aneinander vorbei. Überall ist Mißtrauen. Einer mißtraut dem anderen, hält die Taschen zugeknöpft, die Handtaschen fester im Griff. Man mißtraut. Es ist mir aufgefallen, daß die meisten Telefonnummern, die du in New York bekommst, nicht stimmen, daß, wenn du jemanden findest, den du sympathisch findest – ihr könnt miteinander reden, ihr könnt etwas miteinander gemacht haben, ihr könnt miteinander in einem der öffentlichen Bäder gewesen sein – wenn das zuende ist, grinst man sich gerade eben noch so ein Chewing-Gum-Lächeln zu und That's it! und damit ist es vorbei. Es gibt ... es gibt keine Brücke. Es gibt nichts als diesen Augenblick. Es gibt keine Verlängerung. Die meiste Zeit. Es ist ... es ist vorbei. Und es ist etwas Neues. Es kann dir passieren, wenn du mit jemandem zusammengewesen bist, sehr herzlich, sehr intim, sehr spannungsgeladen, wenn es vorbei ist, wenn die Luft aus dem Beutel ist, dann wischt man ... dann trocknet man sich ab, steigt wieder in die Kleidung, verläßt die Etablissements, geht an der Straße aneinander vorbei, noch nicht mal verbunden durch das Nicken mit dem Kopf. Es ist einfach vorbei.

FICHTE Was bewirkte, daß du dich in New York geborgen fühltest?

EPPENDORFER Daß zum ersten Mal diese riesigen Wolkenkratzerschluchten, die mich beengten, die mich einzwängten, die mir ein bißchen Furcht machten, hatten plötzlich eine weite Öffnung nach oben. Die Stadt klammerte sich ... kroch nicht zusammen nach innen, sondern flog auseinander nach allen Seiten. Das war meine ganz emotionale Empfindung. Es war diese Menge an Steinklötzen, diese Menge an Menschen, diese Menge von Verkehr, diese Menge von Business, diese Menge von hartem Geschäft, von Geldmachen, von Lebensgier, von Lebensfreude, von Hektik, von Intensität, von Superlativen – beengte mich in keiner Weise. Sie machte mich ... Sie machte mir einfach Freude. Sie hatte irgendwo den Geruch von Freiheit. Sie hatte irgendwo den Geruch von ungeahnten Möglichkeiten, von einer Öffnung nach allen Seiten. In diesem Überangebot war einfach eine Art von ungeheurer Lebenslust, so daß du, wenn du die Arme auseinanderstrecktest, du links und rechts nicht an die Grenzen stießest.

Das war das ungeheuer Faszinierende. Ich bin also gelaufen, gelaufen, überall hingefahren. Ich habe mir Menschen angesehen. Diese ungeheure Eindrucksfülle. An jeder Straßenecke ein andres Bild. Du gehst durch Straßenzüge und plötzlich bist du von einem Ghetto in ein andres gekommen. Chinatown. Das Puerto-Ricaner-Viertel. Das italienische Viertel. Das deutsche Viertel. Du hast im Grunde das Gefühl, als würdest du im Eilschritt verschiedene Sphären durchlaufen. Verschiedene Weltbezirke. Verschiedene Lebensbezirke. Verschiedene Mentalitätsschranken überqueren.

FICHTE Und du behauptetest dich darin?!

EPPENDORFER Ja. Ich hatte keine Angst vor dieser Stadt. Ja. Das erste Mal war ich, nennen wir es mal: Ich war schüchtern. Das war plötzlich eine riesige Welt. Das war eine Rundum-Leinwand, die voller neuer Eindrücke war, die ständig wechselten, Tag und Nacht. Es gab ja keine Ruhepause. Es gab ja keine Möglichkeit, sich wieder aufzuladen. Es war eine Zeit, die nicht des Schlafens bedurfte. Eine Stadt, die immer lebte. Die Schattenbänke immer vor sich her schob, die sich veränderte. Aber es war immer Leben. Ob die Shops auf der einen Seite schlossen. Dann ging plötzlich das Leben unten weiter. Oder unten ging es zu Ende, da ging es oben weiter. Das ist ein riesiger Melting Pot, ein Schmelztiegel diese Stadt und immer war Leben. Immer war jemand da, mit dem du reden konntest wenn du das wolltest.

FICHTE Du lebtest in der Gegend der Trucks. Hast du dort unangenehme Erlebnisse gehabt?

EPPENDORFER Wir haben einmal unten an den Docks jemanden erwischt – die Amerikaner wiesen mich darauf hin und sagten: Das ist ein Taschendieb. Und ich merkte auch schon, daß er in meinen Taschen war. Es war so eine ganz normale Geste. Niemand regte sich darüber auf. Es gehört zum Alltag. Taschendiebe, das ist das gleiche als ob man sich morgens rasiert oder sich die Haare wäscht oder sich die Fußnägel schneidet. Niemand nimmt das sehr ernst. Man rechnet damit. Die Diskrepanz zwischen Wohlhabenheit, Mittelclass, noch einer niederen Klasse und der ganz krassen Armut, den Sozialhilfeempfängern ist spürbar da und jeder weiß es und jeder akzeptiert es und die Faustregel ist: Nimm nie mehr mit als 10 Dollar und auch nie weniger. Wirst du überfallen und finden sie zehn Dollar, sind sie zufrieden. Hast du weniger dabei, kann es dir passieren, daß sie dich deswegen umbringen. Finden sie zehn Dollar, ist alles o. k. Man hat sich darauf eingestellt. Man lebt nicht mit diesen Scheuklappen vor der Gefahr. Man hat sie eingeplant, den Überfall in der Underground, die ständige Präsenz von Schutzpolizei nach Mitternacht mit Pistole und Schlagstock. Das gehört zum alltäglichen Erscheinungsbild und niemand wundert sich darüber. Und in diesen ... morgens um drei, morgens um vier in den Undergroundzügen groupiert man sich immer dort in der Nähe, wo gerade ein Polizist ist. Man huscht aus den leeren Wagen zusammen, man kauert sich, gewissermaßen eine Art von Schutzwall gegen irgendeine latente Gefahr bildend. Wenn es dennoch passiert, wird niemand in Aggression ausarten, wird niemand aufschrein. Man wird es über sich ergehen lassen und man wird überleben. Man wird die Gefahr nicht attackieren. Man wird sich nicht dagegen auflehnen. Man hat sie akzeptiert. Man ignoriert sie nicht. Man hat sie akzeptiert und stellt sich darauf ein. Und wenn es einem passiert, dann versucht man mit einem blauen Auge davonzukommen, und sich nicht dagegen aufzulehnen. Diese Mentalität habe ich festgestellt.

FICHTE Hast du Bars und Saunen besucht?

EPPENDORFER Ich habe Saunen besucht und ich habe mir selbstverständlich auch Bars angeguckt. Hier speziell die Saunen. Wenn du in Amerika bist und du jemandem erzählst, daß du nach Mitternacht in den Central Park gehst, werfen sie die Hände über dem Kopf zusammen: Du bist wahnsinnig. Du bist ein Selbstmörder. – Ich habe es dennoch getan und es ist mir nichts passiert. Ich habe dort auch etwas erlebt. Aber ... Man muß ja nicht unbedingt die Gefahr jeden Tag herausfordern. Man muß sie kennen. Man muß sie richtig einschätzen und man muß gewappnet sein, daß jederzeit etwas passieren kann.

FICHTE Trotzdem, wenn man nachts in den Central Park geht, sucht man den Untergang!

EPPENDORFER Ich weiß nicht. Ich wollte es einfach wissen. Ich wollte mich gegen meine na, nennen wir es mal: Filzpantoffelangst auflehnen.

FICHTE Angst vor der Angst?

Eppendorfer Ja. Richtig. Ich habe es natürlich mitten auf der Straße – rechts und links, wenn jemand aus den Büschen auf mich zugesprungen wäre, hätte es mir in einem Bruchteil von Sekunden ermöglicht, dieser Attacke zu begegnen. So bin ich nachts immer durch die Straßen gegangen. Kreuz und quer. Und immer etwas mehr zur Straßenmitte als zu den Häusern gegangen, denn da ich mir sagte, wenn jemand aus den Häusereingängen auf dich zuspringt, hast du zumindest eine winzige Chance, durch Irgendetwas, meinetwegen durch Weglaufen, dieser Attacke zu begegnen. Und so habe ich es immer getan, gehalten. Und ich muß auch ehrlich sagen, diese nächtliche Exkursion in den Central Park war eigentlich faszinierend. Von der 72. Straße bin ich einfach nachgegangen, dort wo die Laternen aufhören, über die Brücke, immer weiter. Dann sind so gemauerte, ziegelsteinerne Torbögen und im Schatten dieser Torbögen triffst du dann auf Menschen. Du siehst keine Gesichter. Du hörst keine Stimmen. Du hörst einfach nur Geräusche von atmenden Körpern, die verschiedenen Artikulationen von agierenden Körpern. Schmerzlaute, Lustempfindungen, Entladungen. Hände kommen. Hände gehen. Körper reiben sich an dir. Ein Knie. Ein Oberschenkel. Ein Genital. Eine Hand auf der Schulter. Ein Körper stößt gegen deinen Körper. Ein andrer kommt hinzu. Jemand hält dich fest. Jemand faßt dir an den Kopf. Jemand versucht deinen Kopf runterzudrücken oder dich an sich zu pressen. Irgendwelche Lippen tauchen auf. Gehen wieder weg. Es ist eine ungeheure Faszination in diesen Vorgängen, die auf irgendeine Art und Weise dennoch entmenschlicht sind. Weil einfach eine Hand kommt. Du schließt von dieser Hand nicht auf den Körper, auf die Schulterbreite, auf die Größe des Genitals, auf die Größe der Brustwarzen, auf die Länge des Halses, auf die Kragenweite. Es ist einfach nur Hand, Stück eines Stiefels. Es sind einfach nur die schlechtgeschnittenen Fingernägel, Fingerkuppen, ein Handrücken, die Beuge eines Arms, der Ellbogen, ein Stück Schulter, ein Stück Becken.

Fichte Was ist es denn, wenn es nichts Menschliches mehr ist?

Eppendorfer Es ist ... Es ist einfach die Begegnung mit Fleisch. Mit Rudimenten von Körpern, die kein Gesicht haben, kein Lächeln haben, keine Stimme haben, keine Augen haben, die dich selbst auch nicht erkennen, die dich antasten, Interesse bekunden oder verwerfen, die etwas mit dir treiben, die dich als Objekt gewählt haben oder wieder zu jemandem anders übergehen. Es ist eine Art von sinnlicher Automatik.

FICHTE Aber das erklärt doch nicht die große Faszination, die davon ausgeht.

EPPENDORFER Es ist eigentlich eine Entladung. Es ist eigentlich eine erotische Kompensierung von Gier, von, von, Maßlosigkeit, von, von, wie soll man es am besten sagen? von, von Brünstigkeit, die immer im Abseits bleibt, die immer inkognito bleibt. Die sich nie stellt. Die benützt oder benützen läßt. Aber die nie in Erscheinung tritt, die nie mit der Persönlichkeit auftaucht, die nur den Körper zur Verfügung stellt oder die, die, die ein Stück Leib, ein Stück Haut, ein Stück Fleisch, ein Stück Genital zur Verfügung stellt, nutzbar macht, sich oder anderen, etwas ergreift, die sich entlädt, die sich aufstacheln läßt, die duldet, je nach dem und die dann wieder in die Anonymität zurückkehrt. Es bleibt immer etwas ... das Gefühl von Scham kommt nicht auf. Das Gefühl von Entdecktwerden ist nicht da. Diese Anonymität ermöglicht es, Alter fallen zu lassen, körperliche Verkrüppelung, Entstellung, all das, was wir optisch bei Tageslicht als wunderschön oder das, was wir als nicht so appetitlich von uns weisen, pubertäre Pickel oder ein Armstumpf oder ein Buckel oder eine Hasenscharte oder Scharten in den Schneidezähnen oder ein kariöses Gebiß, ein schlechter Atem. Das sind so Sachen, die treten ganz zurück. Es geht eigentlich nur ... Man ist eigentlich nur an dem ... an der Potenz des anderen interessiert, an der Nutzbarkeit. Es ist eine Art von Sog, in den man sich hineinstrudeln läßt, in den man sich hineintreiben läßt, den man – führer- und steuerlos – über sich ergehen läßt, auskostet bis zur Erschlaffung. Und dann schließt man wieder den ... die Gürtelschnalle und geht durch den Tunnel ans Licht.

FICHTE Es sind Teile einer neuen Erfahrung, die auf dich zukommen? Es sind keine Leichenteile?

EPPENDORFER Nein, es sind keine Leichenteile. Aber es ist eine Begegnung, die ohne Verantwortlichkeit irgendjemandem gegenüber, sich entlädt, sich in einen Rauschzustand steigert ... Ich würde sagen, das ist es.

FICHTE Es ist auch eine Form von Duldsamkeit?

EPPENDORFER Es ist auch eine Form von latent vorhandenem Sadismus, von latent vorhandenem Masochismus. Daß man beispielsweise auf einen Körperteil, der gerade geschlagen wird, daß man plötzlich eine ungeheure Lust, die man vielleicht gar nicht artikulieren kann, in dem Augenblick verspürt, auf das mattschimmernde Fleisch auch zu schlagen. Etwas, etwas Peinvolles diesem anderen Körper zuzufügen, ohne dafür zur Rechenschaft gezogen zu werden. Es ist im Grunde genommen eine Entlarvung einer gewissen Feigheit auch, daß man jemanden mißhandeln kann, ohne dafür bestraft zu werden, daß man aus diesen Klischeenormen der Gesellschaft einfach ausbrechen kann, daß man jemand schlagen kann, ohne dafür zu sagen: Es tut mir leid, entschuldigen Sie bitte. – Daß man einfach jemanden schlagen kann und dann noch Spaß dabei empfindet und wenn man keine Lust mehr hat, geht man weg. Daß einfach Objekte vorhanden sind – du dich als Objekt zur Verfügung stellst, du dich erhöhen oder erniedrigen läßt – je nachdem – du dich als Herr oder als Knecht empfindest.

FICHTE 72. Straße. East oder West?

EPPENDORFER Eastside.

FICHTE Dann gibt es das Warehouse.

EPPENDORFER Das ist ganz unten. Das Warehouse ist gerade vor ein paar Tagen abgebrannt. Möglicherweise Brandstiftung – das weiß man nicht so genau. Dies Warehouse haben wir entdeckt vor zwei Jahren. Das war ein alter Lagerschuppen. Der Schuppen 48. Die Wellblechtüren waren etwas nach innen aufgebogen, so daß man nach innen durchkriechen konnte, dann waren auch noch einige Türen später offen und man konnte in dieses Warehouse gehen, das meterlang, hunderte von Metern lang in den Hudson hineingebaut war, mit einem Wellblechdach, mit verrostetem, schepperndem Gestänge im Wind, mit zertretenem Glas überall, mit alten Fahrrad- ... Autoreifen, die überall herumlagen, mit Löchern im Boden, durch die das Wasser nach oben gluckerte und dann konnte man ganz vorgehen, bis zu einem Vorbau, der ganz in das Wasser ragte. Dieses Warehouse stand direkt auf dem Wasser. Du konntest in die erste Etage gehen. Du mußtest allerdings bei Tage die Sache machen, um dich zurechtzufinden, wenn du nachts diesen Weg benütztest und nicht genau die Örtlichkeit kanntest, könnte es geschehen, daß du in ein Loch fielst und dann warst du verschwunden. Und in diesem ungeheuren – so die Größe von drei deutschen Turnhallen zusammen, schmutzig, leere Bierdosen lagen herum, ausgetretene Zigarettenkippen und so weiter und schon am späten Nachmittag fanden sich die Leute da ein und ... und wenn es dann dunkel wurde, dann füllte sich dieses Warehouse langsam mit Menschen und dann fanden ungeheure Orgien dort statt, daß sich Masochisten mit der Faust bumsen ließen, sich auspeitschen ließen, daß sie geschlagen wurden. Daß sich die Leute anpissen ließen auf großer Fläche, überall, in den Ecken, an den Seiten, im im ... in der ersten Etage, in einer anderen Nische. Daß du einfach das unterdrückte Aufstöhnen hörtest, daß du dann wieder das Scheppern einer weggeworfenen Bierdose hören konntest ... Der Geruch von Poppers, von Amylnitrit, diesem ehemaligen Asthmamittel lag wie ein wabernder Duft ...

FICHTE Sind das nicht Szenen, die man auch in Hamburg, Amsterdam, Berlin, Paris kennt? Unterscheidet sich das in New York nur durch die Masse?

EPPENDORFER Man kann sagen, es ist eine wesentlich größere Stadt. Man kann sagen, es ist ein wesentlich größeres Potential vorhanden. Aber das ist nicht genug. Das erklärt nicht alles. Ich glaube, wir Europäer sind sentimentaler. Ich glaube, wir sind nicht so cool, wie es der New Yorker, speziell der New Yorker ist. Für die ist ein Turn On im Augenblick das Optimale. Er versucht das Beste herauszuholen. Er versucht dem anderen ein Rollenverhalten aufzuzwängen. Und es geschieht da eigentlich eine Art von programmiertem Verhalten. Man ist festgelegt. Man hat seine spezifischen Lustbarkeiten, die man erdulden oder die man praktizieren will und sobald das vorüber ist, ist es ... Kennt man sich nicht mehr. Und diese Art von Verhaltensschema haben die New Yorker bis zur Perfektion entwickelt.

Der New Yorker ist nicht interessiert an einer Partnerbeziehung. Er ist nicht interessiert an dem Menschen. Er ist nur interessiert an dem Objekt. Ich finde – das ist meine eigene Meinung – ich finde, der New Yorker ist auf einem Egotrip. Und zwar die meisten von denen, die ich da kennenlernte. Entweder haben sie eine abgezirkelte Form der Selbstdarstellung, in die keiner eindringen kann. Man präsentiert sich als Klischee. Eine Art von artikuliertem Männlichkeitswahn, der genau gezielt dekoriert ist, mit Metallketten, mit entblößter Brust, mit aufgerissenen Jeans, mit durchgescheuerten Jeans, die extra künstlich angelegt sind, mit aufgerissenen Gesäßnähten, mit rausgeschnittener Gesäßtasche und all solchen Geschichten. Das sind ... Es sind Teile einer riesigen Maskerade. Man zelebriert etwas wie auf einem Laufsteg. Ich denke speziell an das Eagles Nest, diese älteste Lederbar der Welt. Es ist wie auf einem Laufsteg. Man promeniert aneinander vorbei. Man registriert aus den Augenwinkeln die Reaktionen. Man hat seinen Turn On, wenn man das Gefühl hat, einige dieser Typen stehen auf mich. Das ist genug. Das ist eine Art von innerer Selbstbefriedigung.

FICHTE Auch ein gewisser Puritanismus?!

EPPENDORFER Ja. Natürlich! Und dann hat man genug nach einer gewissen Zeit und verschwindet einfach. Aber ich habe kaum Leute gesehen, die nach der ersten Stunde oder nach der ersten halben Stunde ihren Partner gesucht haben und mit dem dann weggehen, sondern man ist sich genug damit, sich präsentiert zu haben, sein Erfolgserlebnis gehabt zu haben und das ist den Leuten genug. Man fühlt sich unangenehm berührt, daß einem beispielsweise ein Gespräch aufgezwungen wird, von jemandem, der beispielsweise an einem interessiert ist. Man fühlt sich gestört. Man fühlt sich in seiner Vorführung unterbrochen.

FICHTE Hast du dich auch diesen Regeln unterworfen?

EPPENDORFER Nein. Ich fand es nur sehr komisch. Und ich fühlte mich wahnsinnig deplaciert durch diese Art von Männlichkeitsrevue. Ich fand sie einfach lächerlich. Wenn ich einen Typen amüsant finde, wenn ich einen Typen scharf finde, wenn dieser Typ ein echter Turn On ist, hab ich Lust, irgendwas mit ihm zu machen, hab ich Lust, mit ihm ins Bett zu gehen. Sicher. Und ich habe keine Lust, eine Art Steigbügelhalter zu sein. Ich habe keine Lust, eine Art von Statist abzugeben. In irgendeiner Parkettreihe zuzuschauen, was da vor mir – auf und ab – passiert. Ich weigere mich, dazu vergattert sein zu sollen, nur Voyeur sein zu dürfen, mich nicht einmischen zu dürfen, mir nicht einen dieser Typen anmachen zu dürfen. Deshalb hab ich auch nach einigen Malen aufgegeben, dahin zu gehen, weil ich das zu dusselig fand, drei, vier Stunden zu warten, bis man endlich einen Typ ... weil jeder auf sein Traumtier wartet, zu warten vorgibt, daß man vier Stunden warten muß, bis man endlich mal jemanden abseilen kann. Meistens ist es dann nicht der den man zu Anfang haben wollte, weil der dann allein nach Hause gegangen ist, gefahren ist.

FICHTE Also auch hier in der sadistischen Lederszene Riten, die sich vom Erotischen entfernen und Verachtung des Körpers ausdrücken?

EPPENDORFER Ja. Ich glaube, daß es vielen dieser Leute genug ist, einen gutgewachsenen, einen guttrainierten Körper, halbnackt oder auch ganz entblößt, nur mit Lederchaps an, zur Schau zu stellen, Bewunderung zu sammeln, wie andre Leute Briefmarken. Das ist genug. Posieren. Und es kann dir wirklich passieren, daß dir einer einen Antrag macht, daß jemand für dich posieren möchte. Das finde ich also tödlich langweilig. Der will nicht mit dir ins Bett gehen. Der will einfach nur vor dir seine Muskeln zeigen, sich in seinen verschiedenen Körperwindungen präsentieren. Und das ist es. Und dann geht er nach Hause und ist voll befriedigt und zwar belohnt durch deine Bewunderung, durch deine Gier auf seinen Körper – den er dir versagt.

FICHTE Also im Grunde Puritanismus.

EPPENDORFER Ja.

FICHTE Glaubst du, daß die extremen Szenen der Lederleute aus dieser puritanistischen Einstellung herstammen?

EPPENDORFER Ich glaube, daß diese sadomasochistischen Exzesse einer Form der Verarmung, eine Form von Vereinsamung sind. Eine Form von Auskühlung, eine Form von Selbstflucht.

FICHTE Und Furcht?

EPPENDORFER Das weiß ich nicht. Ich glaube, daß es ein Verlust von Sensibilität ist, für den eigenen Körper und für den Körper des Partners. Daß es einen Abbau der Wir-Beziehung darstellt. Daß es eine Versandung des gemeinsamen Dialoges bedeutet. Daß jeder auf der Flucht vor sich selbst ist. Daß niemand bereit ist, sich seinen Gefühlen, seinen Emotionen, seinen Wünschen, seinen Day-Dreams zu stellen. Daß man vorgibt ein Sentiment zu haben. Daß ist aber in Wirklichkeit nichts weiter als ein Gerüst, das auf tönernen Füßen errichtet worden ist ... Und das den Anspruch haben soll, Gefühlsleben zu sein. Eigenleben, Herrschsucht – alle diese Sachen, die eingebaut sein sollen mit der eigenen Basis, die organisch gewachsen sein sollen – und das glaube ich nicht. Ich glaube, daß der Sadismus des Kopfes nicht mehr mit dem Sadismus des Körpers zusammenhängt. Daß eine Art von Körperfeindlichkeit, von Körperentfremdung eingetreten ist, bei vielen dieser Leute, daß aus der sinnlichen Konstellation, der sinnlichen Präsenz dieser Körper eine körperfeindliche Neurose entstanden ist.

FICHTE Wieso?

EPPENDORFER Angst.

FICHTE Wovor?

EPPENDORFER Vielleicht ... Eines der Bindeglieder ist ein chronisches Mißtrauen. Eine völlige Vertrauenslosigkeit. Ein ungeheuer harter Existenzkampf. Ein Eingeständnis seiner eigenen Isolation. Eine Einkapselung, daß man sich selbst nicht mehr stellt, viel weniger sich noch dem anderen stellt, daß man sich in seiner Wohnung einschließt, in seine Wohnungen einschließt, die kleinen Festungen gleichen. Das ist übrigens ganz typisch. Es ist nicht sosehr nur die Furcht vor den Überfällen, sondern es ist ein Ausdruck der Furcht vor sich selber, daß sie diese Wohnungen von innen verbarrikadieren mit Eisenpflöcken, mit Eisenschienen, mit Eisengittern vor den Fenstern, auch wenn es in der zehnten Etage ist. Daß man diese Eskalation von Brutalität, von Gewalt als Alibi vorschiebt, für eine innere Vereinsamung, für eine innere Verarmung. Daß man beispielsweise, wenn man Amerikaner, wenn man New Yorker – ich habe meine Erfahrungen ja eigentlich nur in New York gemacht – wenn du den New Yorker nach seinem Hobby fragst, wirst du immer wieder auftauchen sehen: Watching Television. – Eine Berieselung über sechzehn Kanäle, die rund um die Uhr geht. Wenn ein Amerikaner, ein New Yorker Angst vor sich selber hat, stellt er Television an und läßt sich berieseln, läßt sich ablenken, läßt sich vorgefaßte Meinungen erzeugen, präsentieren, um seine inneren Schlaglöcher seine innere Hohlheit, seine innere Furcht, die sich vielleicht gierend in sich zusammenkauert und nach allen Seiten um sich schlägt, zu übertönen.

FICHTE Liegt das bei M. ähnlich?

EPPENDORFER Ich glaube, ja. Ich glaube, daß er durch seine ungeheure Oberflächlichkeit, durch seine Strichermentalität, sich gar nicht so sehr ins Bewußtsein gebracht hat, was da vorgegangen ist, sondern der einfach an der Oberfläche dahinstrudelt, sich nie irgendwo eine echte Bilanz gestellt hat, sich nie irgendwo auf einen Standpunkt zurückgezogen hat, sich, obwohl nun schon auf die Vierzig gehend, sich immer noch als der Boy verkauft, sich immer mit älteren Leuten umgibt, um immer der Jüngste zu sein und aus dieser Traumtänzerei seine Vereinsamung, seine Haltlosigkeit, seine Uferlosigkeit totzuschweigen, zu ignorieren, abzustreiten.

FICHTE Bei dir kam das Moment: Er engt mich zu sehr ein! – Warum?

EPPENDORFER Es war ... Eine sexuelle Zuneigung hat nicht bestanden.

FICHTE Von ihm zu dir?

EPPENDORFER Von mir zu ihm. Ich war nicht bereit, diese – das ist ein fades Wort – diese Form von Lebenslüge auch in den Alltag hinüberzuziehen und wieder – ständig sichernd nach allen Seiten – zu stabilisieren. Das war mir zuviel, diese ständige Selbsttäuschung. Diese hemmungslose Hingabe in irgendwelche Illusionen, an irgendwelche Fantastereien, jeglicher, jeglicher ... die jeglichen Fundaments entbehrten, der mit fast vierzig immer noch den Monatswechsel des sehr viel älteren Freundes auf sein Konto zog, der es ihm ermöglichte, seine Illusionen immer weiter fortzuspinnen, ohne daß er wirklich mal Farbe bekannt hätte, das und das und das, das Studium war, das ... das Studium war vollendet. Es war außer telefonischen Ratschlägen – 20 Dollar die Stunde – und außer vielleicht der Errichtung irgendwelcher Gebäudeteile – sei es eine Toilette mit Spiegelverkleidung, sei es die Ausrichtung einer Küche in einer Eigentumswohnung – über diese Geschichten ist es nie hinausgegangen und das schon seit mehreren Jahren. Und es wird von großen Projekten immer gefaselt, immer geträumt. Sie werden nie in Angriff genommen. Es ist eine Art von Scheu, seine Träume unter Beweis zu setzen. Und das wollte ich nicht mitmachen.

FICHTE Siehst du bei diesem anderen Freund in New York, R., auch diese Art von Rollenspiel, Selbsttäuschung und Brutalität?

Eppendorfer Ich glaube, es ist etwas anderes. Ich würde sagen, es ist ein besserer Stall. Es ist eine bessere Substanz. Es ist eine Mischung aus türkischer Mentalität, griechischer Mentalität und amerikanischer Mentalität. Das ist zu einer relativ soliden Basis verschmolzen. Dazu ein gewisses rustikales Naturell, das es ihm immer wieder ermöglicht, von einigen illusionären Eskapaden aufwachen zu können, aufwachen zu wollen.

Fichte Warum ist deine Freundschaft zu ihm nicht intensiver?

Eppendorfer R. ist ein Mensch, der gerne etwas Absolutes möchte, der gerne Menschen okkupiert, der Menschen an sich reißt und dann über sie verfügen möchte, der ihnen – alles völlig wertfrei gesagt – der ihnen nicht den nötigen Atemraum lassen will. In seiner ungeheuren Vitalität, an Sympathie, an Freundschaftsbeziehung, an Gunstbezeugung über dich kommt wie eine Walze, wie eine Straßenwalze. Der es also fertig bringt in seiner Sympathie, sich mit dir in seinem Schlafzimmer einzuschließen und den Schlüssel aus dem Fenster zu werfen für drei Tage. Das ist ein Zustand, der bringt mich in Panik.

Fichte Du hast New York während der großen Pleite kennengelernt.

Eppendorfer Streiks der Müllmänner, der Polizisten, der Feuermänner, Garbage in allen Häusernischen, auf den Trottoirs, in den Straßen, defekte Wasserleitungen, Heizungsversorgung, ständig defekte Leitungen in den älteren Häusern, die vor 1900 erbaut waren, Störungen im Elektrizitätsnetz, Lahmlegung verschiedener Undergroundbahnen, Ausfall von verschiedenen Buslinien, das Schließen vieler Geschäfte, Solidaritätsstreiks, mangelnder Postservice, eine fast totale Nachrichtensperre, keine Zeitungen und das Einstellen von verschiedenen Fernsehsendern. Ein Übermaß an freier Zeit bei vielen Menschen. Eine ... ein sich Ergießen in bestimmte Viertel, bestimmte Straßenzüge, Greenwich Village. Eine Überfüllung von Restaurants, von Kneipen. Ein sprunghaftes Ansteigen von Überfällen, aggressive Entladungen und Ungeziefer, Ratten von der Größe einer gutgenährten Katze, die am hellichten Tage, ohne Furcht über das Trottoir hoppelten, um in irgendeiner der Abfallrinnen zu verschwinden. Mengen von jungen Mäusen in den Wohnungen, die in der dritten oder der vierten Etage lagen. Mengen von Cockroaches, Kakerlaken und ihren Beitieren, die du in den Bädern fandst, in den Schlafräumen, unter den Matratzen, in den Küchen, in den Treppenhäusern, wo auch immer und seien die Wohnungen noch so elegant. Sie waren einfach nicht wegzukriegen. Diese Stadt, wenn der sanitäre Dienst nicht funktioniert, wenn die Müllwerker streiken, erstirbt diese Stadt in wenigen Tagen völlig im Dreck. Der Müllanfall ist so ungeheuer, ungeheuer. Die Katzen, Ungeziefer in den Straßen, die sich über die Müllsäcke hermachen. Es ist so, als würde in hektischer Eile sich das Ungeziefer verhundertfachen.

FICHTE Was hast du sonst noch in New York getan?

EPPENDORFER Immer wieder die Menschen ... Ich habe den Menschen zugesehen. Ich war auch über die Weihnachtszeit in New York und bin in die Kaufhäuser gegangen und habe den Menschen einfach zugesehen, wie sie ... was wir beispielsweise aus einer gewissen Herzlichkeit heraus tun, beispielsweise mit Weihnachtspapier und ner kleinen Schleife und einem Anhängekärtchen und ein Geschenk besonders liebevoll verpacken – das wird dort ... da stehen sie in Schlangen und haben die gekauften Pakete unter dem Arm und lassen dann fertige Geschenke mit Kärtchen am Ausgabetisch ... Da zahlen sie noch Geld drauf und da wählen sie dann aus: Diesen Karton in rot, mit der grünen, der gelben, der braunen Schleife oder dies längliche Paket oder dies viereckige Paket. – Man läßt sich einfach diese ganze Arbeit von Vorfreude, von Heimlichkeit läßt man sich abnehmen von ein paar Verkäuferinnen, zahlt dafür einen Dollar oder zwei Dollar, wie auch immer und hat dann die fertigen Weihnachtspakete, die dann ohne jede Veränderung unter den Weihnachtsbaum gelegt werden.

FICHTE Du warst im letzten Herbst in Ägypten.

EPPENDORFER Ich wollte wahnsinnig gerne dieses alte Land kennenlernen. Ich wollte vor allen Dingen sehen, wie es dies Land geschafft hat, eine Verbindung von dieser ungeheuren alten Kultur mit der Gegenwart zu schaffen. Ägypten ist ja ein relativ armes Land, produziert eigentlich nur Baumwolle und Zwiebeln, hat so gut wie keine Bodenschätze und dazu dann die uralte Tradition. El Amarna. Tut ench Ammon. Nofretete. Alle diese Geschichten, die man weiß. Hatschepsut und alles. Ramses. Cheffren.

Jeden Bau. Die Grabkammern. Diese Apisstiersarkophage und diese verblühte, irgendwo zu Staub gewordene Kultur, die nur noch in einigen steinernen Monumenten zu besichtigen ist. Das wollte ich sehen. Was von dieser Kultur eigentlich zurückgeblieben ist. Ich bin in arabischen Ländern vorher gewesen und habe immer wieder festgestellt, der Trend zur Europäisierung ist doch ungeheuer stark. Ich wollte sehen, ob es in Ägypten ähnlich war. Ich wollte sehen, ob sie noch etwas wie Volkskunst erhalten hätten. Ich wollte sehen, ob noch irgendwo so etwas wie Selbstgefühl, eine Verhaftung mit der uralten Geschichte existent sein würde. Ich wollte sehen, ob irgendetwas von dieser Weisheit, irgendetwas von diesen Erfahrungswerten in die Neuzeit transponiert worden wäre.

FICHTE Und was hast du gefunden?

EPPENDORFER Nichts von alledem. Eine Generation, die völlig schwimmt, die diese alte Kultur nur noch benützt, um von den Touristen Geld reinzuholen, die kaum ein Selbstwertgefühl besitzt, sondern nur eine Übersteigerung zum emphatischen Wort, dem keine Tat folgt, eine Neigung zu Plastik, zu Kunstfaser, eine völlige Verleugnung der Eigenständigkeit und in krasser Form drei Kasten, die nicht in der Lage sind, sich miteinander zu verschmelzen, die ... Der größte Prozentsatz, die sehr armen Leute beispielsweise in der Medina, der Altstadt, dann die sogenannte Mittelschicht, die sich sehr stark abgrenzt von den Armen, die nicht untereinander korrespondieren, die sehr zum ... zu den Europäern hingeneigt sind, in ihren Kleidern, in ihrem Auftreten, in ihrer Art von Überheblichkeit und dann die ganz reiche Schicht, die eine kleine, ganz isolierte Kaste ist, die weder mit der Mittelschicht, noch mit der ganz armen Schicht etwas zu tun haben möchte. Diese drei Schichten haben sich ganz schroff gegeneinander abgegrenzt. Man redet nicht mit einander ...

Das ist natürlich ein Ghetto. Die haben kaum eine Chance. Da sie nur arabisch sprechen und verstehen, kaum die Chance haben werden, je eine andre, eine europäische Sprache zu erlernen, sind sie natürlich durch ihre Sprachen schon daran gehindert, ihren Lebensstandard irgendwo aufzubessern. Die Mittelschicht, die meistens eine zusätzliche Sprache, meistens Englisch oder Französisch versteht, hat eine gewisse Art von Überheblichkeit.

Zwar sehr freundlich, aber sie haben kein echtes Selbstwertgefühl. Sie haben nicht das Gefühl der Selbstbescheidung. Sie haben nicht das Gefühl für das organisch, das organisch gewachsene Verhältnis für beispielsweise ihre zurückliegende Kultur, die sie ja hervorgebracht hat. Aber auf der anderen Seite, auf Grund von Familie, auf Grund von finanzieller Unabhängigkeit, auf Grund von Ausbildungsmöglichkeiten, nicht die Chance haben, den echten Anschluß, den organischen Anschluß an Europa zu haben. Von der Ausbildung, von der Geisteshaltung, von der Erkenntnis der Sachzusammenhänge, sind sie, haben sie sich ein Gerüst gezimmert, das aber an allen Seiten brüchig ist, das sich in überschäumenden Gesten entlädt, die aber immer ein bißchen zu weit gehen, die nie im richtigen Maß angesetzt sind, die immer ein überreizter Wechsel sind. Die sogenannte reiche, die ganz reiche Schicht hält sich auf in Hotels wie Nile Hilton, Sheraton, Meridien, feiert dort die Hochzeiten, weil es dort als Statussymbol gilt und bleibt eingekapselt in ihren Häusern, bewacht von Doorkeepern, von Dienerschaft abgeschirmt, läßt niemanden an sich herankommen, aus einer Furcht vielleicht, mit dieser Form von Mittelclass, mit dieser Form von Armut konfrontiert zu werden. Man will es nicht wahrhaben. Das artikuliert sich dann in Fragen wie: Ist Ägypten nicht wunderschön? Mögen Sie Ägypten? – Ist es nicht herrlich, was wir geleistet haben? – Ist es nicht wunderschön, dieser Kairoturm, den wir gebaut haben? – Ein Unding der Architektur übrigens, den bei uns keine Sicherheitspolizei abnehmen würde. Dieser Turm hat nur einen einzigen Fahrstuhl. Wenn da mal eine Panik ausbricht oder dieser Fahrstuhl versagt, sind die da oben ... oder wenn da oben ein Brand ausbricht, passiert da oben eine fürchterliche Panik. Und all diese ... Man will zwar die Errungenschaften des Europäischen Geistes, der europäischen Technik haben, haben, haben, haben, mit einer ungeheuren Gier – aber man ist dann nicht in der Lage, diese Errungenschaften der Technik einwandfrei zu warten, ihnen die Pflege angedeihen zu lassen, derer diese Dinge bedürfen. Man ist nicht in der Lage, sie dauerhaft einzusetzen, gezielt einzusetzen, man ist eigentlich ständig von solchen Sachen überfordert. Deshalb findet man des Häufigen Geräte rosten in irgendwelchen Lagerhallen, weil keine ... weil kein Know-how vorhanden ist, weil keine Ersatzteile mehr da sind, weil niemand da ist, der eine echte Wartung versteht.

FICHTE Du warst 14 Tage?

EPPENDORFER Drei Wochen. Ich habe in einem guten Mittelklassehotel in einem Vorort Kairos gewohnt und habe eigentlich die ganzen Tage nur unter armen Leuten zugebracht. Ich war eingeladen auf Hochzeiten von ganz armen Leuten, deren Herzlichkeit, deren Freundlichkeit mich so angerührt hat. Ich war zusammen mit Polizeioffizieren. Ich war tagelang auf Polizeistationen, in diesem ... in dieser Altstadt, in dem ich mit diesen Polizisten, mit denen ich mich sehr schnell angefreundet hatte, hinter diesem Schreibpult saß und mir erklären ließ und zuhörte und beobachtete, was dort, vor diesem Polizeipult vor sich ging. Die Polizisten haben die Funktion von – wir würden hier vielleicht sagen: von Seelsorgern, nämlich, jede Schwierigkeit, jede Differenz wird in der Polizeiwache ausgetragen. Jemand ist zum zweitenmal erwischt worden beim Rauchen von Haschisch. Das ist verboten. Er wird verhaftet und muß dort stundenlang in diesem sehr ärmlichen Polizeiraum warten. Und seine ganze Familie kommt und nimmt Abschied von ihm. Ein Jüngerer hat einen Älteren geschlagen. Beide kommen und palavern ihre ganze Geschichte vor den Polizisten und werden dann mehr oder weniger angeschrieen. Es wird korrigiert. Man küßt sich. Oder, zwei Frauen sind sich in die Haare geraten, weil beide das billige Stück Fleisch haben wollten vom Fleischer. Also regelt der Polizist diese Geschichte.

FICHTE Diese Polizisten konnten Englisch?

EPPENDORFER Ja.

FICHTE Hast du Mißhandlungen auf der Polizei gesehen?

EPPENDORFER Nein. Gar nicht.

FICHTE Die Leute wurden nicht geschlagen?

EPPENDORFER Nein. Die Leute werden gar nicht geschlagen. Man läßt es alles sehr ruhig angehen. Wenn es wirklich einen größeren Krawall gab, es gab mehrere Krawalle draußen vor der Polizeiwache, dann holte man vom nahen Polizeipräsidium Verstärkung. Dann kommt ein Jeep an, dann werden alle aufgeladen und in das Polizeipräsidium gebracht.

FICHTE Wie kamst du gerade zur Polizei?

EPPENDORFER Ich spazierte durch die Altstadt. Ein Polizeioffizier begrüßte mich und lud mich zu einer Tasse Tee, zu einem Glas Tschai ein. Und so ging ich mit ihm in die Polizeiwache. Er stellte mich allen vor und man war freundlich und man gab mir eine Orange und man rauchte mit mir ein paar Zigaretten. Man unterhielt sich und es war ein ungeheurer Stolz, einem Europäer die Funktion eines Polizisten vorzuführen. Und jedesmal, wenn ich wieder durch die Altstadt kam, besuchte ich meine Freunde. Ich war ja nicht nur mit Polizei, mit Polizisten zusammen. Man ging nach Feierabend zusammen zum Essen, in so kleine Garküchen. Ich ging in eine der ältesten arabischen Universitäten, in die El Asar Moschee und unterhielt mich mit den Lehrern, die zum Teil Englisch sprachen und die luden mich zu ihrer Nationalspeise, Kufta, das ist so eine Art von Hackfleischspieß mit Salat und diesem Fladenbrot und Tschai und wir saßen in der Moschee auf dem Boden auf Bastmatten. Ich verbrachte manchmal halbe Tage lang in den Moscheen und saß auf den Minaretts, schaute von dort oben auf den alten Teil von Kairo. Kinder kamen zu mir und ich unterrichtete sie in Englisch. Ich brachte Zigaretten mit und den Kindern etwas zum Naschen.

FICHTE Das Kairo Farouks galt als Babel. Das Kairo Nassers war tolerant. Wie ist es unter Sadat?

EPPENDORFER Ich glaube, daß die Freizügigkeit, die Freizügigkeit Nassers unter Sadat unter Kontrolle gebracht worden ist. Das ägyptische Fernsehen macht unter anderem Antipropaganda gegen die öffentlichen Bäder wegen Gesundheitsschädigung, wegen Seuchengefahr, wegen dieser immensen Verschmutzung. Es gibt Bäder, die sind 500 Jahre alt. Wenn du in der Stadt irgendjemanden fragst: Wo gibt es hier ein Hammam? – Wo gibt es hier eines dieser Bäder – wollen sie es dir als Tourist nicht gern sagen. Das ist eine Erfahrung, die ich eigentlich nirgends sonst in arabischen Ländern gemacht habe. In Ägypten war es so. Ich habe dennoch einige von diesen Bädern gefunden, die unscheinbar in den kleinen Nebenstraßen sind. Die nicht beschriftet sind außen, die man einfach mit ein bißchen Glück finden kann. Ich habe festgestellt, daß der Ägypter sehr scheu ist. Das muß mit seiner Religion zusammenhängen, daß Homosexualität illegal ist in Ägypten. Beispielsweise, wenn du einen Ägypter in einem

Bad anfaßt in dem Raum, wo es hell ist, kann es sofort passieren, daß der Badewächter dazwischengeht. Und sie auseinandertreibt. Aber diese Bäder haben dann einen sogenannten Dunkelraum. Da gibt es einen Steinsims und ein Becken mit Wasser und in diesem Raum da fällt jede Art von Scheu, jede Art von Hemmung ab. Man spült sich nur schnell den Schleim von den Schenkeln und dann ist schon der nächste wieder, der läßt dich gar nicht aufstehen. Wenn du aus diesem dunklen Raum rauskommst, ans Licht trittst, ist diese Intimität vorbei.

FICHTE Also Puritanismus auch dort?!

EPPENDORFER Auch dort.

FICHTE Und wie war es in den Hotels? Im Ägyptischen Museum? Auf der Polizeistation?

EPPENDORFER Für viele Ägypter ist der Tourist natürlich eine Attraktion. Er ist auf der einen Seite eine Henne mit goldenen Eiern, von der man hofft, etwas Geld, ein Bakschisch, ein Geschenk zu erhalten, ein Kleidungsstück, eine Uhr, eine Kamera oder dergleichen, ein Transistorradio. Die Wächter im Ägyptischen Museum werden von ihren Vorgesetzten sehr scharf überwacht. Es muß wahrscheinlich irgendwelche Ausschreitungen gegeben haben. Dennoch passiert es, daß dir ganz offensichtlich gegen Geld irgendwelche Dienste angeboten werden. Hinter der Ramsesstatue zum Beispiel, auf der Toilette im ersten Stock oder hinter einem der minderen Sarkophage – je nach Uhrzeit und je nach Publikumsandrang. Aber das ist einfach für die unterbezahlten Polizisten eine Art von zusätzlicher Erwerbsquelle und wird auch als solche betrachtet.

FICHTE Ist der Tourist da nun mehr oder weniger Frauenersatz?

EPPENDORFER Ich glaube, in erster Linie ist der Tourist ein Beutetier, ein Lustobjekt, von dem man sich dann irgendwelchen Gewinn verspricht, nicht so sehr eine beiderseitige erotische Entladung – sondern meistens einseitiger Natur.

FICHTE Also der Polizist fickt den Touristen hinter der Ramsesstatue?

EPPENDORFER Ja. Oder läßt sich eins blasen oder solche Geschichten. Läßt sich ungern am Hintern anfassen. Es ist eigentlich so, man hat auch da den Eindruck, in dem Moment, wo der Ägypter abgespritzt hat, ist die Lust aus dem Beutel, ist das

Interesse an einem Kuß, ist das Interesse an einer körperlichen Berührung erloschen. Meistens jedenfalls. Und immer wieder spielt die Frage nach Geld eine Rolle. Das scheint also innerhalb der letzten Jahre sehr stark eingerissen zu sein.

FICHTE Durch den Tourismus?!

EPPENDORFER Ich vermute, ja. Da Jugend oder Alter nicht die wesentliche Rolle spielt. Wichtig ist das Objekt Geld. Wichtig ist das Objekt Gewinn. Und in den Bädern kann es dir auch passieren, daß man dich um Geld fragt. Und der Tourist zahlt natürlich die höchste Eintrittsgebühr und er zahlt natürlich für jeden noch einen zusätzlichen Bakschisch. Das ist ... Das gehört einfach dazu. Ist er ein guter Zahler, wird man versuchen, ihm gute Partner zugänglich zu machen, indem man dann einen zusätzlichen Dunkelraum für ihn schafft, in den er sich dann mit irgendjemandem zurückzieht. Und dann immer wieder und nochmal, je nach dem. Und er ist eigentlich in erster Linie das Beuteobjekt.

FICHTE Wie war das auf der Polizeistation?

EPPENDORFER Der Polizeioffizier nahm mich an der Hand, zeigte mir die Räumlichkeiten. Auch das Gefängnis. Die zweite verschlossene Amtsstube, das völlig zerfallene Gemäuer hinter der sogenannten Polizeistation. Und wie selbstverständlich schloß er dann eine Tür, lehnte er eine Leiter von innen dagegen und öffnete seinen Hosenschlitz.

FICHTE Das war nicht einseitig?

EPPENDORFER Nein. Das war nicht einseitig.

FICHTE Und auch nicht für Geld?

EPPENDORFER Das war auch nicht für Geld.

Bloß, die Polizisten waren furchtbar eifersüchtig. Sie wollten mich ganz für sich haben, die kamen dann auch in mein Hotel und wichen mir dann überhaupt nicht mehr von der Seite und diese Freundschaft blieb eigentlich die ganzen drei Wochen über intakt und zum Schluß fuhren sie mich alle zum Flughafen, weil es einfach zum Gesicht gehört, möglichst viele Freunde um sich zu haben, die auf Wiedersehen winken. Und da sind sie mit zwei Taxen herausgefahren bis zum Flughafen und haben dann oben auf der Brüstung gestanden, bis ich ins Flugzeug stieg, winkend mit beiden Händen.

FICHTE Wie hat dir das Ägyptische Museum gefallen?

EPPENDORFER Es ist eine überdimensionale Rumpelkammer. Schlecht beleuchtet, irrsinnig bewacht. Also daß man da irgendwas klauen könnte, das ist eine Illusion. Ständig sind irgendwelche Archäologen am Werk, am Restaurieren von irgendwelchen Fragmenten. Und es ist einfach sinnbetörend, die Kollektion des Tutench-Ammon zu sehen. Das ist eine hinreißende Geschichte. Weniger gefallen hat mir beispielsweise die Mumienkammer, wo die Toten eingewickelt liegen, mit ihren verdorrten Schädeln und Händen und Füßen. Das fand ich ein bißchen unappetitlich, aber wunderschön, die verschiedenen Statuen, die Fresken, Köpfe, die bemalten Sarkophage, die Papyrusrollen. Das ist ein Hauch von Geschichte, obwohl ich den Eindruck hatte, daß eine ganze Reihe von Sachen einfach nicht echt sind, daß die echten durch Kopien ausgetauscht worden sind.

FICHTE Hast du so etwas wie eine Lederszene in Ägypten angetroffen?

EPPENDORFER Nein. Überhaupt nicht.

FICHTE Und du hast sehr gut ohne leben können?

EPPENDORFER Ich war fasziniert von den Menschen. Ich fand die einfach fabelhaft und ich habe zwei Studenten, mit denen ich mich anfreundete, die haben mich ständig überall hin begleitet. Wir haben über alle Sachen gesprochen, auch außerhalb von Kairo. Ich war bei deren Familien, habe in deren Wohnung gegessen. Eine Ärztin, einen Professor. Natürlich habe ich für die bezahlt, weil die einfach nicht viel Geld hatten. Die holten mich schon frühmorgens aus dem Hotel ab und dann fuhren wir einfach rum und bis spät in die Nacht und dann bezahlte ich ihnen das Taxi, daß sie nach Hause fahren konnten. Ich habe ihnen natürlich zum Schluß das Geld, was ich noch in ägyptischen Pfunden da hatte, da gelassen. Selbstverständlich. Ich habe ihnen ein Dauerstipendium am Goetheinstitut besorgt, den beiden, mit völliger Lehrmittelfreiheit und ich habe dafür gesorgt, daß sie Schreibpapier zur Verfügung haben. Ich habe ihnen auch Bücher und Hefte und Schreibblocks und Materialien gekauft, daß, wenn sie sich wirklich als talentiert erweisen, gutes Deutsch lernen können. Sie haben beide einen Intensivkursus bekommen, der unbefristet ist.

FICHTE Spielte bei den Polizisten eine Sadokomponente mit hinein?

EPPENDORFER Nein. Ich habe auch Kontakte zu Soldaten gehabt. Uniform ist etwas ungeheuer Stimulierendes und es ist einfach ein ungeheures Gefühl. Ich habe sie auch fotografiert mit ihren gesicherten Maschinenpistolen neben sich. Mit ihrem Revolver am Halfter, von dem man ganz genau wußte, er ist geladen. Es ist eine erotische Spannung, auch etwas von Gewalt, von Formierung, von Staatsmacht, von dem Teil des Verbotenen. Ein Tourist darf eigentlich keine Polizisten in einer Polizeiwache fotografieren. Ich habe das getan. Zum Schluß schenkten sie mir noch eine Mütze von der ägyptischen Polizei, die ich mit nach Deutschland brachte. Und ich ließ zum Schluß auch alles da, was ich an beweglichen Sachen mit mir rumhatte. Meine Pfeife, all solche Geschichten, mein Rasierwasser. Ich brachte ihnen das in die Polizeiwache und meine letzten Zigaretten und es war einfach eine ... ungeheure Spannung zwischen Verbot und Lüsternheit und Machbarkeit und Diskretion, wenn sich die Blicke begegneten, wenn eine Frage gestellt wurde, wenn alle anderen Polizisten dabei waren: Warum magst du mich? – Und sie dann wünschten, daß man vor all diesen anderen Kollegen erklären sollte, warum man ihn sympathisch fände und er dann mit stolzgeschwellter Brust in die Runde blickte, stolz und aufgewertet, weil er ein Gesicht dazugewonnen hatte vor seinen Kollegen.

FICHTE Aber du konntest in Ägypten leben und erotische Erlebnisse genießen ohne die Heavier Scenes der Lederwelt?

EPPENDORFER Aber ja! Ich habe einen Ägypter kennengelernt, der lebte schon jahrelang in einem kleinen Kiosk, wo er nur Bier und Cocacola und Zigaretten verkaufte. Dort lebte er Tag und Nacht. Das einzige, was er hatte, war eine Galabeja, eine ... ein kaftanähnliches Gewand und ein paar Plastiksandalen, noch nicht mal eine Armbanduhr und der hatte einen kleinen Spirituskocher, auf dem er sich seinen Tschai kochte, sehr süß, und dort hatte er dann zwei Wolldecken und die leeren Cola- und Bierkisten. Und wir mochten uns spontan. Er sprach kein Wort Englisch und auch kein Wort Deutsch. Wir verständigten uns dennoch. Arabisch. Und ich habe einige Nächte mit ihm in diesem Kiosk zugebracht, wo es ganz eng war. Ganz zusammengekuschelt und man redete miteinander, rauchte miteinander und er weigerte sich, irgendwelches Geld anzunehmen. Er teilte seine Biskuits mit mir und immer wieder Tee. Bevor ich ging, habe ich ihm ein kleines Transistorradio gekauft.

FICHTE Möchtest du in Zukunft öfter mit Proletariern der Dritten Welt zusammenleben oder lieber mit den Bürgern der Lederszene, Holländern, Amerikanern?

EPPENDORFER Also ich muß sagen, diese Begegnung mit diesen ganz einfachen, diesen so herzlichen Menschen war etwas so Beglückendes, daß ich immer wieder versuchen würde, solche Kontakte zu haben.

FICHTE Ich möchte dich nicht festlegen auf die Lederszene, auf die Sadoszene – aber es ist selten, daß man so gründlich darüber sprechen kann. Hast du »Saló« von Pasolini gesehen?

EPPENDORFER Nein.

Nach Beendigung dieses dritten Interviews sahen Eppendorfer und Fichte im 10. Juli 76 in dem Pariser Kino »La Pagode« den Film von Pasolini.

FICHTE Bei der Szene mit den verletzenden Stäben, sah ich weg. Das sahst du. Du sahst, daß ich dich beobachtete und setztest ein Lächeln auf.

EPPENDORFER Die Szene mit den Stahlstiften läßt keinen Augenblick den Ausdruck von Grauen bei dem Beschauer aufkommen. Sie berührte mich nicht, war mir zu vordergründig gebaut und läßt mich kalt. Dein Wegschauen amüsierte mich, da ich dir dein Entsetzen über dieses Spiel nicht glaubte.

FICHTE Der Film hat dich enttäuscht. In welcher Hinsicht? Künstlerisch, erotisch, sadistisch?

EPPENDORFER Von der Fotografie gibt es schöne Momente, erotisch – im Sinne von anmachen – gab es eigentlich nur eine wunderschöne Szene, die aber als eingebaute Wunschvorstellung zu offensichtlich konstruiert war. Sadistisch war es mehr ein Film über Auswüchse, über Verwirrungen, über pubertäre Sandkastenspiele, denen man intellektuelle Betrachtungen von anderen unterlegt hatte.

FICHTE Der Film sei zum Teil »undelikat« – warum?

EPPENDORFER Ein Festmahl aus Scheiße scheint mir nicht das geeignete Demonstrationsobjekt zu sein für Sadismus. Kinder und Geisteskranke essen auch ihre Exkremente und brauchen deshalb nicht sadistisch zu sein.

FICHTE Pasolini sei es nicht gelungen, einen Film über den Sadismus zu drehen, er habe einen sadistischen Film gedreht. Kannst du das näher beschreiben?

EPPENDORFER Die Vorgabe war eine Betrachtung über den Sadismus: Distanziert und nicht lüstern, analytisch, aber nicht manipulierend. Nichts von dem. Hier wird mit dem Zuschauer gespielt, mit Entsetzen, mit Ekel, mit Abscheu gewuchert, eine Eskalation der Widernatürlichkeit. Hier wird der Betrachter auf Leimruten gelockt, in Sackgassen geführt, in verborgene Fallen und alleingelassen. Gelächter schien hörbar. Kein Film für den Betrachter, sondern gegen ihn. Böse konzipiert, verschlossen, unentwirrt. Pasolini treibt mit dem Entsetzen Spott. Seine Erkenntnis über den Sadismus, subtil, verhalten, in der Entzündung zur Freude, der Weite und seiner Begrenzung, vermittelt er nicht. Er bietet Schauerstücke, plakativ, oberflächlich, eine Operette, zu laut, zu schrill, vorgeführt von einer Handvoll Halbirrer, Übersteigerter, Realitätsloser, Marktschreier, Verschnittener, abgetakelter Upper-Ten-Kurtisanen. Krankheit, gerade das, Irresein, Krawall, Unrealistik, tobende Überschreitung sind nicht die Objektträger des Sadismus. Pasolini dreht einen sadistischen Film, weil er den Zuschauer durch halbblinde Ferngläser, durch Türlöcher, durch zu rasch geschnittene Passagen schnüffeln, spionieren läßt.

Er lockt ihn mit Fleischbrocken, läßt sie aber nicht zu Munde kommen. Er bietet ihm erotische Stimulanz übers Tischtuch und schlägt sie ihm sofort wieder aus der Hand. Er überzeichnet seine Szenen für das neugierige, aber ungeübte Auge des Beschauers bis an den Rand der Folterung.

FICHTE Haben dich Szenen des Films sexuell erregt? Welche?

EPPENDORFER Eigentlich keine bis auf die eine kurze Bettszene. Aber das lag hier mehr an dem optischen Reiz der Darstellung.

FICHTE Du sagtest es gäbe eine Faszination im Abgestoßensein, ein Ablehnen dieser Tatsachen. Wie ist das genau?

EPPENDORFER Es gibt diese Faszination des Abgestoßenseins. Du siehst den Akt einer Vergewaltigung, die sich windenden Leiber, empfindest dennoch, obwohl du vielleicht nie vergewaltigen würdest, eine Art von widerstrebender Wollust, eine nicht genau zu definierende Temperierung deiner Gefühle, ein Stimulans, ähnlich kann es bei Peinigungen sein – wenn du mal Dressurklischees wie: das darf man oder das tut man nicht, zur Seite stellst – die Auspeitschung eines gefesselten, gut gewachsenen Körpers, und dessen anschließende Schändung durch mehrere. Eine Form der passiven Lüsternheit, eine Faszination des Unüblichen.

FICHTE Welche Bücher und Filme von Pasolini kennst du?

EPPENDORFER Ich kenne »Edipo Re«, ich kenne einen Teil aus »Theorema«. Ich habe irgend etwas mit Schweinen gesehen.

FICHTE »1001 Nacht?«

EPPENDORFER Ja.

FICHTE Kennst du die »Medea?«

EPPENDORFER Ja. Ich glaube, durch die Callas ist das Ganze ein bißchen kopflastig.

FICHTE Wie erscheint dir die erste Szene, in der der junge Bauer geopfert wird?

EPPENDORFER Es war eine sehr archaische Handlung. Eine sehr kultische Handlung, die statt des Entsetzens, das sie hätte auslösen müssen, eine Art von Entzücken provozierte, eine Art von Bewunderung, eine Art von Köstlichkeit.

FICHTE Warum hätte sie Entsetzen auslösen müssen?

EPPENDORFER Von der Erziehung, von den Bildungsrudimenten, der Zivilisation, der wir immer ausgesetzt sind von klein auf, hätte man eigentlich der Opferung eines Menschen nicht zusehen können.

FICHTE Selbsterhaltungstrieb?!

EPPENDORFER Sicherlich. Aber ich glaube, daß man diese Art von Konvention aufgebaut hat, um die Menschen vor sich selber zu schützen. Wenn dieses Kastenverhalten wegfiele, könnte es durchaus sein, daß die Schranken wegbrechen würden und daß man viel leichter, viel häufiger und viel intensiver aufeinander losgehen würde, wenn man es nicht an Begriffe wie gut und böse, schlecht, unmenschlich und widernatürlich koppeln würde.

FICHTE Und das fändest du gut?

EPPENDORFER Es ist doch ... Es ist ... In einer menschlichen Gesellschaft ist dieses Verhalten natürlich nicht möglich, ist diese Art von Impulsen nicht möglich. Es sind ... Aber ... Es ist doch so, daß es bei einigen Völkern früher so gewesen ist, daß man die Alten mit etwas Wegzehrung zurückließ, und sie dann von den wilden Tieren zerrissen wurden oder irgendwo in Eis und Kälte erfroren. Ein krankes Tier wird von seinen Artgenossen zerrissen. Wir haben das natürlich verfeinert. Wir haben das perfektioniert. Wir schicken unsere Alten ins Altersheim, in staatliche Fürsorgeanstalten ...

FICHTE Oder wir leben ...

EPPENDORFER Wir leben nicht mit ihnen. Zum größten Teil leben wir nicht mit ihnen oder wir sind zu feige, es uns nicht einzugestehen, daß diese Alten uns lästig sind.

FICHTE Aber du lebst mit einem älteren Menschen zusammen?

EPPENDORFER Das ist richtig. Aber das ist eine freiwillige Bescheidung, das ist ein freiwilliges Für-den-Anderen-da-sein-Wollen. Konsequent gesehen ... Wenn wir die Tiere sehen ... ist, daß das kranke, das hinfällige Tier von den Artgenossen zerrissen wird, der kranke Wolf von den anderen Wölfen ... ist es eigentlich, daß wir den Prozeß des Hinsterbens, den Prozeß des langsamen Totwerdens hinauszögern, durch die Medizin, durch die behutsame Unterstützung, durch das Auffangen des Hinsiechens, der Hinfälligkeit, des Abalterns zum Tode hin, daß wir diese Geschichten einfach aus irgendwelchen ethischen, aus sozialen Gründen verlängern helfen, verfeinern helfen, daß wir es manchmal natürlich nicht ganz durchhalten, daß wir hoffen, hoffentlich stirbt der Alte, hoffentlich stirbt die Alte bald, weil sie uns lästig geworden sind, weil mit der Hinfälligkeit eine Diskrepanz zwischen Jugend und Alten besteht, die sich manchmal nicht mehr überbrücken läßt, eine Erstarrung der Anschauung, eine Komplexität des Willens, daß man einfach nicht mehr miteinander sprechen kann.

FICHTE Ähnliche vitalistische oder biologistische Auffassungen erscheinen zusammen mit der Folgerung, daß der »Artfeindliche« oder der »Artschädliche« vernichtet werden müsse. In einer Gesellschaft, wie du sie zeichnest, würdest du wahrscheinlich als Homosexueller allein schon ausgerottet werden.

EPPENDORFER Das ist richtig.

FICHTE Warum vertrittst du eine Lebensauffassung, die dich selbst vernichten würde?

EPPENDORFER Es ist eigentlich ... Ich gebe zu, daß es ein Widerspruch ist. Wir sind natürlich in dieser Auffassung erzogen, wir sind in sie eingebettet, wir sind in ihr gedrillt, wir sind in ihr diszipliniert worden. Wir wagen nicht den Ausbruch. Wir wagen nicht den Widerstand. Wir wagen nicht gegen den Stachel zu löcken. Aus einer gewissen Feigheit, aus einer gewissen Furcht, es könne dir ja irgendwann genau so passieren. Wir scheuen die konsequente Einhaltung. Ich meine eine ... ein ... ein ... ein ... ein ... Volk, ... das ... langsam überaltert, das mit den Geburten, mit dem Nachwuchs nicht mehr nachkommen kann, das nicht mehr genügend frische Kräfte, potente Kräfte heranschaffen kann, stirbt.

FICHTE Glaubst du, daß die superpotenten Typen der Lederszene zu einer solchen Vitalisierung der Gesellschaft beitragen?

EPPENDORFER Nein. Ich glaube, das ist eine Sackgasse ... Ich glaube nicht, daß man sagen kann, daß einer der wichtigsten Gründe in dieser sadomasochistischen Verbindung der ist: Mach dir die anderen zu Opfern, bevor du selbst dazu wirst. –

FICHTE Nun befindest du dich in einem doppelten Widerspruch: Im Alltag leistest du gerade das, was du ideologisch verneinst: Hilflosen, Älteren zu helfen.

EPPENDORFER Ja.

FICHTE In der Gesellschaft, die du propagierst, hättest du keinen Platz – aus drei Gründen:

EPPENDORFER Richtig.

FICHTE Auf Grund deiner Vergangenheit, deiner Tat, auf Grund deiner Veranlagung und auf Grund deiner Spezialisierung, die eine härtere Gesellschaftsform als völlig abartig, pervers, »artschädlich« ausrotten würde ...
Du verkörperst also den Gegentyp einer solchen Gesellschaft. Warum formulierst du solche Gedanken? Aus Bewunderung? Aus Angst? Aus Hoffnung?

EPPENDORFER Man könnte vielleicht sagen, das ist eine latente masochistische Haltung. Aber das deckt den Sachverhalt vielleicht nicht ganz. Wenn ich dazu in der Lage wäre, diesen Gedankengang – ich bin dazu nicht in der Lage – diesen Gedankengang folgerichtig und logisch auszuführen, würde ich natürlich gegen jede gesellschaftliche Tradition, Erfahrungswerte, Verhaltenskriterien stehen. Aber es würde ein einziger Aufschrei sein. Jeder würde sagen, man kann es nicht machen. Aber ... Ich glaube dennoch, daß ... Ich mich nicht im Alter dieser Art von Ohnmacht, dieser Art von Abhängigkeit freiwillig und klaren Verstandes ausliefern will.

FICHTE Was würdest du tun?

EPPENDORFER Ich würde mich umbringen.

FICHTE Das Entzücken beim Ansehen des Menschenopfers – nicht des Menschenopfers, das du ausgeführt hast, sondern das du im Kino gesehen hast – hast du eine Idee, wie das funktioniert. Warum man etwas so Entsetzliches und Unmenschliches mit Faszination und Entzücken betrachtet?

EPPENDORFER Ich glaube, daß man das heidnische Ritual der Opferung eines menschlichen Wesens umsetzen kann in das, was beispielsweise Antinous für Hadrian tat. Jemand gibt freiwillig sein Leben hin, um das Leben des anderen zu verlängern. Es ist ja nicht von ungefähr, daß Kannibalen ihre Gegner auffressen, weil sie meinten, damit die Kraft des Gegners in sich aufnehmen zu können, ihre eigene Kraft also zu verdoppeln. Ich glaube, daß unterschwellig in uns dieser Instinkt für eine derartige Wirksamkeit immer noch vorhanden ist oder immer vorhanden war. Ich glaube, daß das möglicherweise einer der Urinstinkte von uns sein kann.

FICHTE Meinst du, daß die Kannibalen ihre Gegner auch aus Hunger aßen?

EPPENDORFER Bestimmt nicht aus Hunger. Ich meine aus einem rituellen Bedürfnis. Da ging es um viel mehr. Da ging es um die Kraft. Es ist ... Es ist ... Es ist ... Es ist ja auch nicht von ungefähr, daß bei den Azteken, bei den Chipchas, daß man den Edelstein den Feinden aus der Brust riß, um eine eigene Erhöhung zu erfahren. Daß man ... Daß man das Blut des Gegners austrank, um ... um ... um da die unmittelbare Kraft des Gegners in sich aufzusaugen. Ich glaube, daß beispielsweise eine Form ... daß in diesem Instinkt auch eine Form des Vampyrismus liegt.

Fichte Wie erklärst du dir, daß diese uralte Faszination vor magischen Ritualen, die auch in der Lederszene erscheint, gerade jetzt aufbricht?

Eppendorfer Wir kommen auf eine Zeit zu, die uns das erste Mal in die Lage versetzt, uns gänzlich ausrotten zu können. Wir haben uns Kräfte geschaffen, die wir schon längst nicht mehr unter Kontrolle haben und die ... und das wissen wir und diese instinktive Angst ist schon da. Nicht umsonst treten in Amerika Sicherheitsminister zurück, werden Atomreaktoren eingestellt, werden beispielsweise Romane geschrieben, die Überfälle auf Atomreaktoren beinhalten, spricht man von verschärften Sicherheitsvorkehrungen, spricht man von dem Augenblick des »Wenn – Was dann«, spricht man von einer Eskalation der nicht mehr dirigierbaren Gefahr. Und ich glaube, dieses Zeitalter der Angst, in das wir jetzt gekommen sind, führt uns eigentlich wieder zurück zum Kern unserer Urängste, die wir zwar totschweigen konnten, die wir aber nicht verloren haben, die wir versanden lassen konnten, die wir überdecken konnten, aber die wir dennoch nicht zum Stillstand brachten. Und die brechen, glaube ich, langsam auf – die Isolation des Menschen, die Furcht vor sich selber, das Weglaufen, das Sich-nicht-selber-stellen-Wollen, die Unfähigkeit zur Wir-Beziehung, die Unfähigkeit zum konstruktiven Dialog mit dem anderen, die Unfähigkeit und der Unwille, für den anderen dasein zu wollen, die Unfähigkeit zuhören zu können, all diese Geschichten sind doch Watthölzer auf dem Wege dahin, die wir ... Im Grunde genommen haben wir einen riesigen Bogen mit Hilfe der Zivilisation geschlagen. Aber wir sind wieder dabei, auf einen Punkt, auf unseren Ausgangspunkt zurückzukehren.

Fichte Das Entzücken an blutigen magischen Szenen wäre, weil dort die Angst gebannt wird?

Eppendorfer Ja. Wir schütteln diesen Mantel der Dressur, den Mantel des Drills, der übernommenen Zivilisationsklischees ab. Sie schützen uns nicht mehr. Sie wärmen uns nicht mehr. Er wärmt uns nicht mehr. Er ist brüchig geworden. Er ist durchsichtig geworden. Er bietet keine ausreichende Sicherheit mehr. Die Angst beginnt wieder zu pulsieren. Sie kommt wieder mit dem Herzschlag über die Zunge.

FICHTE Könnte ich so vereinfachen: Die Lederszene und ihre extremen, quasi-magischen Riten sollen Angst bannen?

EPPENDORFER Ja. Wenn wir einschränken, daß dieser Vorgang ... daß das, was dort zelebriert wird, von den meisten nicht begriffen wird, daß dort intuitiv etwas zelebriert wird, was im Augenblick auf die meisten oberflächlich nur als weiterer Reiz wirkt.

FICHTE In Wirklichkeit aber ausgelöst wird durch dieses ...

EPPENDORFER Richtig.

Angstempfinden. Und dieses Bannen unserer latenten Ängste, die wir uns ja meistens nicht eingestehen, die aber dennoch vorhanden sind und die uns stimulieren, ritualisierten sich darin, in der Vernichtung der Körperlichkeit, der ... des Hauches von Jugend, des Duftes eines frischgewaschenen Körpers, des Glanzes eines Lächelns, des Aufatmens einer Befriedigung, indem wir einfach durch diese optischen, durch diese sensuellen, durch diese Sensibilität hindurchstoßen in die Kot-, in die Blut- in die Urinriten, um dem Fleisch ..., durch dieses Fleisch der Konvention, der Auferstehung, der Überwindung, durch dieses Fleisch auf den Knochen zu uns kommen, uns in dieses Knochenmark einzusaugen.

FICHTE Ist es nicht noch etwas andres? Wir tun das kleinere Schreckliche und hoffen dadurch – instinktiv – dem größeren Schrecklichen zu entgehen?

EPPENDORFER Möglich. Aber ich glaube, daß beispielsweise die Tätigkeiten des Faustfickens Vorstufen kleiner praktizierter Tötungen sind.

FICHTE Ja, aber eben Tötungen doch nicht. Wenn ich eine Puppe mit Nadeln durchsteche, um meinen Feind zu töten, stirbt er nur in den seltensten Fällen. Praktisch habe ich meine Agression abgelenkt und keinen Menschen getötet, sondern eine Puppe mit Nadeln durchstoßen. Du bringst deinen Partner nicht um, sondern fickst ihn mit der Faust.

EPPENDORFER Richtig. Laß es uns so spezifizieren: Was sich dort bewußt oder größtenteils unbewußt vollzieht, ist die Zusammenballung dieser Clique, die sich aneinander anklammert wie auf einem riesigen Floß in einem Meer von Angst.

FICHTE Wie war die Reaktion deiner Bekannten auf »Saló« von Pasolini?

Eppendorfer Der Tenor war eigentlich: Es ist sovieles wahr. Aber wir wollen es nicht anerkennen. Wir wollen es nicht wahrhaben. Wie konnte der mit diesen Erfahrungswerten ans Licht kommen?! Wie kann er es wagen, diese Form von Angst so ungeschminkt bloßzustellen?! Wie kann er es wagen, uns öffentlich zu dekuvrieren?! Wie kann er es wagen, uns in ein Licht zu zerren, in eine Öffentlichkeit zu zerren, zu plazieren, in die wir ja nicht wollen?! Wir wollen das Dunkel. Wir wollen die Dämmerung. Wir wollen die Abgeschiedenheit. Wir wollen die Abisoliertheit unserer Begegnungen. Wir wollen unter uns diesen Zusammenhalt.

Fichte Du ... Wie war die Reaktion der Ledermänner, die zum Teil selbst Filme drehen, in denen Ähnliches gezeigt wird?

Eppendorfer Es trat genau das ein, was eintreten sollte: Es erregte überhaupt nicht das Gefühl von Übelkeit. Es erregte nur das Gefühl der Stimulanz. Es erregte den Wunsch der Anteilnahme.

Fichte Also: Nachmachen!

Eppendorfer Ja.

Fichte Sollte man diesen Film verbieten?

Eppendorfer Nein.

Fichte Warum nicht?

Eppendorfer Ich halte ihn für ein ungeheuer mutiges, für ein ungeheuer engagiertes, für ein ungeheuer fähiges Argument einer – unserer Selbstdarstellung.

Fichte Du kennst Bluttaten, du kennst Brutalität. Was ist für dich der Unterschied zwischen Brutalität im täglichen Leben und Brutalität in einem Film wie dem von Pasolini?

Eppendorfer Pasolinis Film ist nicht feige. Unsere Brutalität ist feige. Pasolinis Film ist aufrichtig. Wir sind es nie. Wir tarnen uns. Wir nehmen dem Blinden das Geld aus der Schale, den Unterlegenen treten wir mit Füßen. Dem anderen legen wir Schlingen, wo wir nur können. Wir stellen uns nicht. Pasolini hat es gewagt. Deshalb auch dieser Angriff gegen ihn. Er hat sich gestellt. Er hat öffentlich mit dem Rücken zur Wand gekämpft. Er hat demonstriert, was im Grunde genommen in uns vor geht. Er hat es sichtbar gemacht und das verzeiht ihm niemand.

Fichte Glaubst du wirklich, daß man durch einen solchen Film zu sadistischen Taten angeregt wird?

Eppendorfer Ich glaube, daß jeder dazu in der Lage ist, weil diese

Form von Sadismus, weil diese Form von Masochismus einfach in unseren Urinstinkten liegt. Wir sind ja nicht frei davon. Aber durch Dressur, durch Drill, durch Erziehung sind natürlich viele dieser Kräfte, wie zum Beispiel wertvolle Heilkräuter, um ihre Wirkung gebracht, um ihre Wirksamkeit. Sie sind entschärft. Sie sind verwässert. Sie sind niedergeknüppelt. Sie sind eingekapselt. Sie sind vergraben. Sie sind niedergefetzt. Sie sind eingekapselt. Sie sind versengt. Sie sind einzementiert.

FICHTE Was empfandest du, als du last, Pasolini sei, wenige Tage nachdem »Saló« fertiggestellt war, ermordet worden?

EPPENDORFER Ganz trocken gesagt: Folgerichtig. Dieser Film ist ein Abschluß. Dieser Film ist eine Verwirklichung. Und das, was dann später passierte, ist eigentlich nur eine ganz logische Entwicklung. Er hat diesen Tod wahrscheinlich gewollt. Er hat sich beispielsweise in diese Sackgasse hineinmanövriert. Und er hat diesen Jungen dazu benutzt, der Vollzieher zu sein, seiner eigenen geplanten Absicht. Pasolini war fertig. Nach diesem Film gibt es nichts mehr zu sagen. Es gibt nach diesem Film keine Steigerung mehr. Pasolini hat das gewußt. Pasolini war nicht fasziniert von dem Augenblick des Todes, sondern von dem Augenblick des Totwerdens.

FICHTE Wie rekonstruierst du den Mord?

EPPENDORFER Ich glaube, Pasolini hat sich einen Jungen ausgesucht. Es heißt ja beispielsweise, daß er seinen Nachlaß geordnet hatte. Es ist ja nicht der überstürzte Aufbruch aus einer Lebensarbeit. Es war ja einfach alles geordnet. Die Hinterlassenschaft war geordnet. Ich glaube, es hätte vielleicht ein oder zwei Tage später sein können. O. K. Aber dieser Film war fertig. Es gab nach diesem Film nichts mehr zu sagen. Der Schnitt war fertig. Pasolini ist herumgegangen. Er hat sich nach einem Vollstrecker umgesehen, weil er ... Bei Pasolini ging es nicht durch das Genital, dessen bin ich sicher. Es ging durch seinen Kopf.

FICHTE Wie hat sich das abgespielt?

EPPENDORFER Er hat sich einen Jungen vom Bahnhof genommen. Er ist mit ihm essen gefahren. Er hat ihn sich angeschaut. Ich glaube, wenn er gesehen hätte, daß der Junge diese tumben Aggressionen nicht zu leisten im Stande gewesen wäre, wäre nach dem Essen ihre Begegnung zuende gewesen. Er ist ganz gezielt an diese Örtlichkeit nach Ostia gefahren, in diese Szenerie, die eigentlich die Szenerie seiner Filme ist. Er war sich ganz klar. Er hat mit diesem Jungen vorher gegessen. Er war sich ganz klar. Diese Menschenkenntnis hatte er, genau klar über die Reaktionen dieses Jungen. Er konnte also ... Es war ein ungleiches Spiel, es war eine ungleiche Schachpartie. Er wußte schon bereits bei dem Essen, daß dieser Junge matt war, daß diese Partie für ihn gewonnen werden konnte. Dann führte er ihn in die Szenerie seiner Filme und inszenierte noch einmal diesen Film für sich. Er hat mit diesem Jungen Erotik getrieben, weil er ganz einfach die Verhaltensformen dieses Jungen erkannt hatte. Er wußte die Reaktionen. Er wußte ganz genau, wie es ablaufen würde. Er hat diesen Jungen zum Orgasmus gebracht. Und dann hat er etwas gemacht, wovon er ganz sicher sein konnte, daß der Junge da nicht mitspielen würde. Er hat ihn also mit dem Rükken an die Wand, in diesen aggressiven Engpaß getrieben. Im Grunde hat er nichts anderes gemacht, als was ein Frettchen mit einer halbblinden Schlange macht. Er hat diesen Jungen vor sich hergeschoben. Er hat diesen Jungen gezwungen, seine Verhaltensschemen genau, exakt auszuüben. Was er vorher schon immer gemacht hat mit den anderen Leuten. Wenn er sich schlagen ließ. Er schrieb ja seine eigene Dramaturgie seinen Partnern vor, die ja nie seine Partner waren, sie waren seine Objekte.

FICHTE Woher weißt du das?

EPPENDORFER Ein Freund von mir ist mit einer langjährigen Freundin von Pasolini befreundet. Die sind zusammen in die Schule gegangen. Die sind zusammen in dem gleichen Dorf aufgewachsen. Und ich weiß einfach aus diesen Erzählungen ... Dieses Mädchen hat Pasolini ja an diese Männer herangeführt. Und Pasolini war vom Intellekt her ein Sadist, vom Körperlichen her ein Masochist und seine Intelligenz hat es fertig gebracht, diesen Jungen wie eine Marionette in seinen Plan einzusetzen, einzupassen. Und dieser Junge hat genau so reagiert.

FICHTE Wie hat Pasolini das fertiggekriegt?

EPPENDORFER Er wird ihm den Antrag gemacht haben, sehr zynisch, indem er ihn entwürdigte, das wird er mit Worten gemacht haben, er wird ihn als minderwertigen, gekauften Stricher wahrscheinlich auch benannt haben, angesprochen haben und er wird ihm auch gesagt haben: Ich will dich ficken! – Vielleicht. Er wird ihm auch gesagt haben: Das hast du nicht zum ersten Mal gemacht! – Obwohl er genau wußte, daß der Junge es nie machen würde. Also direkt in diese Zielrichtung geschoben. Er hat gesagt: Stell dich nicht an! Du bist für alle käuflich, genau wie du für mich käuflich warst. Du kriegst noch mehr. Du läßt dich also ficken. Du hast dich oft ficken lassen. Mach mir nichts vor. Ich glaub dir kein Wort. Du hast es nicht zum ersten Mal gemacht. Dazu bist du viel zu perfekt. Dazu bist du viel zu abgewichst! – Und so wird er ihn mit gezielten Worten in diese Ausnahmesituation hineinmanövriert haben. Und dann wird er ihn tatsächlich angegriffen haben, ihn angepackt haben, um den Jungen glauben zu machen, daß es ihm Ernst ist. Es war ihm nicht Ernst. Er hat mit dem Jungen gespielt. Er wollte ihn reizen. Und da ist genau das eingetreten, daß der Junge sich nicht mehr zu helfen wußte und auf ihn losging. Und dann ist es zu dieser Keilerei gekommen und Pasolini wird während dieser Keilerei ... wird, während er längst am Boden lag und mit dem Jungen gekämpft hat, ihn wahrscheinlich gekratzt hat, ihn versucht hat zu beißen, versucht hat, an den Arsch zu fassen, was ja eines dieser unüberwindbaren Tabus ist bei solchen Jungen ... Durch Worte wird er ihn noch weiter in die Weißglut getrieben haben. Und dieser Junge konnte sich überhaupt nicht mehr retten und hat eine Latte, die da irgendwo in der Nähe gelegen hat, in diesem Viertel lag ja sowas alles rum. Ich bin ja selbst mal draußen gewesen. Ich kenne diese Örtlichkeit. Wird er einfach blindlings in fürchterlicher Angst, nicht nur sosehr in Wut, sondern auch in Panik: Wie werd ich dieses Ungeheuer los!

FICHTE Pasolini war ja sehr stark.

EPPENDORFER Wird er ... er ... er ihn einfach geschlagen haben, wo er ihn nur treffen konnte und in dieser Panik ist es durchaus möglich ... Hat er ja auch seinen Ring verloren, beispielsweise ... ist er in dieses Auto, nur alles in panischer Flucht.

FICHTE Aber er hat Pasolini doch dann überfahren?!

EPPENDORFER Ja. Sicher. Weil wahrscheinlich ... Pasolini war ja nicht tot. Vielleicht hat Pasolini sich an den Wagen gehängt und der Junge in seiner fürchterlichen Angst, Pasolini ist für ihn ja ein Monster gewesen, für ihn ein Alptraum, ein riesiger Schatten, der ... der über ihn zu kommen drohte, ihn zu ersticken suchte. Wahrscheinlich ist Pasolini auf diesen Wagen zugekrochen und der Junge, in seiner Angst hat den Rückwärtsgang eingelegt und hat Pasolini in der Not, ihn abschütteln zu müssen, überfahren.

FICHTE Du glaubst nicht, daß Pasolini ihm auch das noch vorgesagt hat?

EPPENDORFER Nein, das glaub ich nicht.

FICHTE Wie erklärst du dir, daß Pelosi in dem Augenblick, als er verhaftet wurde, schon auf den verlorenen Ring hinwies, der ihn doch mit dem Mord in Verbindung bringen mußte?

EPPENDORFER Ich glaube, daß durch den Grad der Not, in der sich dieser Junge befunden hat, jedes Gefühl von Schuld überhaupt nicht aufgekommen ist. Ich glaube, dieser Junge wollte die ausweglose Situation, aus der er sich gerettet hatte, aus der er es geschafft hatte zu überleben ... wollte er ganz schlicht, das zeugt eigentlich für die Naivität, für die Simplizität des Jungen ... und auch, er wollte auch sein Eigentum zurück: Ich habe mich gewehrt. Ich konnte also nicht anders. –

FICHTE Du glaubst also Pelosis Aussagen?

EPPENDORFER Ich glaube.

FICHTE Ich auch.

Wir bewundern Pasolinis Mut, seinen Spürsinn für neue gesellschaftliche Konstellationen ...

EPPENDORFER Vor allem für exorbitante Erscheinungsformen ...

FICHTE Für die Veränderung der proletarischen Brutalität zum Beispiel. Aber wie beurteilst du, daß er einen anderen Menschen benützt zum Mord?

EPPENDORFER Pasolini war ein ... in allem, was er gemacht hat, in allem, was er geschrieben hat, in allem was er ... durch alles, was er durch seine Filme demonstriert hat, ein freier Mensch, dem der Mensch als Masse, nur als Masse zur Verfügung stand, auch in seinem Bewußtsein, nur als Masse zur Verfügung stand, aber niemals als Wert, niemals als Partner, niemals als Geliebter. Er ist den Menschen auch nie als Liebender begegnet, sondern immer auf dem Sprung, die mitmenschliche Beziehung auszureizen: Entweder bin ich dein Opfer oder du bist mein Opfer. Du hast keine andre Wahl. Entweder das oder das! Ich laß dir keinen anderen Ausweg. Es gibt keinen Mittelweg. – Es ist ständig ein Ringen. Seine Filme sind immer ein Ringen. Dieses Oben oder Unten, Leben oder Tod. Immer dieses Absolute.

FICHTE Wenn deine Deutung stimmt und ich glaube, daß sie stimmt, dann hat er es ja geschafft, daß er, indem er Pelosi unterlag, Pelosi zu seinem Opfer machte.

EPPENDORFER Er hat gewonnen. Er war der Sieger.

FICHTE Aber wie siehst du die Situation des Proletariers Pelosi?

EPPENDORFER Ich glaube nicht, daß der Junge begriffen hat, was mit ihm gespielt worden ist.

FICHTE Aber er muß weiterleben.

EPPENDORFER Er wird auch weiterleben, weil ihn das Verständnis, die Kenntnis dieser Sachzusammenhänge nie tangieren wird. Er wird sie nie begreifen und das wird ihn überleben lassen.

FICHTE Darf ich eine sehr indiskrete Frage stellen?

EPPENDORFER Sicher!

FICHTE Du weißt, wie es ist, wenn man über den Rand seiner Existenz hinausgetrieben wird. Wie soll Pelosi danach weiterexistieren?

EPPENDORFER Wenn er begriffen hat, was in dieser Nacht wirklich passiert ist – es genügt nicht, daß er es nachliest, daß er es artikuliert bekommt, von irgendwelchen Fachleuten. Es nützt nur dann etwas, wenn er es aus sich heraus begreift . . .

FICHTE Was ist dann?

EPPENDORFER Dann wird er zum Krüppel. Wenn er nicht begreift, was damals in dieser Nacht vorgegangen ist, außer diesen ganzen technischen Dingen, daß eben ein Mensch getötet wurde, wird er diesen Vorgang heil überstehen.

FICHTE Dann kann er sich vor sich selbst rechtfertigen, wie Genet meint?

EPPENDORFER Ja. Und dann wird er es abschütteln können.

FICHTE Wieso sollte er es eigentlich nicht begreifen?

EPPENDORFER Ich bin wirklich sicher, daß er es nicht begreift.

FICHTE Im letzten Jahr bist du überfallen worden.

EPPENDORFER Ich war unten am Hafen. Ich kam von einem alten Bekannten. Ging rauf zur Elbchaussee. Dann waren plötzlich zwei Jungens da, die mir eine Pistole vor den Bauch hielten und die mein Geld haben wollten. Es war das erste Mal in meinem Leben, daß ich so etwas erlebt habe und bei mir setzte sofort eine psychologische Sperre ein. Ich kann jemandem nicht gezwungenermaßen etwas geben, was ich ihm nicht geben will. Mich kann man nicht ausrauben. Bei mir fällt dann ein eiserner Vorhang runter. Ich kann nicht. Und diese Situation war so komisch. Diese Jungen waren um zwanzig, neunzehn, zwanzig, so jung und so unreif und so nervös. Das war natürlich zu sehen, daß ich diese Pistole in der Hand ... ob nun geladen oder nicht geladen ... die war überhaupt nicht akut für mich. Ich mußte lachen. Ich fing an zu lachen, weil ich den Jungen in die Augen gesehen hatte. Ich sah natürlich die Gier, den Willen, einen Raub vollziehen zu können, aber sah auf der anderen Seite auch die Unsicherheit. Und es ging wie ein kühler Computer. Ich war überhaupt nicht aufgeregt. Ich sah die Nervosität und dachte mir nur: Du mußt die Jungen dazu bringen ... Erstmal mit dem Rücken gegen die Wand ... die Jungen dazu bringen, langsam in Richtung Elbchaussee, da sind mehr Menschen. Und dann hab ich mir die Jungens angeguckt und sah die typische Knasttätowierung auf den Armen, auf den Händen und sprach sie sofort darauf an. Ich legte es ganz gezielt darauf an, sie zu verunsichern, sie noch weiter zu verunsichern, sie in ihrer Überzeugung, daß diese Pistole wirklich so gefährlich und wirklich ein so sicherer Schutz sei, so einen Raub vollziehen zu können ... Diese Überzeugung versuchte ich ihnen zu erschüttern. Und indem legte ich mir den rüdesten Knastjargon zu, den ich natürlich kannte. Und ich stellte mich ihnen nicht gegenüber auf die andere Seite. Ich wechselte sofort den Platz und stellte mich neben sie, gedanklich, sprachlich, emotional. Das erzielte einen zweiten Verblüffungseffekt für sie. Sie waren natürlich auf Konfrontation eingestellt und waren verblüfft, daß dieser Gegner plötzlich nicht mehr da war, sondern neben ihnen stand und das Metier ... und das Milieu, aus dem sie kamen, wesentlich besser kannte als sie selbst und ich verwickelte sie in das Gespräch und ich versuchte, sie gegeneinander auszuspielen, indem ich einfach fragte, wer der Anführer sei und wenn der eine wieder eine besonders aggressive Welle loslud, sprach ich den anderen an und so. Dies Spannungsverhältnis kickte ich wieder, indem ich ganz, ganz doof sagte: Hast du noch Bewährung? Welchen Bewährungshelfer hast du denn? Und das irritierte sie. Sie waren verunsichert. Sie wollten. Sie wollten es durchführen. Sie versuchten sich immer wieder in diese Aggression hineinzusteigern. Aber sie waren sich nicht klar darüber, wer da neben ihnen stand. Und die ganze Zeit ging ich immer. Ich blieb nicht stehen. Sie kamen immer mit mir und langsam aber sicher – das dauerte natürlich eine ganze Zeit und wir kamen auf die Elbchaussee. Und dann sagte ich: So, Kinder. Jetzt hören wir aber mit diesem Spaß auf. Ich habe sowieso kein Geld. Ich kann euch gerade zu einem Bier einladen. – Und ich lud sie zu einem Bier ein. Sie kamen mit mir ein Bier trinken. Und dann drehten sie das plötzlich um und beim Bier erzählten sie mir dann, daß sie in Geldschwierigkeiten seien, daß sie da unten bereits jemanden zusammengeschlagen hätten vor ein paar Tagen, dem den Mercedes weggenommen, der würde in der Garage der Eltern stehen, ob ihnen was passieren könnte, wenn sie mir den jetzt verkaufen würden? Die Wagenpapiere hätten sie auch. Sie hätten ihm auch den Führerschein abgenommen. Sie hätten dem Jungen auch den Jagdschein abgenommen. Und sie hätten auch ein paar Mikrophone. Ob ich Interesse hätte an Mikrophonen. Sie brauchten dringend Geld. Und ob ich nicht ne Walter p.p. kaufen würde. Und ich habe gesagt, das ist nur interessant, wenn ich auch die Munition dazu kriege. Das wollten sie beschaffen und da einigten wir uns über einen Preis und ich ging darauf ein und da einigten wir uns auf ein paar Tage später, uns abends dort im Park an einem bestimmten Platz wiederzutreffen. Natürlich ging ich nicht hin. Aber man ging auseinander im Gefühl, sich als Kumpel zu verabschieden.

Fichte Das macht man einmal. Hast du nicht Angst, daß sich eine solche Situation wiederholen könnte?

Eppendorfer Nein. Ich habe keine Angst. Wenn sie passieren wird, wird sie passieren.

Fichte Und glaubst du nicht, daß du dann weniger jungfräulich sein wirst?

Eppendorfer Ich weiß nicht. Ich habe viele Jahre vorher ja mal so eine irrsinnige Todessehnsucht gehabt. Eine regelrechte Sucht genau nach diesem Zustand des Totwerdens. Ich habe ja eine zeitlang versucht, mich selbst zu vernichten. Als ich 13, 14, 15, 16 war. Ich habe ein paar Mal versucht ... Ich wollte diesen Zusammenbruch ganz bewußt, ganz klaren Verstandes miterleben und empfand dabei einen ungeheuren Genuß. Das hat sich alles gegeben. Aber ich habe während dieser Geschichte nicht die winzigste Spur von Angst gehabt, sondern sogar eine Form von Belustigung. Ich habe mir währenddessen für Bruchteile von Sekunden noch überlegt, was wäre wenn ... Jetzt guckst du beispielsweise in die Pistole, was würde denn dann passieren, wenn die dich jetzt über den Haufen knallen und ich gebe zu, es war so ein Suchtimpuls, der Wunsch wissen zu wollen, wie ist dieser Zustand ... Ungeheure Faszination. Ich geb das zu. Und ... Aber ... Das hat mir vielleicht diese ungeheure Selbstsicherheit gegeben, diese Situation so auszuspielen. Ich hatte nicht die geringste Spur von Angst. Ich bin natürlich auch kein masochistischer Amokläufer, der sich in den Tod stürzen wollte. Keineswegs.

FICHTE Wie fing das damals an, mit 13 Jahren?

EPPENDORFER Ich erfuhr damals, daß meine Mutter mich nicht wollte, daß sie eine Abtreibung versucht hätte, daß ich dennoch gekommen war, daß sie mich mit ungeheurem Haß ausgetragen haben soll, daß sie mich gleich nach meiner Geburt zu fremden Leuten gegeben hat. Mein Komplex war einfach, daß ich mich überflüssig fühlte. Und als ich dann 13 war, starb meine Großmutter, an der ich ungeheuer hing, die halbgelähmt war, die sehr schlecht gehen konnte, die schlecht sehen konnte und so. Aber an meiner Großmutter hing ich einfach abgöttisch. Mit meiner Großmutter verlor ich den letzten Beziehungspunkt, das Gefühl, daß jemand für mich dasein könnte. Wir gingen beispielsweise stundenlang spazieren. Sie hatte ihren Stock und wir gingen spazieren. Und ich fühlte so etwas wie ein Glücksgefühl: Dieser Mensch braucht dich! Das ist ein Mensch, der auf dich angewiesen ist! – Und so. Als sie dann starb, war das alles weg und dann wurde das wieder übermächtig. Ich fühlte mich völlig überflüssig. Ich wußte nichts mit mir anzufangen. Ich hatte eine Körperlichkeit. Ich haßte mich. Ich haßte meinen Körper. Ich haßte ... Ich wollte nicht mit mir leben. Ich wollte mich eigentlich zerstören.

FICHTE Wie hast du das angestellt?

EPPENDORFER Ich habe versucht, viele, viele Tabletten zu bekommen, die Tabletten gefressen und bin dann geschnappt worden rechtzeitig, allerdings schon bewußtlos, kam dann in eine Nervenklinik, wo ich ein paar Monate blieb. Erst zwischen lauter Verrückten auf einer Intensivstation, wo links und rechts die Leute starben und ich war einfach fasziniert. Ungeheuer. Und ich sie irrsinnig beneidete, daß sie einfach wegstarben und mich faszinierte dieser Augenblick des Totwerdens. Die Situation dieser sterbenden Hand auf diesem Leinentuch, wie dieses Gesicht langsam einfällt und die Hand pergamenten wird. Keine Ader mehr durch diese pergamentartige Haut pulsiert. Das hat mich ungeheuer fasziniert. Ich war neidisch. Ich war richtig eifersüchtig auf die Möglichkeit, daß sie einfach weggehen konnten. Später war ich dann auf einer Kinderstation auf der Psychiatrie. Dieser Professor, der sagte dann, ich dürfte zu meiner Mutter nicht wieder zurück. Ich müßte in ein Internat, um mich von meiner Mutter zu entfernen, weil meine Mutter zu einem Haßfaktor geworden sei. Ich fürchtete ja, von meiner Mutter vergiftet zu werden. Ich aß nichts mehr, was sie gekocht hatte. Das war etwas schwierig. Die Einbildung von so einem Kind, die ist natürlich immens. Zum Schluß wurde es so schlimm ... Im Internat lief ich natürlich auch weg. Ich fühlte mich nicht wohl unter den Jungen. Fühlte mich auch verfolgt. Fühlte mich allein. Fühlte mich isoliert. Fühlte mich überflüssig. Log. Erfand meine Geschichten, um sie den anderen Jungens zu erzählen, daß ich auch so ein fabelhaftes Elternhaus hätte wie sie, daß ich am Wochenende nach Hause fahren könnte, was ich nicht konnte, was ich zwar tat, aber ich irrte dann einfach nur durch die Stadt und kaufte mir zum Schluß eine große Tüte Orangen, als habe sie mir die geschenkt, als ich zurückfuhr. Und solche Geschichten. Und ... Ja ... Fühlte mich auch von meiner Mutter bedroht. Schlief mit einem Fahrtenmesser unter dem Kopfkissen. Wollte wohl sterben. Aber ich wollte mich nicht durch sie umbringen lassen. Es ist ganz erstaunlich.

FICHTE Der Mechanismus der Lügen, wie funktioniert der bei dir? Lügst du noch viel?

EPPENDORFER Ich lüge überhaupt nicht mehr. Als diese Geschichte ... Als dieser Mord passiert war und ich mehrere Monate überhaupt kein Wort sprach mit irgendjemand, ich aufwachte und einfach wie erloschen war, aber irgendwo auch erleichtert, einfach in dem Bewußtsein, überlebt zu haben. Was völlig unlogisch klingt. Aber ich fühlte mich erleichtert. Meine Mutter war für mich nicht mehr existent. Sie war nicht mehr da. Ich hatte überhaupt keine Verbindung mehr zu ihr. Bei dem Termin habe ich sie gesiezt. Es gab zwischen uns gar keine Verbindung. Ich hatte auch gar keine Empfindung. Ein klangloser Stein im Sand hätte mich ebensowenig interessiert. Ich schreibe ihr ja gelegentlich eine Ansichtskarte. Aber da steht weiter nichts drauf als: Schöne Grüße aus ...

FICHTE Du bist jetzt über dreißig. Ist da nicht immer noch, im Grunde noch die Hoffnung auf Erlösung durch deine Mutter?

EPPENDORFER Ich habe mir auch Gedanken darüber gemacht. Aber allein die körperliche Anwesenheit meiner Mutter – mit ihr allein in einem Raum zu sein – flößt mir Ekel ein. Ich weiß nicht warum. Es ist einfach so.

FICHTE Ist Ekel noch ein Zeichen von Zuneigung?

EPPENDORFER Vielleicht ist es so. Vielleicht liebe ich sie auch und will es mir nicht eingestehen.

FICHTE Hast du erotische Träume von deiner Mutter gehabt?

EPPENDORFER Nein. Ich glaube nicht. Und wenn, sind sie alle sehr geschickt verdrängt. Ich war irrsinnig eifersüchtig. Ich wollte sie für mich haben. Egoistisch, natürlich. Ich wollte sie nicht mit ihren vielen Freunden teilen. Ich bin ihr nachgeschlichen, wenn sie mit ihren Freunden in irgendwelchen Pensionen abstieg. Das ist alles richtig. Ich war verbittert. Ich habe sie gehaßt deswegen und ich habe sie mir natürlich phantasiemäßig verklärt und sie als Idealtyp einer Muttergestalt dargestellt, die ich mir gewünscht habe, der sie überhaupt nicht entsprechen konnte. Vielleicht war sie völlig überfordert. Das ist richtig.

FICHTE Als du das erste Mal onaniert hast, hast du dir dabei vorgestellt, wie deine Mutter mit ihren Liebhabern zusammen ist?

EPPENDORFER Ja. Nee, glaub ich nicht. Weiß ich nicht. Es spielte ein bißchen darum. Aber ich weiß nicht mehr genau, was ich mir da vorgestellt habe.

FICHTE Wie ist das, wenn man erotische Vorstellungen von seiner Mutter hat?

EPPENDORFER Es ist eigentlich immer wieder eine Form von neuer

Geburt. In sie hineinkriechen, um mit ihr verbunden zu sein. Eine ... Eine ganz elementare Verbindung. Es ist nicht fixiert auf Scheide oder Brustwarzen oder irgendwelche Fleischteile. Es ist fixiert auf Leib, es ist fixiert auf Wärme, es ist fixiert auf Geruch, es ist fixiert auf Blut.

FICHTE Woher Blut?

EPPENDORFER Nicht als Ausfluß von Tod, sondern als Ausfluß von Nahrung. Ich wollte eigentlich immer diesen Haß des Nichtgewolltseins, das Gefühl der Überflüssigkeit immer ungeschehen machen. Ich wollte mich eigentlich von ihr immer noch einmal freiwillig gebären lassen.

FICHTE Wo kam das Blut her? Du sahst ihren Körper. Wo kam das Blut her?

EPPENDORFER Es war in ihr und ich war in diesem Blut.

FICHTE War es rot?

EPPENDORFER Es war warm.

FICHTE Und es hieß Blut?

EPPENDORFER Es hieß mit Sicherheit Blut. Es hieß ... Es hieß ... Umfangenheit. Es hieß Geborgenheit. Es hieß Geschütztheit. Es hieß Umarmung. Es hieß Schlaf.

FICHTE Wonach roch es?

EPPENDORFER Ich kann damit keinen Geruch verbinden, auf jeden Fall. Ich kann es jetzt gar nicht präzisieren. Auf jeden Fall, es roch ganz anders, als dieses Blut, was ich bei dieser Tötung gerochen habe. Es war überhaupt nicht mein Blut.

FICHTE Aber du wußtest, daß es Blut war, was du wolltest von deiner Mutter.

EPPENDORFER Ja sicher.

FICHTE Hattest du vor diesen Phantasien irgendeine Vorstellung von Blut? Irgendein Erlebnis mit Blut?

EPPENDORFER Ich hatte mehrere Unfälle. Ich hatte mehrere Löcher im Kopf und solche Geschichten. Ich war gegen die Spitze eines glühenden Ofens gehauen und so. Da wurden dann Knochensplitter rausgesucht. Ich habe mich zig Mal zerschnitten. Wenn ich irgendwo stürzte. Ich blutete wahnsinnig leicht. Ich hatte sehr leicht Nasenbluten als Kind. Ich konnte als Kind nie Blut sehen. Mir wurde immer schlecht, grundsätzlich schlecht. Wenn mir ein Zahnarzt einen Zahn zog und es blutete, wurde mir schlecht.

FICHTE Und wußtest du da schon, daß die Abtreibung versucht worden war?

EPPENDORFER Ja, sicher. Das wußte ich schon als Fünfjähriger.

FICHTE Und als du den Mord begingst, wolltest du da ran an dieses Blut?

EPPENDORFER Das weiß ich nicht. Ich ... Ich ... Auf der einen Seite hat es mich bestürzt, auf der anderen Seite hat es mich fasziniert. Merkwürdig. Und das war nicht das Blut, das ich erwartet habe.

FICHTE Aber es machte dich trotzdem glücklich?

EPPENDORFER Ich weiß es nicht. Ich kann ... Ich weiß es nicht. Es ... Es ... Es war auch Entsetzen da, Bestürzung da, es war ... und trotzdem, es war eine Art von Gebanntheit. Ich weiß nicht. Es hätte passieren können, vielleicht ist es passiert, ich weiß nicht, daß ich ... daß ich in diese Blutflüssigkeit, in das, was da dampfte, was warm war, was mir über die Hände lief, sei es nun das Blut dieser armen Frau, sei es mein Blut, das war ja hier ganz aufgeschnitten, das hing ja hier alles runter, die Sehnen waren, jedes Schmerzgefühl ... Ich hätte ja auch reinfassen können, mir ins Gesicht schmieren, es einatmen wollen oder, ich weiß nicht ... Ich war ... Ich konnte nicht weg. Ich war an dieses ... an dieses Blut wie angekettet, so ... und erst, als irgendjemand sprach, als irgendjemand kam, oder ... das hat mich erst erlöst, ich konnte aus diesem Bann erst wieder weg.

FICHTE Aber hattest du erreicht, was du wolltest?

EPPENDORFER Das weiß ich nicht. Ich weiß nicht, was ich erreichen wollte.

FICHTE Hattest du nicht jetzt ...

EPPENDORFER Ich war ungeheuer erleichtert, ungeheuer befreit. Die ganze Verkrampfung, die ganze Beklemmung, das war alles weg. Ich hätte vielleicht, wenn ich es gekonnt hätte, ich hätte vielleicht sogar gelacht, ich hätte vielleicht gesungen, ich hätte vielleicht ... Diese ungeheure Anspannung hat sich ja in einem Lauf entladen. Ich bin von dort aus dann weggelaufen bis nach Hause. Es sind einige Kilometer. Ich muß das in einer phantastischen Zeit gemacht haben.

FICHTE Wenn du heute Richter wärst, wie würdest du die Tat beurteilen?

Eppendorfer Ich weiß es nicht. Ich weiß es nicht. Diese Tat ist mit zehn Jahren gesühnt worden. Es gibt nicht mehr als zehn Jahre. Das ... Das ... Das ... Das wäre genau so idiotisch zu sagen: Vier, fünf, sechs Jahre.

Fichte Freispruch?

Eppendorfer Freispruch, wenn es möglich wäre, ohne ... diese Gesellschaft leben zu können. Diese Gesellschaft muß sich vor solchen Handlungen wie der meinen schützen. Sie hat eine gewisse Portokasse, aus der diese Übertretungen, diese Art von Gewalt, diese Art von Gegen-den-Strom-Schwimmen bezahlt werden müssen. Ich habe mir nie Gedanken darüber gemacht.

Fichte Du warst doch unschuldig. Oder würdest du jetzt als Richter jemanden für schuldig erkennen, wenn er das täte?

Eppendorfer Ich weiß es nicht. Ich glaube nicht. Das ist keine Sache für einen Formaljuristen. Es ist nicht Sache, über die man öffentlich spricht. Es ist nicht Sache, die man an Hand von Indizien auf eine Waage schüttet und wiegt, die man in Normschranken einzupassen versucht, die, die, die überhaupt nicht das Gewicht von Leben haben, von, von Verirrung, von Entfremdung, von Entladung, von, von Erleichterung, von Befreiung, von der einzigen Chance zu überleben.

Fichte So warst du im Grunde gar nicht unzufrieden, daß du verurteilt wurdest?

Eppendorfer Es hat mir die Zeit gegeben, darüber nachzudenken. Wenn sie mich freigesprochen hätten, wäre ich völlig verwirrt gewesen und hätte nicht gewußt, was ich mit mir hätte machen sollen.

Fichte Wärst dir verachtet vorgekommen? Deine Tat wäre nicht gewürdigt worden?

Eppendorfer Ich weiß nicht.

Fichte Das ist ja das, was Genet sagt: Wir wollen keine Milde.

Eppendorfer Nein, ich wollte keine Milde. Das hab ich ja auch gesagt auf dem Gericht. Ich wollte eigentlich gar nichts sagen. Mein Anwalt hat mir nur gesagt, was ich alles sagen sollte. Ich hab das nachgeplappert, was er wollte. Ich habe gesagt: Ich suche kein mildes Urteil, ich will Verständnis. – Obwohl ich mir klar darüber war, daß es diese Art von Verständnis gar nicht geben konnte. Ich wollte ja ... und ich habe auch nicht mit den Leuten gesprochen. Ich habe nur das gesagt, was sie hören wollten, das, was der

Anwalt aus den Akten ... Er hat mir die Akten gezeigt. Ich kannte die ganzen Indizien und so. Ich habe mir eine Story zusammengelogen, die aussah wie ein Tatvorgang, der überhaupt nicht mit dem identisch war, was wirklich passiert ist, denn diese Erinnerungsmomente, die sind überhaupt nicht dagewesen. Aber ich dachte, ich wollte ihnen eine Freude machen, damit sie mich zufrieden ließen. Ich wollte mit niemandem darüber sprechen. Ich wollte ... Ich war erloschen. Ich wollte mich auf einen Stuhl oder einen Boden setzen und wollte mit niemandem sprechen. Ich wollte auch niemanden angucken. Ich wollte nicht Rede und Antwort stehen. Ich wollte in Frieden gelassen werden. Es war ... Es war neben diesem ungeheuren Gefühl von Erleichterung, neben diesem ungeheuren Gefühl von Befreiung, war auch ein ungeheures Gefühl von Erschöpfung da. Ich war nicht mehr da. Ich war ausgelaufen. Ich war ein hohles Faß.

FICHTE Wie erklärst du dir heute, daß so etwas geschehen kann?

EPPENDORFER Wenn ich den Psychiater zitiere, ist es eindeutig ein Fall eines aggressiven Durchbruchs, was immer das sein mag.

FICHTE Aber was ist deine Erklärung?

EPPENDORFER Meine Erklärung ist eigentlich ganz simpel. Ich bin geboren, obwohl ich nicht geboren werden sollte. Ich bin dennoch da und ich habe lange Jahre darunter gelitten, da zu sein, weil ich für mich keinen Sinn sah und weil ich ... weil ich ... Ich wollte nicht leben, weil ich nicht wußte, wozu ich leben sollte. Für wen sollte ich leben? Für mich wollte ich nicht leben. Ich bin dennoch herangewachsen. Ich habe nach Menschen gesucht. Ich habe nach Zärtlichkeit gesucht. Ich habe sie nicht gefunden. Ich habe nach einem Menschen gesucht, der mich hätte anleiten können, zu dessen Füßen ich hätte sitzen können, der mir vielleicht eine Art Lehrer geworden wäre. In der Schule hatte ich diesen Physik- und Chemielehrer da, wo ich glaubte, das sei ein Vater und der war lediglich sexuell an mir interessiert. Das war vielleicht, nennen wir es ganz simpel, das war der erste Schock. Das hat mich völlig verwirrt. Das hat mich voller Mißtrauen gepumpt. Davon bin ich ja nie mehr ganz frei geworden. Ich habe den Menschen mißtraut, obwohl sie mich faszinierten. Dann war der Versuch einer Selbstvernichtung. Nicht sehr geschickt, weil ich einfach feige war. Ich war ein ganz ängstliches Kind. Ich war ein ganz sensibles Kind. Ich war überempfindlich. Ich wurde rot bei allen Geschichten. Man brauchte mich nur laut anzusprechen, da zuckte ich zusammen. Ich war völlig verweichlicht. Ich war völlig überzüchtet, nennen wir es mal so. Ich war ohne jede Anleitung. Ich wußte mit mir nichts anzufangen. Meine Füße waren mir zu groß. Mein Körper war mir zu schlacksig. Meine Arme waren mir zu lang. Ich lebte in ständiger Feindschaft zu meinem Körper. Dann die Nervenklinik. Ich bewunderte diesen Arzt. Ich liebte ihn vielleicht sogar, ja, vielleicht, weil er der erste Mensch war, der mir zuhörte, der mir etwas sagte, dem ich zuhören konnte, für den ich alles getan hätte, was er gewollt hätte. Für den war ich ein medizinisches Phänomen.

FICHTE Wieso?

EPPENDORFER Ja. Aus irgendwelchen IQs oder Tests oder so. Und es hat ihn fasziniert. Er hat immer weitere Sachen durchgeführt. Das hat ihn ungeheuer fasziniert. In erster Linie war er ja auch ein Forscher, auf dem Gebiet der Kinderpsychiatrie und ich schien da ein interessantes Krankengut zu sein. Und ich war völlig verwirrt. Nun, sagen wir es ruhig, ich war sehr labil und ich hatte immer Angst. Vielleicht war es die Angst, wenn man das hinterher hineininterpretieren kann. Vielleicht stimmt das gar nicht. Aber es war eine Angst, die ich überhaupt nicht in den Griff bekam. Ich fürchtete mich einfach nur vor allem. Vor allem und vor jedem. Vielleicht war es nur die Furcht, noch einmal glücklich abgetrieben zu werden. Und dann, o. k. also die Nervenklinik, die Faszination am Totwerden, am Sterben dieser Leute rechts links und rechts neben mir, die alle viel älter waren als ich. Eingeschüchtert durch den tragischen Ton der Krankenpfleger und der Krankenschwestern, die sehr rüde mit diesen Halbirren umgingen und ich dazwischen als Jugendlicher. Dann die Zeit in der Kinderstation der Nervenklinik, die ich eigentlich heute als ganz ... als glücklichste Zeit empfunden habe überhaupt. Ich fühlte mich da geborgen. Ich fühlte mich da abgeschirmt, nämlich meine Mutter konnte mich da nicht besuchen, wann sie wollte. Sie mußte kommen, wenn es der Arzt erlaubte. Und es war eine Art von ... von ... von ... von Sicherheit. Die Internatsgeschichten, wo ich mich nicht einpassen konnte, zum Teil sicherlich durch meine Schuld. Aber wenn sie von meiner

Mutter sprachen, einige Kollegen im Internat, sie sei eine Schlampe, hätte ich den einen fast totgeschlagen, obwohl ich ganz genau wußte, daß er Recht hatte. Ich war noch ein bißchen jähzornig, trotz dieser Feigheit, die ja in mir war. Und dann, ja, wie schon gesagt, dann eskalierte die Geschichte, dann passierte dieser ... dieser Mord.

FICHTE Hast du dich in der Literatur von Genet bestätigt gefunden?

EPPENDORFER Ich habe Genet erst viel später gelesen. Eine Bekannte schmuggelte mir Genet ins Gefängnis. Dort las ich zum ersten Mal »Querelle de Brest«. Es klingt vielleicht merkwürdig und auch aufgesetzt, aber ich fühlte mich Genet überlegen. Ich fand seine Morde literarisch. Seine Toten bluteten nicht.

FICHTE Also du sahst das einmalige deiner Handlung, das, was von der existenzialistischen Literatur nicht wieder eingeholt werden konnte!

EPPENDORFER Ich habe mir keine Erklärungen zusammengezimmert. Ich habe dies Geschehen einfach in mir vergraben. Ich wollte mich nicht damit auseinandersetzen. Ich habe darüber nicht nachgedacht. Du warst der Erste, mit dem ich über diesen Komplex überhaupt geredet habe. Du wirst auch der Einzige sein. Ich habe keine Lust mehr, darüber zu reden. Ich habe mit dir nur deshalb über diese Geschichte gesprochen, weil ich möchte, daß aus diesem Geschehen, das in diesen Gesprächen wie eine Chronik wie ein Handlungsablauf aufgezeichnet ist, andre vielleicht etwas begreifen, wie es zu so einem Geschehen kommen kann, um nicht in die Endphase dieses Geschehens, das ich durchgemacht habe, hineingestrudelt zu werden. Natürlich dann ist es ein Zwang, dann hast du die Sache nicht mehr unter Kontrolle, dann kommt sie über dich und du hast keine Zügel mehr in der Hand, die Sache zu steuern.

FICHTE Hat es eine üble Berichterstattung gegeben oder ist anständig darüber berichtet worden?

EPPENDORFER Ich weiß es nicht.

FICHTE Du hast es auch nicht gelesen?

EPPENDORFER Nein. Sicher nicht.

Der Anwalt brachte manchmal irgendwelche Zeitungen mit, aber ... Ich habe sie nie gelesen und im Gefängnis bekam ich auch keine Zeitungen. Ich hätte sie auch gar nicht gelesen. Es hat mich nicht interessiert. Es ist sicherlich eine Menge dummes Zeug darüber geschrieben worden. Es gibt ja keine Tatzeugen. Dieser ganze Vorgang ... Insofern ... Es ist müßig, darüber irgendetwas schreiben zu wollen von irgendwelchen Presseleuten. Es gibt keine Tatzeugen. Es gibt einen gewissen, angenommenen technischen Hergang.

FICHTE Es ist nichts veröffentlicht worden, was deiner Version hier widerspricht?

EPPENDORFER Es kann darüber nichts andres gesprochen oder geschrieben worden sein, weil kaum über diese Sache gesprochen worden ist.

FICHTE Weil es Klatsch gibt?

EPPENDORFER Sicherlich gibt es Klatsch.

FICHTE Dem muß man nicht glauben.

EPPENDORFER Und man ... Man hat ja diese Geschichte ... weil es dafür keine Erklärung gab, man hat sie als ... als simplen ... als Mord mit ... mit besonders schwerem Raub oder so was Ähnliches ... diffamiert.

FICHTE Was soll denn dort geraubt worden sein?

EPPENDORFER Es ist ... Ich weiß nicht ... Also ... Ich bin ja irgendwann weggelaufen und habe eine Collegemappe bei mir gehabt, mit der ich auch in die Wohnung gekommen bin. Kein Mensch weiß warum. Ich hab ja auch den Mantel an. Und ich hatte ja auch son Jägerhut, den ich verloren habe in der Wohnung, in dieser Wohnung. Ich weiß auch nicht warum. Und in diese Collegemappe, da ich ... Ich habe auf diese Frau eingeschlagen mit Kristallschalen, mit Kristallvasen und solchen Sachen. Die Rede ... Und ich muß mit irgendeiner Schere auf sie eingestochen haben, die irgendwo in irgendeiner Schale gelegen haben muß. Überall rings verstreut ... Rabattmarken, Postkarten und so, alles was in diesen Schalen war. Und ich muß, als ich aus diesem ... Verzückung oder Traum oder wie auch immer, aufgewacht bin weil irgendwelche Leute kamen, ich weiß auch nicht, woher, ich hab die auch gar nicht gesehen, was das für Leute waren, ich hab die auch gar nicht gesehen. Als ich dann aus dieser Wohnung weglief, muß ich diese Collegemappe mitgenommen haben und in diese Collegemappe die Schere getan haben und irgendeine ... Börse mit Geld oder zwei, eine leere oder ... Ich weiß nicht. In irgendeiner Geldbörse sind, glaube ich, 15 Dollar gewesen, oder was weiß ich, oder so eine Geschichte und, ja, und die ist eben auch in dieser Collegemappe gewesen, als ich viele Stunden später verhaftet wurde.

FICHTE Warum hast du denn ausgerechnet eine Geldbörse da hineingetan?

EPPENDORFER Das weiß ich nicht. Ich habe auch irgendwelche farbigen Handschuhe da hineingetan oder einen Handschuh. Ich weiß nicht, wo das herkam. Ich weiß nicht, warum. Wenn es beispielsweise ein Raubmord gewesen wäre ... Mich hat es nicht interessiert, was sie dazu sagten. In der Wohnung sind also mehrere tausend Mark gewesen, wo ich sogar wußte, wo sie das Geld hatte. Ich hätte es also ohne weiteres nehmen können. Ich muß irgendwo ... Es ist auch so ... Es sind auch Kristallsplitter von diesen Schalen in dieser Collegemappe gewesen, die ist auch voller Blut gewesen. Also ich hab keine Ahnung, warum das so ist. Ich habe diese Collegemappe auch später überhaupt nicht angefaßt. Solche Sachen, o. k. ... Und da hat man dann versucht, einen Mord mit besonders schwerem Raub ... in Tateinheit mit besonders schwerem Raub abzuleiten.

Das ist eigentlich die Geschichte gewesen.

FICHTE War die Idee, dir etwas anzueignen ...

EPPENDORFER Sie, nein, sie haben etwas anderes gemacht. Sie haben mich gefragt, ob ich Geld gebraucht hätte und ich habe »Ja« gesagt. Und sie haben mich ...

– Ich hätte sie doch fragen können. – Und darauf habe ich gesagt: Ich habe sie gefragt, und sie wollte mir keins geben. – Was überhaupt nicht stimmt. Das war eine eindeutige Lüge. Aber ich hätte alles bestätigt, auch wenn sie andre Sachen gefragt hätten. Um sie los zu werden. Ich war eben ... Hier oben im Kopf ging etwas vor. Ich war eigentlich nie richtig da. Ich war ... Ich ... Ich ... Ich horchte in mir ...

Jede Frage, die sie an mich stellten, war mir so lästig, daß ich sie einfach loswerden wollte. Ich hätte alles bestätigt, nicht? Und ... Ich habe dann gesagt: Gut, wenn Sie wissen wollen, ob ich sie gefragt habe, ob sie mir Geld leihen könne, sagte ich also: Ja. – Obwohl ich ... Obwohl das überhaupt nicht stimmte. Ich wäre überhaupt nicht in der Lage gewesen in meiner Schüchternheit und in meiner Verklemmung überhaupt jemanden zu fragen, mir etwas zu leihen. Ich konnte das nicht tun. Im Gegenteil. Ich brauchte ihre Blumen nicht. Ich brachte ihr Blumen mit und solche Geschichten. Das ist eine andre Geschichte. Das hat man mir dann als bedingte Absicht unterstellt. Aber ich habe nie jemand um Geld gefragt. Es klappte, es ging einfach nicht. Ich konnte das nicht.

FICHTE War nun das auslösende Moment ... Kann das sein, daß das mit einer Bitte um Geld zusammenhing.

EPPENDORFER Ganz sicher nicht. Nein, nein. Ich weiß nicht, warum diese Raubgeschichte mit ins Tragen kam. Es war noch zwei Jahre vorher eine ältere Freundin meiner Mutter, zu der ich immer kam, und die hatte lauter alte Sachen in ihrer Wohnung und die lud mich immer zu sich ein und für die holte ich ein. Sie hatte sehr, sehr viel Schmuck. Ich sagte, ich war ein, wie kann man sagen, ein phantasievolles Kind. Ich träumte viel und so und ich fand Schmuck sehr schön und ich habe, da sie überall ihre – keine Ahnung – Brillantringe, Smaragdringe rumliegen hatte, probierte ich einen dieser Ringe auf. Und in dem Moment, wo ich ihn aufprobiert hatte, kam sie ins Zimmer und ich hatte Angst, von ihr ausgeschimpft zu werden und fand keine Möglichkeit, diesen Ring zurückzulegen, also behielt ich ihn auf der Hand und ging dann aus der Wohnung. Sie hatte mich irgendwo hingeschickt – das weiß ich nicht mehr so genau und dann irrte ich durch die Stadt, weil ich nicht wußte, wie krieg ich diesen Ring zurück. Während dieser Zeit hatte sie den Verlust dieses angeblich kostbaren Ringes entdeckt, achthundert Mark oder so, wie sie angab, und hatte die Polizei alarmiert und ... Sie war eine eigenartige Frau. Und die Polizei suchte mich. In der Zwischenzeit hatte ich den Ring natürlich von der Hand genommen und in mein Kammetui gesteckt und in die Tasche gesteckt, damit ich diesen Ring nicht verlor und also ein Peterwagen schnappte mich und brachte mich zur Wache und dort fand man dann diesen Ring und dann durfte ich wieder nach Hause und so und dann gab es irgendwann mal ein ... Ich sagte ich wollte nicht stehlen und so und dann gab es dann irgendeinen Termin, Monate später. Die Frau behauptete immer, ich wollte diesen wertvollen Ring stehlen oder so. Ich vermute, wie ich das später hörte, sie wollte diesen Ring gar nicht wiederhaben, beziehungsweise, hatte sie diesen Verlust sofort der Versicherung angegeben und einen wesentlich höheren Wert angegeben, als dieser Ring hatte. Ich konnte das sowieso nicht beurteilen. Für mich war das ein Ring mit bunten Steinen. Aber, wie schon gesagt, ich war noch ein Kind. Ich erzählte diesem Amtsrichter, wie das so war und kriegte kaum den Mund auf und sagte: Ich wollte das überhaupt nicht. – Und erzählte, daß ich diesen Ring am Finger ... Und daß ich Angst gehabt hätte, daß sie mich ausschimpft und dann kams also gar nicht zur Verhandlung, sondern das Verfahren wurde zur Bewährung ausgesetzt, ohne daß es irgendeine Erkennung auf Strafe gegeben hätte. Und diesen Umstand machten die späteren Richter zur Grundlage, daß ich mir irgendwelches fremdes Eigentum aneignen wolle. So ist die Sache gelaufen. Deshalb wollten sie auch ihren Raubmord gern haben. Sonst hätten sie ja auch ganz andre Sachen erklären müssen. Es gab dafür keine Erklärung und das war insofern ganz simpel, einen Raubmord zu unterstellen. Ich hab nicht mal dies riesige Gutachten von diesem Professor mitgekriegt, aber ich glaube, er hat diesen Raubmord auch gleich in Abrede gestellt. Man sagte mir, das sei ein einziges Plädoyer für mich gewesen, aber das Gericht habe sich nicht daran gehalten. Mit der Begründung – das ist auch ein Satz, den ich nie vergessen habe, ich habe ihn nicht ernst genommen, aber ich habe ihn nie vergessen: Man soll eine jugendliche Seele doch nicht zerpflücken. Das war in der Urteilsbegründung, wörtlich. Die Begründung, warum man dem Gutachten des Sachverständigen nicht gefolgt sei. Da stand was von späterer Einweisung in die Heilanstalt und da ... so ... Mein Anwalt sagte: Da kommst du dann nie wieder heraus. Du kriegst zwar keine Strafe, aber da kommst du nie wieder heraus. Da bist du ein Versuchskarnickel. Und deshalb hat er mir dies sogenannte Geständnis souffliert. Und das habe ich gemacht.

Fichte Welche Welt kommt dir sadistischer vor: Die Welt der Redaktionen, die Welt des Gefängnisses oder die Welt der Ledermänner?

Eppendorfer Hinterhältiger, da absoluter und unehrlicher, da sie mit falschen Attributen sich behängt, ist die Situation des Gefängnisses, ist die Situation des Gerichtes. Das sind Heuchler, das sind potentielle Lügner, die sich ein, ein, ein Scheinalibi aufgebaut haben, das sie auch nicht im Entferntesten bereit sind, erfüllen zu wollen. Sie suchen eigentlich nur eine Rechtfertigung, Menschen zu zerstören, Menschen zu vernichten. Und das ganz legal. Sie wollen nicht wissen, was in den Gefängnissen vor sich geht. Sie wollen es überhaupt nicht hören.

FICHTE Glaubst du, daß deine sadistischen Neigungen durch die Gefängniszeit bedingt worden sind?

EPPENDORFER Ich verdanke dieser Gefängniszeit sehr, sehr viel. Weil ich dort genau das geworden bin, was ich heute bin. Ich habe dort einfach beschlossen, nach der Hälfte der Strafe, als ich merkte, daß ich mit dieser Aufrichtigkeit, die ich fanatisch, wirklich, ich war ein Wahrheitsfanatiker, vom ersten Tag der Inhaftierung, oder wenigstens nach einigen Monaten, als ich dann anfing aufzuwachen, für mich als gültig anerkannt hatte, mir überhaupt nichts nützte, daß ich gegen diesen Wall von Ignoranz, von Lüge, von Scheinheiligkeit überhaupt nichts ausrichten konnte, habe ich mich entschlossen, diesen, laß es uns mal Wahrheitstrip nennen, ganz extrem auszufüllen. Und ich wurde diese Intelligenzbestie, als die ich dann verschrien war, später. Ich wurde dieser Wahrheitsfanatiker. Ich habe nie geschummelt. Ich habe nie geschoben. Ich habe immer die Wahrheit gesagt, ohne jegliche Selbstschonung, einfach in einer Form von lustvollem Fanatismus. In dieser Welt von Lüge, und Scheinheiligkeit, dir den Luxus zu leisten, immer die Wahrheit zu sagen. O. k., man kann sagen, die ist relativ. Aber ich habe immer gesagt, was ich für wahr hielt. Das war auch der Grund, weshalb ich Bewährung und all diese Geschichten nachher nicht mehr wollte und solche Sachen. Als man mich dann ins Justizministerium holte, als man mich dann wegloben wollte mit Bewährung, habe ich gesagt: Nein! Wenn ich rauskomme, will ich ganz frei sein.

FICHTE Kann man sagen, daß du in deiner Kindheit und im Gefängnis unter sadistischer Behandlung gelitten hast?

EPPENDORFER Ja, ja. Ich habe irrsinnig darunter gelitten unter dieser Form von Entwürdigung, unter dieser, dieser allgegenwärtigen Mauer, diesem Wall, der dich umschloß, von Ohnmacht, gegen die es überhaupt keine Appellation gab. Die konnten machen mit dir, was sie wollten. Wenn du wirklich mal im Hof unten ein kleines Gänseblümchen entdeckt hattest, daß du in deinem Ärmel in die Zelle schmuggeltest, in deinen Plastikbecher hinstelltest, um etwas Sonne in der Torpedozelle zu haben, dann kam so ein ... bei der nächsten Zellenrevision wurde diese Blume in die Zelle geschmissen. Weil das nicht erlaubt war. Dagegen konntest du überhaupt nichts machen. Da nützte es gar nichts, irgendwelche Aggressionen aufzubauen oder wie einen Schutzwall um sich selber zu legen. Ich habe sehr darunter gelitten. Aber nach etwa fünf Jahren ging das los, daß ich beschloß, Leben zu wollen, nicht mehr mich nur leben zu lassen, sondern mich selber leben zu wollen. Und da fing eine ... an ... an ... von ungeheurem Widerstand. Da wurde ich so diszipliniert und so zielstrebig, wie ich es heute eigentlich bin. Das danke ich dieser Zeit, das machte mich unangreifbar. Durch diesen ungeheuren Wahrheitsfanatismus konnte ich überhaupt überleben, wurde ich nicht zum staatlich subventionierten Versager, wurde ich nicht zum servilen Schleimer, habe ich mir alle Vergünstigungen ausgeschlagen, die mich hätten einfach bestechen sollen. Ich habe mir die Vergünstigungen, die ich hatte, alle verdient. Die standen mir zu. Darauf hatte ich einen Rechtsanspruch. Diese Karte war ausgereizt, bis auf den letzten Punkt. Es nannte sich Vergünstigungskarte. Aber ich wollte nichts aus Freundlichkeit, die mich verpflichtet hätte, irgendetwas zu ignorieren, irgendetwas totzuschweigen, was nicht rechtens war, irgendwo die Unwahrheit zu sagen, das habe ich nicht gemacht.

FICHTE Wie tritt nun die Umkehrung ein, daß du sadistische Handlungen, unter denen du gelitten hast, in der Sadoszene anderen zufügst – oder die andre Umkehrung, daß du ähnliche Handlungen jetzt freiwillig erleiden willst?

EPPENDORFER Ich habe mir diese Szenen ganz genau angeschaut, weil es für mich wichtig war. Ich habe danach gesucht, was da alles passiert ist, wie nach einem Dosenöffner. Ich habe diese Sachen in mehrerlei Hinsicht praktiziert, um festzustellen, welche Faszination es auf mich ausübt, welche Befriedigung es auf mich ausüben kann. An sich kann ich heute sagen, daß ich nicht ein aggressiver Typ bin. Ich kann sehr hart sein. Ich kann sehr gezielt sein und ich glaube, es ist eine – auch das klingt wieder ziemlich fürchterlich aber ... Ich könnte heute ohne weiteres einen Menschen umbringen. Ganz kühl, ganz gezielt, wenn ich es wollte. Aber ich will es nicht. Das ist eine andre Sache.

FICHTE Glaubst du, daß du es noch einmal emotional ...

EPPENDORFER Das kann nicht mehr passieren.

FICHTE Warum?

EPPENDORFER Weil alles durch meinen Kopf heute gesteuert ist. Weil ich alles so unter Kontrolle habe und mich nie aus der Hand geben will. Ich trinke nicht. Ich bin nie betrunken. Ich nehme nicht Drogen, die mich außer Gefecht setzen können, daß ich die Kontrolle über mich verliere. Diese ... Diese fürchterliche Entgleisung, die mir damals passiert ist, furchtbar, nicht nur fürchterlich, nicht nur für das Opfer, fürchterlich auch für mich, nie wieder passieren darf. Weil ich diese Art von Entwürdigung, Entmündigung, diese Art von Selbstverlust ... die kann man kein zweites Mal überleben.

FICHTE Was hat dir diese Stärke gegeben?

EPPENDORFER Einfach der Wille und die Überzeugung, daß ich nie wieder so ausgeliefert sein will, wie ich es zehn Jahre lang war.

FICHTE Du hast alles gesagt, von dir aus, zu dem Verhältnis der Lederszene zu deiner Tat?

EPPENDORFER Ja. Ich glaube, der Grund war einfach auch, mich selber zu entdecken, mir Klarheit über mich selber zu verschaffen, irgendwelche Erscheinungsformen wahrzunehmen, die irgend in mir mal angeklungen sind.
Ich wollte ganz genau wissen, wie konnte es passieren, daß mir die Stränge gerissen sind.

FICHTE Du spieltest deine Neigungen und was dir in deinem Leben passiert war, noch einmal durch?

EPPENDORFER Ja.

FICHTE War das immer bewußt?

EPPENDORFER Zu Anfang war das nicht bewußt, weil in dieser Lederszene, zu der ich gleich am Anfang kam, als ich entlassen wurde, weil mir da eine ungeheure Kameradschaftlichkeit entgegenschlug, die ich als wohltuend empfand, da sie mit das Erste war, das ich wahrnahm, für mich eine glückliche Faszination hatte.

FICHTE Könnte man sagen, daß die Lederszene für dich eine Art theatralischer Therapie war?

EPPENDORFER Das ist möglich. Ich habe die Sache in der Umkehrung gebracht. Ich habe ja in der Lederszene nicht mich als Opfer eingesetzt, sondern mir, in der Umkehrung, der ich selbst Opfer gewesen war, in einer ungeheuren Absolutheit, der ich auch Opfer gewesen war bis an den Rand der Selbstvernichtigung, der Selbstvernichtung, ich habe dieses Verhältnis umgedreht und mir mein Opfer gesucht. Ich bin nicht mehr das Opfer gewesen, sondern ich habe mich zum Opfernden gemacht.

FICHTE Könnte man jetzt ganz übertrieben sagen, daß innerhalb der Neurosen unserer Gesellschaft, in New York, in Hamburg, in Berlin, in Paris die Lederszene die Möglichkeit einer Therapie bietet?

EPPENDORFER Ja. Möglich. Guck mal, es ist tatsächlich und wir kommen da auf den Ausgangspunkt zurück: Mache dir andre zum Opfer, bevor du selbst dazu wirst.

FICHTE Wobei du ihn in der Lederszene nur eine Art Opfer spielen läßt.

EPPENDORFER Ich weiß nicht. Ich bestreite, daß es nur eine Art Spielerei ist. Es wird als Spiel getarnt. Es hat aber einige sehr ernste Akzente.

FICHTE Es ist also eine blutige Realität, die sich in Spiel verwandelt und dies Spiel verwandelt sich zurück in blutige Realität?

EPPENDORFER Ja. Ich glaube, daß diese Spielgrenzen, dies Getarntsein jeden Augenblick blutige Realität werden kann. Und ich meine, das liegt oft ... Und das ist für viele auch ein Kitzel über die Angst hinweg, die Karte bis an die äußerste Grenze auszureizen, wenn es sich aber erweisen sollte, daß diese Karte zu sehr abgegriffen ist, kann es passieren, daß du über den Rand kippst. Es hat in der Lederszene schon mehrere Tote gegeben. Das weißt du. In Amsterdam, beispielsweise.

FICHTE Was war da?

EPPENDORFER Während dieser erotischen Exzesse durch Übergenuß von Drogen und so weiter sind einige Leute gestorben.

FICHTE Das ist kein Sexualmord. Das ist eine Überdosis von Dysleptica, Herzversagen.

EPPENDORFER O.k., so kannst du es nennen. Aber da ist immer so ein Moment des Reizes ...

Fichte Du hast mal gesagt, sie hätten dich Hitler im Gefängnis genannt.

Eppendorfer Der damalige Polizeiinspektor der Anstalt sagte, auf Grund meiner Begabung sei ich ohne weiteres in der Lage, im Gefängnis einen kleinen Steppenbrand zu entfachen. Ich habe ihn nicht weiter darauf festgenagelt. Aber ich meinte, er sagte es so, auf Grund meiner Engagiertheit. Ich war unbestechlich. Ich habe überhaupt nicht mal ein linkes Wort gedacht, so besessen war ich von dieser Idee, nur die Wahrheit zu sagen und der Fähigkeit, Menschen beeinflussen zu können.

Fichte Lauterkeit und Unbestechlichkeit waren nicht eben Tugenden Hitlers – das wäre eher Robespierre, St. Just.

Eppendorfer Vielleicht war seine Bildung nicht so.

Fichte Wie hat sich die Lederszene in Hamburg nach dem ersten Ledertreffen 1970 verändert.

Eppendorfer Es hat inzwischen zwei weitere Ledertreffen gegeben. Man hat sich in einer Altherrenriege zusammengefunden. Man hat jetzt einen Club gegründet mit Vereinssatzungen und Vorstandsmitgliedern, mit Aufnahmegremium und mit Sitzungen in einem Fischrestaurant.

Fichte Bei Scholle!

Eppendorfer Und alles ist sehr etepetete, alles ist sehr kontrolliert, es ist sehr geplant. Alles ist sehr orientiert. Es ist eigentlich eine gut organisierte Mannbarkeitsanstalt.

Fichte Es sah aus, als ob es eine weltweite Massenbewegung unter den Homosexuellen würde. Hat sich das nicht ergeben?

Eppendorfer Doch, das hat sich ergeben. Die internationale Lederszene ist sehr straff organisiert. Man hat Clubs. Man hat in London die Internationalen Meetings, wo die internationalen Treffen der verschiedenen Clubs organisiert werden, neue nach Plan abgesprochen werden. Amerika. San Francisco. Amsterdam. London. Hamburg beispielsweise. Das ist eigentlich sehr betulich organisiert. Man ist wer, wenn man Präsident in so einem Lederclub ist. Man hält auf Würde. Es könnte auch ein Privatclub der internationalen Segelfliegerei sein. In diesem Fall ist es nun Leder. Die meisten haben kein Motorrad, obwohl es sich immer Motorsportclub nennt. Man fährt in Ledermontur und Kettchen und Mütze im Taxi zum nächsten Lederlokal, um seine

Anwesenheit zu bekunden. Es ist also alles sehr seriös geworden. Von internationaler schwarzer grausamer Liga kann gar keine Rede sein. Man trifft sich auf irgendwelchen Lederfeten wieder, redet miteinander, macht so seine Pflichtübungen. Ich würde sagen, wenn man das mit unserer Linken vergleichen würde, sie sind alle im Klassenkampf fett geworden.

FICHTE Es hat seine psychosoziale Virulenz verloren?

EPPENDORFER Ja. Diese Form von Gewalttätigkeit kommt eigentlich eher noch von kleinen Außenseitergruppen, die sich dann »Loge« nennen, nach Jahreszahlen beziffert.

FICHTE Es wird immer behauptet, es gebe zwei Arten von Sadisten. Der eine suche das Opfer, also die Folter und den Mord; der andre suche den Masochisten, also die Repräsentation von Folter und Hinrichtung. Stimmt das eigentlich – oder sind die Grenzen fließend?

EPPENDORFER Also grundsätzlich würde ich sagen, die Grenzen sind da fließend.

FICHTE Hast du erlebt, daß in Hamburg oder New York jemand durchgedreht ist, daß die Schranken, die vor der Vernichtung aufgebaut sind, eingerissen wurden? Daß innerhalb der Lederszene Leute amputiert oder ermordet worden sind?

EPPENDORFER Nein. In dieser Form habe ich das nicht erlebt. Aber ich habe Exzessen beigewohnt, wie jemand mit dem Reststück eines amputierten Oberarmes gefickt worden ist, bis zum Schultergelenk und wo jemand mit der Faust so gebummst worden ist, daß er ohnmächtig zusammenbrach. Möglicherweise, weil er mit der Faust einen Schlag gegen die Hauptschlagader bekommen hatte. Jedenfalls wurde er ohnmächtig.

FICHTE Aber diese Schranke: Ich spiele ein sehr weitgehendes sadistisches Spiel – ich will aber niemanden vernichten. – Und vom anderen: Ich will nicht vernichtet werden. – Das Durchbrechen dieser Schranke ...

EPPENDORFER Ich persönlich habe das nicht erlebt. Aber ich habe jetzt in einigen amerikanischen Publikationen gelesen, daß es eine Gruppe von Sadisten geben muß, die einige Leute von uns draußen an den kalifornischen Strand schleppen, fürchterlich maltraitieren, mit Zigarettenkippen, mit Rasierklingen und die sie dann im Endeffekt mit angespitzten Pfählen in den After töten. Ich glaube, jetzt ist bereits das achtzehnte Opfer tot an den Stränden aufgefunden worden. Man hat diese Leute noch nicht gefunden.

FICHTE Das sind sadistische Mörder. Ich meine, in der Lederszene selbst ist dir nicht bekannt, daß dieser Übergang vollzogen wurde?

EPPENDORFER Nein. Ich weiß, daß in diesen Dunkelräumen in einigen Privatclubs einigen Leuten mit Rasiermessern die Schwänze abgeschnitten worden sind. Das ist mehrmals ... Das ist mehrmals passiert und daß beispielsweise gutaussehende sogenannte Lockvögel am liebsten Touristen gelockt haben, irgendwo nach Long Island mit rausgenommen haben und dort warteten dann schon mehrere andere in einem Haus und dann hängten sie diesen Jungen, der sich nicht auskannte, im Keller auf, folterten ihn und am Montag warfen sie den nackten, zerschundenen Jungen irgendwo kilometerweit auf die Landstraße und sein Zeug dann hinterher. Beim zweiten Mal als ich in New York war, hörte ich davon, daß einer von diesen Leuten, die derart maltraitiert worden sind, wochenlang im Krankenhaus später lag. Solche Sachen sind also akut.

FICHTE Das sind aber keine Leute, die den Lederclubs angehören und in den Lederbars und bei den Ledertreffs bekannt sind?

EPPENDORFER Es sind Leute, die in den Ledercliquen verkehren. Aber man kennt sie nicht. Es gibt eine Menge von Leuten, die sich unter die Cliquen mischen und dort ihre Opfer suchen. Aber, da nicht alle untereinander bekannt sind, ist diese Geschichte eigentlich immer akut, sie kann immer wieder passieren, wird immer wieder passieren.

FICHTE Sie würde immer wieder passieren, ohne daß es Lederclubs, Ledertreffen gibt?

EPPENDORFER Ich denke, ja.

FICHTE Man kann also nicht sagen, daß die Ledermode, die Lederfetischisten die Leute dazu brächten, Menschen zu Tode zu foltern.

EPPENDORFER Das zu folgern wäre falsch.

FICHTE Trotzdem. Ich denke an den Raum mit dem Gasherd und der Rinne beim ersten Ledertreffen – das hatte etwas KZ-Artiges. Hast du da keine Identifikationsschwierigkeiten? Daß du dich mit einem Mal mit Gesten wiederfindest, die an KZ erinnern?

EPPENDORFER Diese Geschichten, daß man sich am Schmerz und an der Pein des anderen weidet, daß man ein Lustgefühl, bei den Schmerzschreien des Opfers empfindet, das ist sicherlich mit den damaligen KZs identisch, daß man die Leute gefoltert hat, daß man vom Körper in fünf Zentimeter breiten Streifen mit Rasierklingen die Haut vom Körper schälte.

FICHTE Das wird doch bei euren Szenen nicht gemacht.

EPPENDORFER Bei schweren Szenen wird so etwas auch gemacht. Ich weiß, daß es in Amerika passiert. Ich weiß nicht, ob es hier auch passiert. Es sind schon erhebliche Sachen vorgekommen.

FICHTE Wärst du gerne zum Militär gegangen?

EPPENDORFER Nein.

FICHTE Warum nicht?

EPPENDORFER Die Umstände meines Heranwachsens haben es einfach von selbst erledigt, daß ich irgendwann zum Militär hätte eingezogen werden können. Auf der anderen Seite, da ich gerade einer Normierung, einem Drill, einer Mechanisierung entgangen war nach sovielen Jahren, hatte ich natürlich kein Interesse daran, in einen neuen Drill zurückzukehren.

FICHTE Es gibt im Augenblick eine Nazi-Nostalgiewelle ...

EPPENDORFER In Amerika.

FICHTE In der Bundesrepublik, in Frankreich, in Italien. Hat das einen Attrait für dich?

EPPENDORFER Nein. Überhaupt nicht.

FICHTE Was hältst du von Hitler?

EPPENDORFER Er war auf keinen Fall der irrsinnige Verbrecher und der schlimme Mensch, als der er jetzt immer herausgestellt wird. Ich glaube, er war ein Mensch, der seine Ziele zu hoch gesteckt hat und diese Ziele verloren hat. Wenn er zum Beispiel den Krieg gewonnen hätte, wäre er heute der große anerkannte Mann. Das ist eben die Unehrlichkeit. Napoleon, das ist heute noch der große Feldherr. Aber sehr viel besser als Hitler ist er auch nicht gewesen, und ich meine, in der Geschichte haben wir ähnliche Fälle und so weiter. Hitler hat den Fehler gemacht, daß er sich zu abhängig machte von seinen Ratgebern und daß zu viele gegen ihn standen und daß er zuviel auf einmal haben wollte. Wenn er ganz systematisch und mit Bedacht eines nach dem anderen eingesackt hätte, dann hätte er den Krieg gewonnen.

FICHTE War seine Ideologie verwerflich, die Idee der Herrenrasse?

EPPENDORFER So etwas halte ich für einen Nonsens, weil es einfach nicht machbar ist. Und vor allem, wer gibt uns die moralische Überheblichkeit, uns einzubilden, wir seien nun die Herren und die anderen seien die Knechte.

FICHTE Hättest du in einem KZ gearbeitet?

EPPENDORFER Das ist eine sehr schwierige Frage. Weil das Eine, diese ungeheuren Machtbefugnisse, mit Menschen spielen zu können, ohne daß sie sich wehren können. Man kann Menschen vernichten. Man kann Menschen zu Funktionsträgern machen. Man kann Menschen zu Objekten degradieren. Man kann Menschen enthäuten, um daraus Lampenschirme zu machen. Man kann aus ihren Knochen irgendwelche Seife erzeugen. Man kann sie einfach eliminieren. Das hat natürlich eine ungeheure Faszination, wenn man das in allen Weiterungen betrachtet. Und ich bin nicht phantasielos genug, um mir nicht vorstellen zu können, daß es eine ungeheure Verlockung sein könnte, viele Menschen hilflos von sich abhängig zu sehen, mit denen man machen könnte, was man wollte, was man will. Das ist also ein Reiz, Menschen zerstören zu können, weil es den Menschen nicht gelungen ist, einen selber zu zerstören. Eine Art von vielfach delegierter Rache. Also theoretisch könnte ich sagen: O.k., es hat eine gewisse Faszination auf mich. Heute darauf angesprochen, ob ich zu den damaligen Bedingungen willens gewesen wäre, in den KZs arbeiten zu wollen, würde ich sagen: Nein.

FICHTE Aus einer moralischen Entscheidung heraus?

EPPENDORFER Ja.

FICHTE Und welches sind die Grundlagen dieser Moral?

EPPENDORFER Es geht nicht an, daß man Menschen auf Grund ihrer Rasse, ihrer Hautfarbe, ihrer sozialen Stellung eliminieren kann, vernichten kann, einfach ausradieren kann, ganze Dynastien, ganze Familien, ganze Landstriche, weil das im Endeffekt einer Selbstvernichtung gleichkommt.

FICHTE Was sind die äußersten sadistischen Dinge, die du bereit wärest, jemandem zuzufügen oder sie zu erleiden?

EPPENDORFER Ich bin nicht mehr interessiert daran. Ich bin nicht mehr interessiert daran, einen Menschen zu quälen. Ich bin auch nicht interessiert daran, mich quälen zu lassen.

FICHTE Es wird immer gesagt, ein Sadist ist auch ein potentieller Masochist, ein Masochist ist auch ein potentieller Sadist. Stimmt das eigentlich, deinen Erfahrungen nach?

EPPENDORFER Ich kenne eine ganze Reihe von Leuten, die vom Kopf her Sadisten sind, vom Körper her Masochisten sind. Davon gibt es, glaube ich, die meisten. Die meisten agieren als Sadisten aus Unkenntnis ihrer eigenen Person. Weil sehr, sehr viele dieser Lederszene nicht über das nötige Spektrum im Kopf hier verfügen – und der Kopf lenkt alle diese Aktionen – um ihren eigentlichen Sadismus, die ihren eigenen Sadismus erkannt haben. Die meisten haben, sagen wir mit einem latenten Übergewicht, die ... den masochistischen Wunsch. Und man findet es häufig, daß die vorgegebenen Pseudosadisten, nennen wir es mal so, einfach nur verklemmte Masochisten sind, die ihre Minderwertigkeitskomplexe, ihre Neurosen, ihre mangelnde Potenz überkompensieren und wettmachen wollen durch ihren vorgespiegelten Sadismus, der aber nicht organisch ist, sondern nur angenommen, der nur angeschminkt ist und der bei näherer Betrachtung abblättert.

Aber es gibt eine Art von Genitalkomplex. Schau dir an die sogenannten Body-Builder, die ein ganz kleines Glied haben und die ihre Minderwertigkeitskomplexe dadurch abzureagieren versuchen, indem sie sich möglichst breite Schultern antrainieren und so weiter, und so weiter, mit großen Bizeps und so. So etwas haben wir eigentlich auch bei unseren Lederleuten. Die sogenannten Kleinschwänzigen schlagen ins Extrem um, indem sie das, was sie mit ihrem Genital nicht erbringen, durch vorgegebenen Sadismus wettzumachen versuchen, durch aufgesetzte Aggression, durch aufgesetzte Brutalität, während sie eigentlich, wenn man mal ihnen diesen Leistungszwang erlassen würde, die kleinen Mäuschen wären, die sich um den Lederstiefel kuscheln möchten.

FICHTE Hast du beobachten können, daß Sadisten sehr leicht in derselben Szene umschwenken und Masochisten wurden und umgekehrt?

EPPENDORFER Häufiger schwenkt der Sadist um in die Sparte des

Masochisten. Weniger der Masochist in die umgekehrte Richtung. Man paßt sich in die verschiedenen Rollen ein. Man versucht sich gegenseitig, dem erträumten Ideal zu nähern.

FICHTE Hast du als Sadist oder als Masochist agiert.

EPPENDORFER Ich habe nie als Masochist agiert.

FICHTE Nie?

EPPENDORFER Nie.

FICHTE Welches ist die Utopie der Lederleute? Welche Gesellschaft erträumen sie?

EPPENDORFER Die Gesellschaft eines übersteigerten Männlichkeitswahns. Sie möchten die Maskulinität par excellence sein. Sie möchten auf der anderen Seite anerkannt sein. Gesellschaftlich nicht einer Ächtung unterliegen, sondern sie möchten eigentlich bewundert werden. Als Prototypen. Im Grunde genommen ein Herrenrassenersatz.

FICHTE Sie würden sich wohlfühlen in einem nationalsozialistischen Staat?

EPPENDORFER Wenn man ihnen eine Uniform, ein Parteibuch und ein Abzeichen geben würde, sehr!

FICHTE Also du siehst einige der Herren, die in der »Loreley« verkehren, als potentielle KZ-Wächter?

EPPENDORFER O ja!

FICHTE Zufällig oder ist das bedingt?

EPPENDORFER Weil unter der Lederhaut der Wunsch und ein übersteigertes Geltungsbedürfnis sind. Sie möchten anerkannt werden. Sie möchten eine bestimmte Machtfunktion ausüben und sei es nur als erster Sekretär des Motorsportclubs.

FICHTE Nun war es bei dir doch umgekehrt. Diese Szene hat doch dazu geführt, daß du dich von Ängsten, Bedrängungen, Komplexen befreit hast. Warum kann das bei den anderen nicht genau so sein?

EPPENDORFER Nein. Für die ist es zum Teil eine Art von Hampelei, eine Art Schrebergartenidylle, eine Art Schnürboden, wo alle diese Komplexitäten, diese nicht verdauten Dinge, alle diese Wunschvorstellungen, alle diese Traumtänzereien verhakt sind. Und die dann auf irgendwelchen internationalen Meetings von der Stange gelassen werden. Man reicht sich gegenseitig die Stichworte. Man sagt sich, wie nett man einander findet, wie männlich. Man schenkt sich – das kostet nicht viel – einen bewundernden Blick. Man tauscht die Adressen für den besten Lederhosenschneider. Man unterhält sich über einen neuen Inhaber oder über ein neues Pornomagazin. Es ist eine Art von Kumpanei, die dem anderen nicht wehtun soll. Sie ist bürgerlich geworden. Und sie ist in ihrer Erscheinungsform und in ihrer tendenziösen Entwicklung ganz einfach rein faschistisch.

FICHTE Was machen die Lederleute im Alltag? Aus welchen sozialen Schichten kommen sie?

EPPENDORFER Bürgerlich. Versteckt. Art Director. Fotograf. Barkeeper. Büroangestellter. Polizist. Taxifahrer. Arzt. Die Führungspositionen sind von Leuten eingenommen, die einen gewissen finanziellen Atemraum haben.

FICHTE Du sagtest, sie könnten ohne weiteres in einem faschistischen Staat eingesetzt werden. Könnten sie dies, weil sie durch die Lederszene darauf vorbereitet sind oder könnten sie dies wie andre Bürger auch, wie die Mitläufer in Chile, in Brasilien, in Südafrika?

EPPENDORFER Ich glaube, daß die echte Lederszene nur ganz wenig vertreten ist, aber die Mitläuferorganisationen überhand genommen haben.

FICHTE Mitläufer an einer Art Faschismusersatz?

EPPENDORFER Ja.

FICHTE Oder an einem Psychodrama, das sie gerade vom Faschismus befreit?

EPPENDORFER Nein. Ich glaube nicht einmal, daß ihnen dieser ganze Vorsprung, daß ihnen diese ganzen unterschwelligen Strömungen überhaupt bewußt sind.

FICHTE Man kann sich nur vor dem Faschismus bewahren durch Bewußtsein?

EPPENDORFER Ganz sicher.

FICHTE Hast du eine Theorie, wie Homosexualität entsteht?

EPPENDORFER Sie ist keine Krankheit. Sie ist auch keine Neurose. Sie ist ... Sie muß mit der Erbmasse irgendwo eingegeben sein und wird dann im weiteren Verlauf frei gestaltet – entweder unterdrückt oder ausgelebt.

FICHTE Hältst du den Ödipuskomplex für stichhaltig?

EPPENDORFER Nein.

FICHTE Glaubst du, daß diese Kette von Bindungssuche zu Bindungslosigkeit zu Prostitution zu Fetischismus auch bei Heterosexuellen häufig auftritt oder daß sie der Homosexualität besonders anhaftet?

EPPENDORFER Ich glaube, daß diese Aussagen auch auf die Bisexuellen und Heterosexuellen ausgedehnt werden müssen.

FICHTE Gehst du häufig mit Strichern?

EPPENDORFER Nie.

FICHTE Es gibt sehr harte Szenen in der Lederwelt. Hast du an solchen Heavy Scenes teilgenommen.

EPPENDORFER Ich habe einiges gesehen.

FICHTE Wie weit gingen die?

EPPENDORFER Sie gingen zu ... Sie gingen bis an den Rand der Bewußtlosigkeit.

FICHTE Hodenamputationen hast du nie gesehen?

EPPENDORFER Nein. Ich weiß, daß so etwas passiert ist. In Kiel ist so etwas passiert, daß man einem Mann die Hoden amputiert hat. Aber es ist nicht während so einer Szene passiert.

FICHTE Hast du das gesehen?

EPPENDORFER Ich habe es mitbekommen.

FICHTE Wie war das möglich?

EPPENDORFER Der Mann war betrunken. Es waren Medizinstudenten. Zwei Stück.

FICHTE Freunde von dir?

EPPENDORFER Nein.

FICHTE Das ist grauenvoll.
Morgen kriegst du den Andruck einer Zeitschrift, deren Chefredakteur du bist. Hast du Lust, über dein Konzept zu sprechen?

EPPENDORFER Ich glaube, ich war ... Das ist ein eindeutig homosexuelles Magazin. Schlecht gemacht, ohne echtes Konzept. Es sollte am homosexuellen Markt verdienen. Es war zuerst eine vorgegebene Zeitung mit päderastischen Einschüben. Dann wurde es ein antikatholisches Emanzipationsblatt und dann wurde es nur noch eine vollgestopfte, halbseidene Pornopostille. Die Auflage sank. Das veranlaßte den Verleger, sich mit mir in Verbindung zu setzen und mich zu fragen, ob ich Lust hätte, ein Konzept zu entwickeln, um die Zeitschrift wieder aus den roten Zahlen zu bringen. Das habe ich. Ich habe dem zugestimmt. Ich habe diese Konzeption entwickelt. Das erste Heft ist produziert. Ich glaube, daß es in Deutschland keinen eindeutigen Homosexuellen-Markt mehr gibt. Ich glaube, daß die Ära der schmalbrüstigen Lungenpfeifer vorbei ist. Ich glaube, daß diese spätpubertäre Analphase auch nicht mehr als Markt zu erkennen ist. Ich glaube, daß wir nur noch eine Chance haben, wenn wir unseren Leuten eine Art von Alibifunktion verschaffen, ein Magazin machen, das Information wie Unterhaltung mit breiterer Streuung ... kulturell ebenso, in einem griffigen Format, nicht mehr eindeutig schwul, sondern so verpackt, daß am Kiosk, wo dieses Heft erworben werden soll, nicht mehr mit Blicken eine Art von Hexenverbrennung stattfindet, daß viele von unseren Leuten das Heft nicht von ihrer Freundin kaufen lassen müssen, sondern daß sie es selbst, ohne falsch verstandenen Emanzipationsdrang einfach kaufen können. Das finde ich das Wichtige. Durch den Pornoparagraphen sind wir sehr eingeengt und ich glaube, das wir mit einem gutgemachten Unterhaltungsmagazin im Stile des amerikanischen »After Dark« – eine Mischung von »Playgirl«, »After Dark«, »Dance Magazine« eine gute, auch literarisch gute Unterhaltungszeitschrift machen können, die den Preis auch wert ist, die einen allgemeinen Sammeleffekt hat, die den anderen Publikationen eine Nasenspitze voraus ist, nicht nur durch Druckqualität, sondern auch durch Inhalt. Dieses Konzept habe ich entwickelt. Ich habe einige sehr gute Leute, Literaten, Photographen ins Heft geholt, Freunde größtenteils, da mit dem geringen Redaktionsetat das Heft nicht zu bezahlen ist, der Verleger selbst heterosexuell ist und gar kein Interesse hat, in den schwulen Markt noch irgendetwas zu investieren. Er will daran verdienen und That's it.

Meine Zielrichtung ist einfach, gute Leute ins Heft zu führen, gute Fotografen, gute Schreiber und diesen ganzen emanzipatorischen Quatsch, der uns sowieso nicht weiterbringt, über Bord zu kippen, interessant zu werden für Anzeigenkunden, für Heterosexuelle, für Bisexuelle, für Lesbierinnen, einfach in breiterer Streuung. Nämlich, wenn man sich da ein Fundament schafft, das für alle etwas anbietet, hat man da hin und wieder die Möglichkeit, ein Thema, was uns wirklich angeht und für das wir uns einsetzen sollten zu artikulieren. Das könnte man dann mit einem solchen Magazin beispielsweise machen. Auf Krampf passiert sowieso nichts. Der deutsche Markt ist übersättigt. Aber ich denke, mit diesem Magazin hätten wir auf dem deutschen Markt eine Chance.

FICHTE Nehmen wir an, du erreichtest eine phantastische Auflagensteigerung und ein unerhörtes Anzeigenvolumen, was sind deine Traumziele?

EPPENDORFER Ich würde erstmal den Mitarbeitern ... denen würde ich erst einmal bessere Honorare zu zahlen versuchen. Ich würde mich weiter bemühen, auf dem internationalen Markt die besten Leute in das Heft zu bringen, um dadurch einfach eine Qualität zu erreichen und eine unzensierte Aussage in diesem Heft zu erzielen, die in Europa einfach nicht machbar ist.

FICHTE Kannst du Namen nennen?

EPPENDORFER Ich würde sehr gerne Genet weiter im Heft haben. Felix Rexhausen. Hansjörg Martin – alles Leute, die für uns arbeiten. Neue Sachen von dir. Texte von Professor Hans Mayer, von Fritz J. Raddatz. Von Helmut Heißenbüttel. Ich würde sehr gerne Jouhandeau ins Heft ziehen. Sehr, sehr gerne aus Amerika etwas von Truman Capote haben, auch von James Baldwin möchte ich gerne die Tagebücher, die noch nicht veröffentlich sind. Ich würde aus den Manuskripten von Pasolini abdrucken und das verbunden mit exzellenten Fotographen.

FICHTE Das bleibt, von Genet abgesehen, im Bereich der Möglichkeiten. Ich meinte, das Spinnen ... die Traumidee ...

EPPENDORFER Ich muß dazu sagen, daß ich überhaupt nicht mehr spinne, daß ich keine Träume habe, daß ich immer die Machbarkeit im Auge habe. Ich würde Gore Vidal beispielsweise ins Heft holen. Und ich möchte, da die Homosexualität in Österreich durch Gesetze sehr gehindert ... das heißt, sehr ghettohaften Charakter hat ... Ich würde sehr, sehr gerne zwölf Fragen an Kreisky formulieren lassen, die gleichen Fragen Schmidt vorlegen und Giscard d'Estaing und unabhängig voneinander gegeneinanderstellen. Ich möchte nicht dem allgemeinen Trend folgen, daß Homosexualität schick sei. Ich finde, unsere Leute sollten aus dem Bewußtsein, eine elitäre Superkaste zu sein, herauskommen. Das Wichtigste und das Nötigste, was sie begreifen müssen, ist, daß sie normal sind. Kein Stück schlechter und kein

Stück besser. Die sollen sich nicht in der ... in ihrem Trauma der Minderheit gefallen, der Ewig-Verfolgten, der Ewig-Mißverstandenen. Das ist nämlich ein Zug, der längst abgefahren ist.

FICHTE Du wirst in nächster Zeit keine großen Geldmittel zur Verfügung haben. Du wirst dich in einem Dschungel bewegen müssen, der – an St. Pauli gemessen – ungleich härter ist, dem Dschungel der Photoagenturen, der literarischen Agenten, der Redaktionen, der Intellektuellen, der Modelle. Fühlst du dich dieser Welt gewachsen. Fürchtest du nicht, diesen Stich Don-Quijoterie, deine Wahrheitsliebe, deine Spontaneität zu verlieren?

EPPENDORFER Nein, das fürchte ich nicht. Don Quijote ist ein Fantast gewesen. Das bin ich überhaupt nicht. Ich bin auch kein Traumtänzer. Ich bin auch kein Illusionist. Ich bin relativ nüchtern. Natürlich habe ich auch meine Fantasie. Aber ich bin mit beiden Beinen fest auf dem Boden und insofern mache ich mir da überhaupt keine Illusionen. Ich weiß, wo es langgeht und ich versuche einen gangbaren Weg zu finden und das auch mit einer gewissen Brutalität, wenn es sein muß. Wenn sich mir jemand mutwillig und bösartig in den Weg stellt, wird es darum gehen, daß einer den Weg räumen muß und das wird wahrscheinlich er sein.

FICHTE Aber du hattest doch eine poetische Revolte gegen die Zustände. Fürchtest du nicht, daß du mit der Zeit dann zu alledem dazugehörst, was du verabscheust?

EPPENDORFER Nein. Gar nicht. Sicher nicht. Ich habe in diesen Jahren den Begriff von Eigenständigkeit, von Freiheit kapiert, was er heißt, welche Machbarkeit er beinhaltet, was für mich möglich ist, auf Grund meiner Beschränkungen und innerhalb meiner Begrenzungen. Ich sehe da eine Chance. Ich halte mir den Rücken frei. Ich habe da keine Angst und ich sage immer noch, was ich sagen will und auch in der Form, die ich für richtig halte. Zur Not hoffe ich, daß noch einige Freunde da sind, die die Staffette weiter reichen können.

FICHTE Du hast als Schreiber unter Redakteuren zu leiden gehabt. Wie willst du es als Redakteur heute besser machen?

EPPENDORFER Ich brauche mir erstens das schlechte Benehmen der anderen Leute nicht aufzwängen zu lassen und zweitens geht es nicht darum, den Boß herauszukehren. Im Endeffekt muß es jemand verantworten, das ist richtig. Ich liebe meine Mitarbeiter, weil sie sich haben anzünden lassen für dieses Projekt, das wir gemeinsam durchführen wollen und dafür bin ich auch bereit, mich für sie einzusetzen. Wir reden auch miteinander und ich höre mir ihre Vorschläge an und wir versuchen das Optimale daraus zu machen und Nobody's perfect, das ist ganz simpel und da es zum Teil gute Leute sind, werde ich auf sie hören, denn es ist nicht mein Blatt, sondern es ist unser Blatt und es ist nicht gegen eine Leserschaft, es ist für eine Leserschaft.

FICHTE Ich meine es ganz praktisch. Es kommt ein nicht sehr bekannter Autor mit einem Text. Was geschieht?

EPPENDORFER Ich lese ihn, wenn er ankommt und ich reagiere sofort darauf. Wenn ich diesen Text für gut halte, daß er sich in mein Konzept einpassen läßt, dann werde ich ihn einbauen, so gut wie möglich herausstellen und ich werde aus dem redaktionellen Budget, das ich habe, zu gleichen Teilen ein Honorar anweisen. Ich reize grundsätzlich mein Redaktionsbudget bis zum Rand aus, verteile, da alle Honorare niedrig genug sind, zu gleichen Teilen die Honorare.

FICHTE Ich fange noch mal von vorne an. Es ruft der Lyriker F. aus Itzehoe an. Deine Sekretärin sagt: Herr Eppendorfer ist nicht da. – Wann rufst du zurück?

EPPENDORFER Sobald ich zurückkomme und die Nachricht vorfinde und Zeit habe, rufe ich ihn an.

FICHTE Du sagst: Wenn du Zeit hast!

EPPENDORFER Wenn ich beispielsweise zum Andruck muß, dann rufe ich ihn an, wenn ich vom Andruck zurück bin, das ist klar.

FICHTE Das kann sehr lange dauern.

EPPENDORFER Es gibt grundsätzliche Geschichten, die für den Druck des Magazins unaufschiebbar sind, wenn die Maschinen nicht mehr zu stoppen sind. Aber in der Regel würde ich diesen Anruf sofort beantworten.

Ich habe angeordnet, daß jeder Schriftwechsel, jedes Telefonat mir sofort mitzuteilen sind.

FICHTE Wie wird jetzt der Text behandelt?

EPPENDORFER Ich ändere an den Textbeiträgen meiner Autoren eigentlich nie was.

FICHTE Was heißt »eigentlich«.

EPPENDORFER Das heißt, ich verändere überhaupt nicht den Originaltenor der Geschichte. Wenn beispielsweise irgendwelche grammatikalische Fehler drin sind, verbessere ich sie. Bestimmte Eigenarten lasse ich selbstverständlich stehen. Aber in der Regel verändere ich die Texte meiner Mitarbeiter überhaupt nicht.

FICHTE Wie würdest du dich einem Redakteur gegenüber verhalten, der dir als Autor sagen würde: In der Regel verändere ich die Texte meiner Mitarbeiter überhaupt nicht? Würdest du nicht sagen: Es muß heißen: Ich verändere die Texte meiner Mitarbeiter nicht?!

EPPENDORFER Das ist richtig. Das kann ich unterschreiben.

FICHTE Jetzt kommt ein Fotograf. Ein kleiner, unbekannter Fotograf von St. Pauli und bringt dir ein Foto. Was bezahlst du dem?

EPPENDORFER Schwarzweiß-Seite 50 Mark.

FICHTE Farbseite?

EPPENDORFER 75 Mark.

FICHTE Wo steht der Name des Fotografen?

EPPENDORFER Eigentlich in der Inhaltsangabe. Die Seitenzahl der Doppelseite und dann steht da: Foto – und der Name.
Ich achte immer auf solche Geschichten.

FICHTE Was ist die Idee hinter deinem Schreiben? Warum schreibst du?

EPPENDORFER Weil ich einfach die Erfahrungen, die ich mit Menschen gemacht habe, die ich mit mir gemacht habe, eigentlich artikulieren will. Ich verstehe mich als eine Art von Seismograph. Als eine Art von Chronist. Ich will den Leuten nichts oktroyieren. Ich will den Leuten ein paar Denkanstöße geben. Das ist mir wichtig. Ich will meine Ohren an den Nahtstellen haben. Ich möchte meine Augen offen haben und was ich sehe, möchte ich den Leuten mitteilen in einer ganz klaren, verständlichen Sprache, daß die Leute diese Sprache wie einen Spiegel erkennen, in dem sie sich selbst wiederentdecken.

FICHTE Was ist dein nächstes Projekt, nach diesen Interviews?

EPPENDORFER Ich will meine ganzen Erfahrungen aus dem Zusammenleben mit einem älteren Menschen beschreiben. Den Alltag. Die Aufstiege. Die Niederbrüche. Die Schwierigkeiten. Die Annehmlichkeiten. Die Freude. Den Schmerz. Die Enttäuschungen. Die Beglückung. Das Füreinanderdasein. Das Auffangen immer wieder. Die Erschöpfungszustände.

Fichte Du hast gesagt, daß Freunde Menschen seien, auf deren Wiedersehen man sich freut.

Hast du dich auf dieses dritte Interview gefreut.

Eppendorfer Ja. Sicher.

Fichte Würdest du sagen, daß noch etwas wie Freundschaftlichkeit zwischen uns ist?

Eppendorfer Sonst wäre dies Gespräch gar nicht zustande gekommen. Ich habe mich darauf gefreut, diesen Komplex endlich abschließen zu können, weil die inneren Erschütterungen bei diesem Themenkomplex immer noch so gravierend sind, daß ich sie einfach irgendwann zuende seinlassen will.

Fichte Welches sind die Gefühle, die diese Gespräche begleitet haben?

Eppendorfer Etwas Widerstrebendes, eine Form von Widerwillen, eine Erkenntnis der Notwendigkeit, zu akzeptieren, zuende zu bringen. Wir wollten ein Lehrbeispiel geben.

Fichte Von dir ging die Initiative zu allen drei Gesprächen aus. Warum lag dir an diesem dritten Interview?

Eppendorfer Mir lag an diesem dritten Interview, weil es die Ergänzung des ersten und des zweiten und auch die Zusammenfassung ist. Deshalb wollte ich dies Thema auch baldmöglichst zuende bringen.

Fichte Es hat in dieser Arbeit Schwierigkeiten gegeben. Hast du während unserer Auseinandersetzungen – und ich möchte dich bitten, nicht aus Lust an der Pointe »Ja« zu sagen und nicht aus freundschaftlicher Schonung »Nein« zu sagen – hast du während dieser Auseinandersetzungen daran gedacht, mich umzubringen?

Eppendorfer Ich habe daran gedacht. Aber mein Gefühl der Befreundung mit dir, mein Gefühl von Solidarität mit dir war stärker, als diesen spontanen Impulsen nachzugeben.

Fichte War das mehr ein Ausbruch oder war das eine Obsession?

Eppendorfer Es war ein Gefühl von Enttäuschung. Es war ein Gefühl des Sich-Verratenfühlens.

Fichte Der Grund, der Vorsatz, war das ein vorübergehender, sehr emotionaler oder war es ein mehr und mehr nagender, nahm das Besitz von dir?

EPPENDORFER Vielleicht das zweite. Weil es ja über einen längeren Zeitraum ging.

FICHTE Du hast es sogar in Texten ausgedrückt. Man konnte es veröffentlichten Texten ablesen. Du hast dann durch sehr seltsame symbolische Handlungen die Überwindung ausgedrückt. Weißt du nun, daß eine solche Tat nicht mehr Teil einer Auseinandersetzung sein kann? Ist das erledigt?

EPPENDORFER Das ist erledigt.

FICHTE Ist es allen Menschen gegenüber erledigt?

EPPENDORFER Doch. Sicher.

FICHTE Was hältst du von diesem Interview der Form und dem Inhalt nach?

EPPENDORFER Ich weiß nicht. Ich kann dazu schlecht etwas sagen. Ich habe nicht den Anfang beachtet. Ich habe es einfach laufen lassen und ich habe mich immer auf das gegenwärtig zu Sagende konzentriert. Ich weiß also nicht genau, was gesagt worden ist. Ich bin einfach so nahe wie möglich deinen Fragen entgegengekommen.

FICHTE Hast du das Gefühl, daß etwas Ästhetisches dabei herausgekommen ist?

EPPENDORFER Das glaube ich eigentlich nicht. Weil es hier nicht auf eine ästhetisch schöne Formulierung ankam, sondern auf den Versuch, eine Entwicklung, auch wenn es nur aus verschiedenen Rudimenten zusammengesetzt sein kann, so präzise wie möglich zu artikulieren.

FICHTE Und diese Präzision ist in den Antworten und in den Fragen erreicht?

EPPENDORFER Ich hoffe, ja.

FICHTE Schienen dir die Fragen präzise?

EPPENDORFER Ja.

FICHTE Und bleibt für dich noch etwas Wesentliches zu sagen?

EPPENDORFER Ich glaube, es ist zuende.

FICHTE Das meine ich mit Schönheit: Präzision des Baus.

Herbert Jäger
Erfahrungen mit Aggression
Ein Nachwort

Die Gespräche Hans Eppendorfers mit Hubert Fichte, im Abstand von jeweils drei Jahren in einer Atmosphäre freundschaftlicher Solidarität entstanden, vermitteln ungewöhnliche Einblicke in den Intimbereich menschlicher Aggressivität. Aus persönlicher Sicht schildert und deutet Eppendorfer, der mit 17 Jahren – für ihn jetzt ein halbes Leben zurückliegend – einen Mord beging und dafür zu einer zehnjährigen Jugendstrafe verurteilt wurde, Erfahrungen, die er mit eigener und fremder Aggression gemacht hat. Auf diese Weise ist ein Psychogramm entstanden, das die Biographie Eppendorfers umrißhaft rekonstruiert und eine Vielzahl für sein Selbstverständnis und seine Lebensweise charakteristischer Details – Erlebnisse, Gefühle, Meinungen, Hoffnungen, Interessen, Phantasien, Neigungen, Gewohnheiten, Vorurteile – zutage fördert und mosaikhaft zusammenfaßt. Weniger ist es den Interviews offenbar darum gegangen, im Sinne der psychoanalytischen Methode unbewußte Prozesse assoziativ einzukreisen. Die psychodynamischen Hintergründe der begangenen Tat sind deshalb aus ihnen nur unvollständig zu erschließen.

Über das Verbrechen selbst, das der Lebensgeschichte Eppendorfers ihre entscheidende Wendung gab, lassen sich auf der Grundlage einer solchen Selbstdarstellung nur Vermutungen äußern. Immerhin scheinen mir die Gespräche eindrucksvoll zu belegen, daß die individuelle Geschichte der Aggression in den Vernichtungsängsten der Kindheit ihren Ursprung hat. Der Kriminologie wohlbekannte Daten tauchen auch hier auf: die Pflegestation im ersten Lebensjahr, die wahrscheinlich bereits durch emotionale Mangelerscheinungen ihre Spuren hinterlassen hat, der Wechsel der Bezugspersonen – Großmutter, Tante – in den folgenden; die verspätete Begegnung mit der Mutter als Beginn einer konflikthaften Beziehung, in der sich Zärtlichkeitswünsche – auch erotische – und Haß abwechselten und mischten, bis schließlich Angst und Versagung überhand nahmen, die »niedergetretene« Zuneigung in aggressive Impulse umschlug und die Affinität zur Gewalt, anfangs wohl abgedrängt in Träume, sich allmählich verfestigte.

Die frühe Kenntnis der Abtreibungsabsicht seiner Mutter scheint für Eppendorfer zum Trauma seiner Kindheit geworden zu sein, zumal er sich darunter nichts klar Umrissenes, sondern nur eine diffuse, fortwährende Bedrohung seines Lebens vorzustellen vermochte, gegen die er sich schützen und verteidigen zu müssen glaubte. Die Erklärung, die er für seine spätere Tat gefunden zu haben meint – geboren worden zu sein, obwohl er nicht geboren werden sollte –, erscheint um so plausibler, als dic Verneinung seiner Existenz in der Zurückweisung aller zärtlichen Regungen, die er seiner Mutter anfänglich entgegenbrachte – »sie mochte all sowas nicht« –, und in dem Gefühl, von ihr »immer zur Seite geschoben« zu werden, für ihn eine permanente Bestätigung fand: so wollte er »eigentlich immer diesen Haß des Nichtgewolltseins, das Gefühl der Überflüssigkeit ungeschehen machen«, sich von ihr »noch einmal freiwillig gebären lassen«. Gerade dieser Punkt seiner Biographie läßt übrigens einen Aspekt deutlich werden, der in den Diskussionen über die Problematik der Abtreibung weitgehend vernachlässigt worden ist; zeigt doch gerade diese Lebensgeschichte in äußerster Zuspitzung, daß die Austragung des ungewollten, von Anfang an abgelehnten Kindes für dieses zur Voraussetzung einer schweren Lebensbeeinträchtigung und sogar eines späteren Verbrechens werden kann.

Die Tat selbst, vom Gericht offenbar als Raubmord gewertet, stellt sich nach allem, was die Interviews an affektiven Begleiterscheinungen erkennbar werden lassen, als explosiver Ablösungsakt dar, bei dessen Ausführung das Bild der Mutter und das Bild des Opfers in der Vorstellung des Täters für einen kurzen Moment miteinander verschmolzen, »irgendwie identisch« waren, ein Akt der Befreiung nicht nur von der furchterregenden Mutter, sondern von »diesem ganzen Weiblichen«, das Mutter wie Opfer für ihn repräsentierten. Man könnte die Tat daher als Übertragungsverbrechen kennzeichnen. Sie scheint in ihm ein Gefühl der Erleichterung und Ruhe ausgelöst zu haben: »eine völlige Abgeklärtheit, ein völliges Stilleben in mir, kein Aufruhr, keine Aggression«. Hinterher war für ihn seine Mutter »nichts mehr, eine Fremde«; sie war »nicht mehr existent«: ein »klangloser Stein im Sand«. Die Aggressionsproblematik blieb ihm jedoch erhalten, die Faszination durch Blut, durch »alles Tote, das Totwerden, Totgemachtwerden«, wenn auch als Aggression in kleinerer Münze, allmählich abklingend und zunehmend unter Kontrolle gebracht.

Selbst wenn man dem Erlebnis der Gefängniszeit, dem Erleiden jener Gegengewalt, mit der die Gesellschaft auf ein solches Verbrechen reagiert, nur eine begrenzte Bedeutung für die Entwicklung aggressiver Tendenzen beimißt und Eppendorfers Darstellung hier in mancher Hinsicht vielleicht subjektiv überzeichnet ist, sind die deformierenden Wirkungen der Freiheitsstrafe doch unverkennbar. Den bisherigen Erkenntnissen über den Strafvollzug fügen die Interviews einige Selbstbeobachtungen hinzu, die zeigen, daß Strafe in ihrer bisher praktizierten Form nicht nur Freiheitsentzug, sondern eine tiefgreifende Beschädigung der Lebensfähigkeit und Vitalität darstellt, von deren destruktiven Auswirkungen der Entlassene, der »staatlich subventionierte Versager«, wie Eppendorfer ihn nennt, sich aus eigenen Kräften wieder befreien muß. Der Gedanke einer Resozialisierung durch therapielose Strafe erweist sich unter solchen Umständen als illusionär und kaum noch zu rechtfertigender Euphemismus. Die Entsozialisierung des ohnehin schon Geschädigten wird durch manche Details allzu deutlich. Geschildert werden die Reduktion der Sinneswahrnehmungen während der Strafverbüßung und die Schwierigkeiten ihrer Regeneration hinterher, wenn der plötzlich von allen Beschränkungen Befreite wieder die Fähigkeiten normaler körperlicher Bewegung, aber auch des Erlebens, Sehens, Sprechens zurückerwerben, den Horizont sehen lernen, sich an den Weitwinkel gewöhnen, zu Gesprächen Zugang finden muß. Der Nachholbedarf des Entlassenen, sein Lebens-, Menschen-, Kontakt- und Bildungshunger ist selbst durch eine verständnisvolle, um Zuwendung bemühte Umgebung, wie Eppendorfer sie gefunden hat, nicht zu befriedigen. Freiheitsstrafe bleibt unter den bestehenden Verhältnissen ein staatlich verordnetes Lebensvakuum, das vorhandene Schäden nicht beseitigt, sondern sie nachhaltig vertieft und ihnen neue hinzufügt.

Hilfreiche Solidarität scheint der Entlassene ausgerechnet in jener vor der Öffentlichkeit abgeschirmten Randgruppe erfahren zu haben, deren Sexualverhalten durch fetischistische und sadomasochistische Neigungen bestimmt ist, eine aus konventioneller Sicht viel-

leicht überraschende Tatsache, die den früher einmal von Hans Giese geprägten Begriff der »Moral im Regelwidrigen«[1] exemplarisch illustriert. In dieser Szenerie eines für Außenstehende exotisch anmutenden kompensatorischen Männlichkeitskults bot sich ihm die Chance, Klarheiten über sich selbst zu gewinnen, als gefährlich erfahrene Antriebe spielerisch auszuleben und sie durch solche Experimente mit sich selbst in Grenzen halten zu lernen. Eppendorfers Schilderung, die wohl erste Darstellung der Verhaltens-, Lebens- und Organisationsformen einer solchen Gruppe im deutschen Sprachraum, ist bemerkenswert durch die oft poetischen Deutungen und Mystifikationen, mit denen er das dort Erlebte auszudrücken versucht und die wichtige Hinweise geben auf Angst und Angstbewältigung als das psychologische Ferment, das die Angehörigen dieser Subkultur, wenn auch von ihnen selbst wohl verleugnet, letztlich verbindet. Eppendorfer spricht aufschlußreich von einer »Clique, die sich aneinander anklammert wie auf einem riesigen Floß in einem Meer von Angst«, einer »geschlossenen Gesellschaft« und »Art von Arche Noah aus dem Alltag heraus«, die die »Chance zu einem Ausbruch auf Zeit« bietet und es möglich macht, in gleichsam abgeschirmtem Raum »Wünsche des Unterbewußtseins, verdrängte Wünsche, Hoffnungen, Assoziationen« frei zu realisieren und zu »artikulieren«: man fühle sich »geschützt«, »wie in einem Ei«, »umgeben von einer Schale aus Sicherheit«.
Auch wenn schwer zu beurteilen ist, wieweit sich solche subjektiven Erfahrungen verallgemeinern lassen, scheinen sie mir zum Verständnis derartiger Verhaltensvarianten mehr beizutragen als der vorschnelle Rückgriff auf gängige, nicht selten moralistisch vorbelastete Begriffe der Psychopathologie. Die eher positiv getönten Beschreibungen besagen übrigens nicht, daß Eppendorfer die gefährlichen Seiten nicht sieht: er erkennt sadomasochistische Exzesse durchaus als eine Form der Verarmung, Vereinsamung, Auskühlung und Selbstflucht und verkennt nicht den Verlust an Sensibilität, der mit ihnen verbunden sein kann. Nur ist diese Kritik eben nicht das Ergebnis vorurteilshafter Abwertung aus der distanzierten Perspektive bürgerlicher Sexualmoral, sondern das einer intimen Kenntnis aus eigener Erfahrung und damit jener »radikalen und drastischen Methode des Verstehens«, die der amerikanische Kriminologe David Matza immer dann als Notwendigkeit

bezeichnet hat, »wenn das betreffende Phänomen gewöhnlicherweise verurteilt wird«[2].

Spekulativ bleibt vorerst der politische Zusammenhang, den Eppendorfer zwischen jener »Art von schwarzer Liga« und totalitären Systemen herstellen zu können meint. Daß zumindest ein Teil der Angehörigen dieser Randgruppe, in der er faschistische Tendenzen erkennen zu können glaubt, sich in einem nationalsozialistischen Staat, und gar als KZ-Wächter, »wohlfühlen« würde, bejaht er spontan. Die Richtigkeit einer solchen Behauptung ist so ohne weiteres weder zu beweisen noch zu widerlegen. Es sind ihr jedoch Vorbehalte grundsätzlicher Art entgegenzuhalten. Sollten untergründige Zusammenhänge zwischen aggressiv-militanten, insbesondere totalitären Herrschaftsformen und sadomasochistisch-fetischistischen Verhaltensweisen bestehen, so sind sie vermutlich von komplizierterer Art, als sie sich in einer solchen These darstellen. Von sexualisierten Formen der Aggressivität unterscheidet sich die spezifische Grausamkeit totalitärer Verbrechen[3] gerade dadurch, daß ihr die libidinöse Komponente fehlt. Auf die Entmischung libidinöser und aggressiv-destruierender Triebvorgänge bei jenen Gewalttätern, die – bei zumeist intaktem Sexualleben – kollektiv gestützte Grausamkeiten vollbringen, hat erst kürzlich Alexander Mitscherlich hingewiesen[4]. Ich stimme ihm auch darin zu, daß Grausamkeit als Ausdruck einer sexuellen Perversion – im Vergleich mit solchen Kollektivverbrechen – nur in moralistischer Sicht eine soziale Gefahr darstellt.

Eine der interessantesten sozial- und kriminalpolitischen Fragen der Interviews scheint mir zu sein, ob den geschilderten Spielformen sexualisierter Grausamkeit eine Verstärkerfunktion oder aber eine eher therapeutische, befreiende Wirkung zukommt. Diese Frage, bisher ungeklärt und hier meines Wissens zum ersten Male ausdrücklich gestellt, ist derjenigen nach den Wirkungen der Pornographie vergleichbar: auch dort ist letztlich bis in die Gegenwart hinein kontrovers geblieben, ob die Darstellung sexuell abweichenden Verhaltens zur Realisation stimuliert oder von ihr entlastet. Entsprechend sollte sich die Wissenschaft dafür interessieren, ob durch die Ritualisierung extremer Sexualpraktiken, wie sie in den Interviews mehrfach beschrieben werden, die Hemmschwelle herabgesetzt, d. h. immer mehr in Richtung auf eskalierende und schließlich nicht mehr unter Kontrolle zu haltende Gewalttätigkeiten verschoben wird oder ob durch sie ganz im Gegenteil Ersatzmöglichkeiten geboten werden, die solche Gewaltdurchbrüche überflüssig machen. Fichte spricht das Problem mit Begriffen wie »thetralische« Therapie und Psychodrama an. Die Aussagen Eppendorfers hierzu fördern jedoch keine wirklich weiterführenden Erkenntnisse zutage, sondern sie bleiben im Grunde vieldeutig. Auch wenn er seine sexuellen Selbstversuche für sich persönlich als Möglichkeit der Befreiung von Ängsten, Bedrängungen, Komplexen erlebt hat, bleibt in seinen Interpretationen Gegenläufiges doch unübersehbar: Daß das »kleinere Schreckliche« getan wird in der Hoffnung, dem »größeren Schrecklichen« dadurch zu entgehen, will er nicht ohne weiteres akzeptieren. Sadomasochistische Praktiken sind für ihn »Vorstufen kleiner praktizierter Tötungen«. Die »Spielgrenzen«, im allgemeinen eingehalten und gleichsam Bestandteile subkultureller Normierungen, können nach seiner Meinung »jeden Augenblick blutige Realität werden«: es kann »passieren, daß du über den Rand kippst«. Sollte die Grenze aber so fließend sein, wie Eppendorfer sie sieht, dann würde sich natürlich auch die zunächst plausible Unterscheidung zwischen denjenigen Sadisten, die ein Opfer, und solchen, die einen Masochisten suchen, als fragwürdig erweisen. Unter diesen Voraussetzungen wäre auch jene Form therapeutischer Selbsthilfe, die von Fichte ins Auge gefaßt wird, von durchaus problematischer Art und, zumal bei schwereren pathologischen Störungen, nicht ohne gefährliche Seiten.

Zu einer kritischen Betrachtung bestehender Normen regen die Interviews dort an, wo sie gesellschaftliche Bedingungen sexueller Störungen und Fehlentwicklungen sichtbar werden lassen. Das sexualmoralische Normensystem wird hier zur Ursache gerade solcher Verhaltensweisen, die es für problematisch hält oder mißbilligt. Promiskuität als Mittel der sexuellen Identitätsfindung etwa, wie Eppendorfer sie für eine bestimmte Phase seines Lebens beschreibt, kann es nur in einer Gesellschaft geben, die der Einhaltung der Geschlechterrolle großes Gewicht beimißt. Dient der permanente Wechsel sexueller Kontakte der für wichtig gehaltenen Klärung der eigenen Triebrichtung, so steht hinter solchem Verhalten der Druck gesellschaftlicher Normen. Ebenso ist die von Eppendorfer beschriebene »Gesellschaft des übersteigerten Männlichkeitswahns«

wohl kaum etwas anderes als das pathologische Zerrbild einer Gesamtgesellschaft, in der maskuline Qualitäten hoch im Kurs stehen. Es ist wohl kein Zufall, daß sich Gruppierungen der genannten Art gerade in der amerikanischen Gesellschaft mit ihrer panikartigen Furcht vor sexuellen Normabweichungen ausgebreitet haben[5]. Überzeugend erscheint mir auch, daß die Sprache auf das puritanische Element fetischistischer und sadomasochistischer Verhaltensformen gebracht wird, die sich ja gerade »vom Erotischen entfernen und Verachtung des Körpers ausdrücken«, also eher Nachhut der Sexualunterdrückung als Vorläufer sexueller Befreiung sind.

Letztlich machen die Interviews deutlich, wie wenig wir im Grunde, trotz aller theoretischen Literatur der letzten Jahre über Aggression, Kriminalität, Abweichung, über die individuelle Situation und Lebensweise von Außenseitern, Randgruppenangehörigen, Straftätern und sexuell Abweichenden informiert sind. Wir kennen die Alltagsprobleme nicht, die sie haben, und wissen nicht, wie sie mit ihnen fertig werden. Daraus entstehen Fehleinschätzungen der Wirklichkeit, Vorurteile und in ihrem Gefolge soziale Probleme und Konflikte. Die vorherrschende Moral ist ein System aggressiver Normdurchsetzung, keine empathische Moral, die selbst extrem abweichende Lebensverhältnisse zunächst einmal zu verstehen versucht, um auf sie konstruktiv reagieren und für sie eigene adäquate Maßstäbe entwickeln zu können. Die Rat- und Hilflosigkeit gesellschaftlicher Institutionen, wenn es darum geht, individuellen Katastrophen vorzubeugen, ist die zwangsläufige Konsequenz. Den am Rande Stehenden bleibt es letztlich selbst überlassen, sich Lebensstrategien zur Bewältigung ihrer Probleme zu erfinden. Die Gesellschaft und ihre strafrechtlichen Instanzen halten sich erst für den aggressiven Gegenschlag bereit, mit dem sie reagieren, wenn eine solche Problembewältigung mißlingt.

Auch die Ausblendungen der Wissenschaft sind unverkennbar. Über menschliche Grausamkeit etwa, ihre Ursachen und Erscheinungsformen, ist bisher kaum hinreichend geforscht worden. Bis auf den heutigen Tag existiert – erstaunlich genug – keine moderne Analyse des Sadomasochismus[6], obwohl keinerlei Anlaß zu der Annahme besteht, es handele sich um eine ganz ausgefallene und seltene Perversion. Bereits die Verbreitung und der Konsum einschlägiger

Pornographien spricht dagegen[7]. Ohne den unerschrockenen Versuch, in dieses große Dunkelfeld der Erkenntnis hineinzuleuchten, wird es kaum möglich sein, mit Aggressivität differenziert umgehen zu lernen und Grausamkeit wirksam einzudämmen. Die hier abgedruckten Gespräche sind, so scheint mir, ein solcher Versuch und interessanter Vorstoß in dieser Richtung.

[1] Hans Giese, Moral im Regelwidrigen, in: Giese/Willy, Mensch, Geschlecht, Gesellschaft, 1954, S. 951.
[2] David Matza, Abweichendes Verhalten, 1973, S. 31.
[3] Hierzu: Herbert Jäger, Verbrechen unter totalitärer Herrschaft, 1967.
[4] Alexander Mitscherlich, Zwei Arten der Grausamkeit, in: Alexander Mitscherlich, Toleranz – Prüfung eines Begriffs. 1974, S. 168 ff.
[5] Hierzu: Geoffrey Gorer, Die Amerikaner, 1956, S. 85.
[6] Siehe aber jetzt: Eberhard Schorsch/Nikolaus Becker, Angst, Lust, Zerstörung. Sadismus als soziales und kriminelles Handeln. Zur Psychodynamik sexueller Tötungen, 1977. Außerdem in Vorbereitung: A. Spengler, Sadomasochisten und ihre Subkultur, 1977.
[7] Howard S. Becker, Außenseiter, 1973, S. 18.